Lips Tits Hits Power

Popkultur und Feminismus

„tips, tricks und taktiken für junge und alte girls 2000."
Pipilotti Rist

„Dieses Buch sucht Antworten auf die Frage, was es heute bedeutet, eine junge Frau zu sein, und findet Energie und Vitalität, genauso wie Undefinierbarkeiten und Unsicherheiten."
Angela McRobbie, Goldsmiths College, London

Anet
Katharina Weinga

ISBN 3-85256-077-2

folio

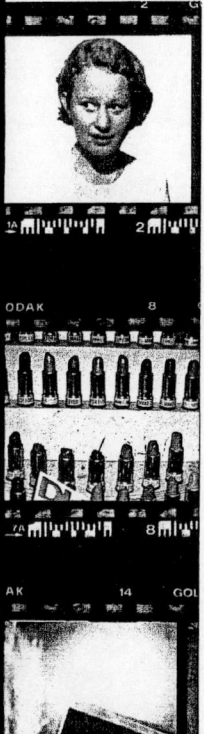

„Girl Power" - inzwischen steht es auf T-Shirts, Tattoos und Unterhosen. „Revolution Girl Style" – Riot Grrrls wie Kathleen Hanna zelebrieren das Credo vom neuen Mädchen. „It's A She Thing" - Salt-N-Pepa feiern weibliche Unabhängigkeit. Frauen und frauenspezifische Inhalte sind heute unübersehbarer Bestandteil der Kulturlandschaft. Ausdruck einer neuen feministischen Bewegung? Oder clevere Marketingmasche für den Verkauf des neu gebauten Shopping-Imperiums?

Mit Beiträgen von 40 Protagonistinnen der „Girl-Szene" gibt diese Anthologie Einblick in Taktiken und Lernprozesse einer kulturellen Bewegung, die seit Anfang der 90er Jahre die Bühnen der Jugendkultur erobert. „Riot Grrrls" und „Hot Chicks", „Ghetto Divas" und „Rock Queens", „Gangsta Bitches" und „Hardcore Dykes" artikulieren lautstark, was es heißt, ein „Girl" zu sein und verbreiten in Musik, Style, Text, Film und Kunst ihre Versionen von Feminismus, Geschichten von Begehren, Gewalt und Solidarität.

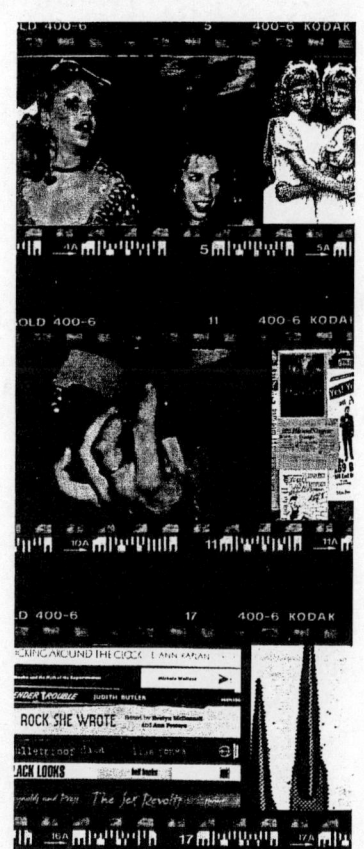

VANCOUVER
JEAN SMITH (MECCA NORMAL)
CUB
WANDERING LUCY
SEATTLE
HOLE   MIA ZAPATA (THE GITS)
7 YEAR BITCH

OLYMPIA — K
LOIS   SLEATER-KINNEY
BIKINI KILL
BRATMOBILE   THE CANNANES
MIRANDA JULY   COLD COLD HEARTS
THE NEED
151   THE LOOKERS   THE VEGAS BEAT
TEAM DRESH   KENDRA SMITH
HINSAW   KAIA   THE THIRD SEX
QUASI   MADIGAN
SEMI-SWEET   NIKKI MC CLURE
THE SOFTIES   SARAH DOUGHER

PORTLAND
CANDY-ASS RECORDS (SHE EATS IT UP), PORTLAND, OREGON

PHRANC
TRIBE 8
UNK   BARBARA MANNING
FLOORED   THE AVENGERS
SAN FRANCISCO
               PASSION
ILLA   YO-YO   LADY OF RAGE
EXENE CERVENKA
L7   Mc'SHELL NDEGÉOCELLO
CARLA BOZULICH
LOS ANGELES

← **JAPAN**
YOSHIMI P-WE
OOIOO   TENKO
SHONEN KNIFE
TONIGHT   SEMI DEMI QUAVER I
THE 5,6,7,8's
MELT-BANANA

← **AUSTRALIA**
99
CEBE BARNES
MIDGET STOOGES
LINDY MORRISON

← **NEW-ZEALAND**
DORA MAAR
SANDRA BELL
KEAM PEATERS

SCISSOR GIRLS
SCRAWL   **CHICAGO**
KIM, KELLEY-DEAL
CHRISSIE HYNDE
BABES IN TOYLAND

**Lips
Tits
Hits
Power ?**

Popkultur und Feminismus

Humboldt-Universität zu Berlin
Philosophische Fakultät III
Zentrum für transdisziplinäre Geschlechterstudien

> So... **let** them call you LOUD (good!) let them call you Obnoxious (fine) just never let them ~~excuse~~ you as a dumb girl!

Lips
Tits
Hits
Power?

Popkultur und Feminismus

Anette Baldauf, Katharina Weingartner (Hg.)

folio   Wien · Bozen

Erste Auflage 1998

© für diese Ausgabe FOLIO Wien · Bozen 1998

Alle Rechte vorbehalten

Graphische Gestaltung und Layout: *mean g*, New York
Druck: Cierre Grafica, Verona

ISBN 3-85256-077-2

Die Arbeit der Herausgeberinnen wurde gefördert durch den Kunstkurator im Auftrag des BKA, Dr. Wolfgang Zinggl

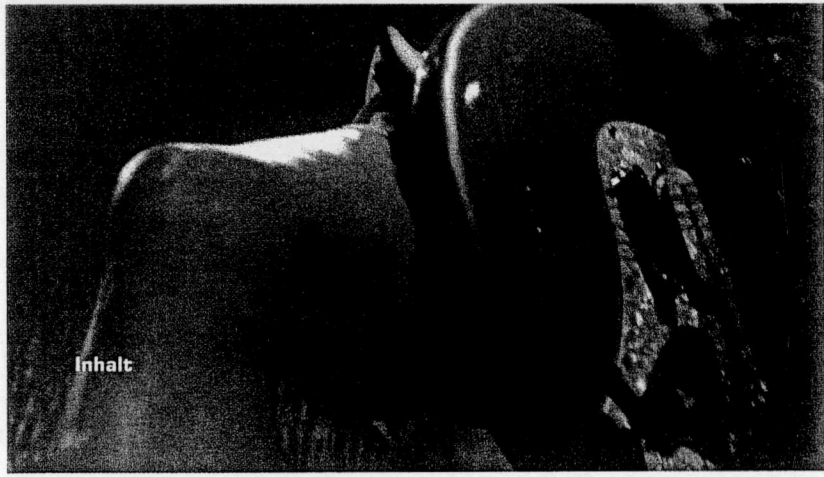

Inhalt

Anette Baldauf & Katharina Weingartner   17
Revolution Girl Style

There's A Riot Going On ...
Aktivismus, Pragmatismus und Solidarität

1. Bikini Kill
   Double Dare Ya   25

2. Riot-Grrrl-Manifest
   Riot Grrrl ist ...   26

3. Shell Sheddy
   Die Geschichte der Riot-Grrrl-Revolution   28

4. lailah hanit bragin
   du und ich und unsere revolution   34

5. Karen Casamassima
   Süße Träume. Von WAC zu Ultra Vulva   38

6. molly neuman
   von der band zur radioshow zum fanzine   42

7. Tracie Morris
   Alternativen zur Kapitulation   44

Free To Fight ...
Gewalt, Selbstverteidigung und Respekt

1. Mia Zapata/Evil Stig
   Sign of the Crab — 51

2. Micheline Levy, Jessica Lawless, Cristien Storm
   Home Alive — 52

3. Interview mit Valerie Agnew (7 Year Bitch)
   Ich will eine Knarre – ich will dich rennen sehen — 62

4. Lynn Breedlove
   Fuck You, I'm Friendly — 65

5. Rebecca Felsenfeld
   Wenn du eine Lesbe triffst. Anleitungen für die heterosexuelle Frau — 70

6. Jessica Abel
   Oh, My Sisters! — 71

7. Lisa Jervis
   Die Auferstehung der Bad Girls — 72

Talk To Me ...
Entmystifikation und Veröffentlichung

1. Sleater Kinney
   Dig Me Out — 79

2. Christin „Plunger" Grech
   Plunger. Weil wir das Recht haben, gehört zu werden — 80

3. DJ Dodo — 84

4. Allison Wolfe
   Die Nacht der teuflischen Schwänze, Buchstabensalat im Magen und wirres Haar — 86

5. Esther Drill und Rebecca Odes
   www.gURL.com — 95

6. Sarah F.
   da läuft etwas entsetzlich falsch ... — 98

7. Sarah Dyer
   Action Girl. Zine-Kultur und wie's gemacht wird — 100

Goin' All The Way ...
Bilanzen zur Kulturmaschinerie

1. Salt-N-Pepa
   Ain't Nuthin' But A She Thing — 107

2. Interview mit Vickie Starr
   Girlie Action — 108

3. Tricia Rose
   „Sechs oder sechzig Zentimeter". Zur Zensur sexueller Artikulation schwarzer Frauen — 112

4. Interview mit Alex Sichel von Alexandra Seibel
   Ein Film über Mädchen bleibt ein Film über Mädchen — 121

5. Marcia Zellers
   Die Verwegenen und die Schönen. MTV läßt Frauen alles zeigen — 126

6. Kathleen Hanna
   Performance und Image — 136

7. Sandra Grether
   MÄDCHENPENSION — 140

Material Girl ...
Lust und Konsum

1. Madonna
   Material Girl — 273

2. Angela McRobbie
   Muskelpakete und Schwänze. Die Bedeutung von Girlie-Kultur — 274

3. Miramar Dichoso
   Fuck the Fashion Establishment. Neue Züchtungen im Modebereich — 285

4. E. Ann Kaplan
   Madonna-Fans und Look Alikes — 289

5. Lisa Jones
   Soldiers in the Style Wars — 292

6. Andi Zeisler
   BABY TEASE. Über den Schmutz in der Mode und die Mode des Schmutzes — 294

7. Laura Miller
   Flesh For Fantasy — 299

8. Jessica Abel
   ViVA! — 304

Anhang

1. *Biographien* — 310
2. *Quellennachweis und Übersetzungen* — 314
3. *Abbildungsnachweis* — 316

Dank an

Ainatte Inbal, Alexandra Seibel, Alice Arnold, Allison Wolfe, Andrea Griesebner, Anna Mann, Baldaufs, Bernd Blankenburg, Birge Krondorfer, Christian Höller, Curtis K. Tsui, Depot, Dorit Margreiter, DRS 3, Eva Mann, Femail, Koordinationsstelle für Frauenforschung Wien, FM 4, Gisela Corves, Guerrilla Girls, Hemma Schmutz, Jessica Beer, Jessica Nitschke, Jody Culkin, Judy Seranno, Julie Covello, Jutta Nägele, Linda Muscheidt, Marian Schönwiese, Marie Ringler, Marie-Luise Angerer, Marlene Ropac, Mass Media and Public Sphere-Project (New School for Social Research), Matthias Michalka, Meike Schmid-Gleim, Nicola Hirner, Nina Ritter, o.b.'s (Anna, Angie, Daniela, Eva, Lailah, Larissa, Laura, Lisa, Lisi), Oliver Lins, Philipp Hämmerle, Renate Retschnig, Sabine Folie, Sandra Grether, Shell Sheddy, Susanne Lummerding, Tina Yagjian, Ute Bechtolf, Vickie Starr, Wgt's, Wolfgang Zinggl.

Alle Autorinnen; alle anderen Girls, die mitgearbeitet haben; alle anonym gebliebenenen Künstlerinnen, deren Illustrationen und Zeichnungen wir verwendet haben – viele Namen waren einfach nicht zu eruieren: Sorry! Lesley Rankin und Silverfish für die Inspiration zum Titel; Ludwig Paulmichl vom Folio-Verlag für sein Vertrauen in unser Projekt.

Divas, Bitches, Chicks and Dykes ...
Rückeroberung, Umdeutung und Geschlechterkonfusion

1. Missy Misdemeanor Elliott
   I'm Talkin' — 151

2. Interview mit Roxanne Shanté
   I Am One Bad Bitch ... — 152

3. Joan Morgan
   Bad Girls im Hip Hop — 154

4. Joy Press & Simon Reynolds
   Who's That Girl? Maskerade und Herrschaft — 158

5. Debbie Stoller
   Love Letter — 170

6. Sabrina Margarita Sandata
   Asian FUCKING Stereotypes — 194

7. DAM! (Carrie Moyer, Sue Schaffner)
   Dyke Action Machine! 7 Jahre lesbische Kunst im öffentlichen Raum — 201

8. Diane Torr
   Geschlecht als Performance. Eine Anleitung zum Drag-King-Crossdressing — 207

It's A She Thing ...
(Strategischer) Essentialismus & Separatismus

1. Tribe 8
   manipulate — 217

2. Interview mit Gina Volpe (Lunachicks)
   I don't want to be seen as a girl band — 218

3. Evelyn McDonnell
   Queer Punk trifft Womyn's Music — 220

4. Muffet Calcagno (aka brooke webster)
   Nicht gesungene Songs und Wahrheiten. A Work in Progress — 228

5. Elisabeth Vincentelli
   Wir wollen unseren Techno-Papp! — 232

6. Faith Wilding und Critical Art Ensemble
   Notizen zum politischen Zustand des Cyberfeminismus — 237

She's My Heroine ...
Idole und Fan-Kultur

1. Skunk Anansie
   She's My Heroine — 247

2. Madeleine Block
   HEY YOU! SAY WHAT SHE NEEDS TO HEAR — 248

3. Ein Gespräch zwischen Kathy Strieder (Princess) und Kathleen Hanna (Bikini Kill)
   Stars und Fan-Kultur — 253

4. Interview mit Joan Jett
   We Got Spit On Quite a Bit — 257

5. Elisabeth Gold
   R-E-S-P-E-C-T — 259

6. Kerstin Grether
   *ELAN
   Über Fans (feminin) – und wie sie ihre Feste feiern* — 264

Revolution Girl Style
Anette Baldauf und Katharina Weingartner

„Girl Power" – inzwischen steht es auf T-Shirts, Tattoos und Unterhosen. „Revolution Girl Style" – Riot Grrrls wie Kathleen Hanna zelebrieren das Credo vom neuen Mädchen. „It's A She Thing" – Salt-N-Pepa feiern weibliche Unabhängigkeit. Frauen und frauenspezifische Inhalte sind heute unübersehbarer Bestandteil der Kulturlandschaft. Ausdruck einer neuen feministischen Bewegung? Oder clevere Marketingmasche für den Verkauf des neu gebauten Shopping-Imperiums?

Frauen- und Mädchenbands erobern seit Anfang der 90er Jahre die Bühnen der Jugendkultur und benutzen diese als Forum feministischer Rebellion. „Riot Grrrls", „Hot Chicks", „Ghetto Divas" und „Rock Queens", „Gangsta Bitches" und „Hardcore Dykes" verbreiten lautstark ihre Versionen von Feminismus, Geschichten über Begehren, Sexismus und Gewalt. Weit über die Musik hinaus spinnen sie ihr Netzwerk: Zines, Labels, Mode, Plattenläden, Clubs, weibliche Idole, Cybernetworks, Demos und Lippenstift sind Markenzeichen von „Girl Power." „Does Your Pussy Do the Dog?" (ORF-Musikbox 1993) spiegelte diese Euphorie wieder – endlich weibliche Heldinnen, cool, tough und sexy.

Die Inkorporation der Ware „Girl" in die internationale Marktökonomie funktionierte – trotz oder gerade wegen der widerspenstigen Thematik – glatt wie selten. Die grelle Medienpräsenz ermöglichte die Verbreitung girlzentrierter Inhalte bis in die entlegensten Mädchenherzen, forderte jedoch ihren Preis. Die Bewegung stieß dort auf ihre Grenzen, wo der feministische Kontext fehlte, der den nunmehr aus dem Zusammenhang gerissenen, originalen Slogans ihre subversive Kraft bestätigt hätte. In „Revolution Girl Style NOW!" (WDR-Feature 1996) kollidierte Kathleen Hannas Solidaritätsaufruf bereits mit internem Konkurrenzgerangel, Normierungs- und Ausgrenzungsprozessen und Abbildungen anorektischer Mädchen in Hochglanzmagazinen. Nach der Verbreitung in sämtlichen pop/kulturellen Bereichen (Musik, Style, Mode, Text, Film, Video, Kunst) dient heute die Bezeichnung „Girl Power" als Container für unterschiedlichste Ausdrucksformen, die lediglich durch den diffusen Knoten „Girl" zusammengehalten werden.

Huren, wilde Weiber, verträumte Teenager, Schlampen, folgsame Mädchen, schutzbedürftige kleine Dinger, verklemmte Jungfrauen, Opfer, erlebnishungrige Ausreißerinnen, zornige Furien und konsumgeile Gören stellen dominante Kategorisierungen von

Mädchentypen dar.[1] Sie dienen der Beschreibung und Klassifizierung, erleichtern den Umgang mit dem Objekt und schaffen gleichzeitig Rollenbilder, in die sich junge Frauen selbst einordnen und mit denen sie sich identifizieren können. Das vorgegebene, an der Achse „Sexualität" orientierte Spektrum basiert auf der jahrhundertealten Dichotomie Heilige/Jungfrau versus Hure/Schlampe und präsentiert eine verkrustete Form von Sexismus, die die Mädchen nur mit der Waffe der Sexualität selbst bekämpfen können. Eine der subtilen Taktiken der Girls war und ist es, Sexualität und geschlechtsspezifische Normen des repressiven Diskurses – bislang diskret gehandelte Privatangelegenheit – ins Scheinwerferlicht zu zerren. „Suck My Left One" forderte Kathleen Hanna von Bikini Kill beim Eröffnungskonzert der Riot-Grrrl-Bewegung 1991 in Washington und beschuldigte öffentlich jenen Vater, der am Abend ins Kinderzimmer kommt und mehr als einen Gute-Nacht-Kuß will. „I didn't think that this would happen again", grübelte Liz Phair auf *Exile in Guyville*: „Fuck and run!" Dem Vorwurf der exhibitionistischen Zurschaustellung ihres lesbischen Liebeslebens begegnete Skin von Skunk Anansie mit dem Song „This is Fuckin' Political." Die Öffentlichmachung von Intimität und Sex-Talk – in der Tradition der Zweiten Frauenbewegung („das Private ist politisch") verortet – hat sich jedoch im popkulturellen Umfeld als prekäre „Verkaufsstrategie" feministischer Agitation erwiesen.

Die sexuell aufgeladenen Inszenierungen der *bad girls* lassen sich nicht auf ein hedonistisches Abfeiern sexueller Selbstbestimmung reduzieren. Vor dem Hintergrund eines neuerlichen Rückzugs ins Private und einer wachsenden Prüderie reagierten die Girls auf ein Regime, das Frauen im Namen von Religion und Biologie in den häuslichen Bereich zurückbeordert und eine Weiblichkeit zitiert, die Mütterlichkeit heißt: Familie als moralischer Rettungsanker der Nation, Kürzung von Sozialhilfe für Frauen und Kinder, Anti-Abtreibungskampagnen, Homophobie, Neue Abstinenz und Prüderie, Rassismus und Gewalt, all das bei anhaltender Hochkonjunktur zwanghafter Schönheitsideale.

Nach dem Vorbild afroamerikanischer Rückeroberungsversuche an Ausdrücken wie *black*, *bitch* und *nigga*, der aktivistischen Orientierung von Lesben- und Schwulenorganisationen wie „Act Up!" und „Queer Nation" und Frauengruppen wie „No More Nice Girls" und „Guerilla Girls" laboriert eine neue Generation von Frauen an der Umdeutung besetzter Begriffe und Territorien. Indem Girls sich Etiketten wie *virgin*, *bitch*, *chick*, *slut* oder *dyke* selbstbewußt auf den eigenen Leib drücken, treiben sie ihr irritierendes Spiel mit den Assoziationen, die diesen Begriffen im Zuge der (hetero-)sexistischen und frauenfeindlichen Geschichte angeheftet wurden. „I am one bad bitch" rappte Roxanne Shanté bereits 1984 und nahm damit als eine der ersten Musikerinnen öffentlich das Wort „Hure" in den Mund, um es ordentlich wiederzukäuen. „Was she asking for it?", fragte Courtney Love 1991 in zerrissenem Kinderkleidchen und mit blonden Engelslocken, die Gitarre zwischen ihre ordinär gespreizten Beine geklemmt.

Daß die *bad girls* ihre Kraft im Kontext der Musikszene entwickelt haben, ist kein Zufall, bestimmt doch *being bad* in wesentlichem Maß die Genealogie von Musik- und Jugendkultur. Zur Konstruktion eines rebellischen, mit Subversion und Subkultur verknüpften männlichen „Wir" wurde Affirmation, Häuslichkeit und Konformismus nach außen, in Richtung „Masse" und damit in Richtung Weiblichkeit verschoben. Speziell der im „Momism", dem zwiespältigen Mutterkult der fünfziger Jahre, verwurzelte Rock 'n' Roll hatte ein ambivalentes Verhältnis zu Weiblichkeit, war hin- und hergerissen zwischen Misogynie und mystischer Verehrung der Mutter (Erde).[2]

Die Girls haben ihre Funktion als „konstitutives Außen" erkannt und fordern die Enthüllung des konservativen Gehalts eines als subversiv präsentierten Genres. Da sie aber auf fremdem, mit einem etablierten Netzwerk an Geschichten, Institutionen, Repräsentationen und Ritualen ausgestatteten Terrain agieren, sind ihre Waffen nicht Strategien sondern Taktiken: Sie greifen zu Werkzeugen, die eigentlich für die Konstruktion von Männlichkeit reserviert sind, und bearbeiten mittels Übertreibung, Spiegelung, Wut und Ironie den Stoff, aus dem sexistische und misogyne Träume sind. „My fake is so real I am beyond fake" (Courtney Love).

Den US-amerikanischen Mainstream und Europa erreichte die kulturelle Bewegung in erster Linie über etablierte Popkanäle wie MTV. Meist paketiert zugestellt, schöpfte „Girlie"-Kultur aus einem definierten und standardisierten Pool an Musik, Verhaltensrepertoirs („Ein Girlie ist ...") und Requisitenkisten („100 Dinge, die ein Girlie braucht ...").[3] Girlie-Style überschwemmte nicht nur Kaufhäuser und plünderte Kreditkarten, sondern lud auch einen neuen Imperativ auf den strapazierten Schultern junger Frauen ab – zur Befriedigung des männlichen Blicks sollten Girls nicht nur zaundürr und adrett gestylt, sondern noch dazu *tough* und sexy sein.[4] „Girl Power" konnte damit, quasi reibungsfrei, auch als Wiederholung eines sexistischen Diskurses funktionieren, der die Geschlechternormen in den traditionellen

Terminologien fortschrieb.

Die glatte Integration in die internationale Warenökonomie ist eine Ebene der Analyse, die Benutzung und Bewertung dieser Produkte durch die Konsumentinnen eine andere. Daß es eine überhebliche Verkürzung darstellt, den im deutschsprachigen Raum reartikulierten Girlie-Style als oberflächlich, unpolitisch und antifeministisch abzuwerten, zeigten einige im Zuge des Projekts „Revolution Girl Style" im Depot (Wien), Fraueninformationszentrum Femail (Feldkirch)[5] und ESC (Graz) geführte Gespräche. Junge Frauen verwenden Girlie-Style für ihre Bedürfnisse, integrieren diesen und adaptieren ihn für ihren Alltagszusammenhang und markieren diese Oberfläche mit Zeichen eines fordernden Habitus' und selbstbestimmter Sexualität. Viele dieser Frauen haben aber keinerlei Informationen über den feministischen Entstehungszusammenhang der Bewegung und ihre Verknüpfung mit Musik.

Intention von „Lips. Tits. Hits. Power?" ist es, diesem Informationsmanko zu begegnen. Die Struktur der Anthologie sollte die Eigenarten der Texte anerkennen und gleichzeitig eine Analyse anhand gemeinsamer Referenzpunkte ermöglichen. Die Organisation der fünf Kisten Material erfolgte letztendlich nach Taktiken, womit auch der Charakter eines Handbuches vermittelt werden sollte. „There's A Riot Goin' On" blickt auf Aktivismus in unterschiedlichsten Communities und Szenen und deutet nicht nur die Heterogenität der Gruppen, sondern auch erste Konfliktpunkte an. „Free To Fight" verfolgt kämpferische Antworten auf Gewalt, sexuellen Mißbrauch und Unterdrückung, die um Selbstverteidigung und -behauptung kreisen. „Talk to Me" beschäftigt sich mit Taktiken der Entmystifizierung und Öffentlichmachung in den Medien Musik, Zines und Webseiten. „Going All The Way" sucht eine Bilanzierung feministischer Interventionen in der Kulturindustrie. „Divas, Bitches, Chicks und Dykes" skizziert den Kampf um die Besetzung von Begriffen. „It's A She Thing" beschäftigt sich mit den Implikationen eines (strategischen) Essentialismus in Frauen- und Mädchengruppierungen sowie internen Machtkonflikten im Zusammenhang mit Rasse und Sexualität. „She's My Heroine" widmet sich dem Dilemma zwischen dem Bedürfnis nach weiblichen Identifikationsfiguren und basisdemokratischer Ausrichtung. „Material Girl" setzt sich mit den vielfältigen Facetten einer lust- und konsumorientierten Mädchen/Frauenkultur auseinander.

Die Autorinnen skizzieren – first-hand – ihren Blick auf die Szenen, analysieren Ziele, Erfolge, Problembereiche und rekonstruieren Lernprozesse. Oft sind ihre Berichte fast zu divergent, um einem Knotenpunkt zugeordnet zu werden, der konzeptionelle Rahmen ist manchmal ausgefranst, die Struktur nicht immer klar ablesbar. Dennoch sollen die Stimmen in ihrer Vielfalt und Widersprüchlichkeit vertreten sein, auch auf die Gefahr hin, eine verwirrende Kakophonie zu produzieren. Der Fixierung auf weiße Kultur und der Negierung afro- und asiatisch-amerikanischer Frauen sowohl innerhalb der Szenen selbst als auch in US-amerikanischen und westeuropäischen Medien galt es ein vielfältigeres und konfliktreicheres Bild entgegenzusetzen. Auch wenn die unterschiedlichen Communities teilweise geographisch disloziert sind und sich in ihrer Selbstdefinition vielleicht gar nicht in einen gemeinsamen Kontext stellen würden, sahen wir in deren Vergleich eine produktive Bereicherung. Insbesondere für den deutschsprachigen Raum, wo kulturelle Szenen dazu tendieren, sich über massenmedial importierte, besänftigte Styles zu definieren, die bereits mit Markierungen des Warenkontexts behaftet sind.

Viele dieser Auseinandersetzungen teilen eine markante Unzulänglichkeit: Die Fokussierung auf das Symbolische und die Priorität des Kulturellen/Sprachlichen. Die Vernachlässigung ökonomischer Bedingungen und materieller Voraussetzungen im Gefecht des „semiotischen Guerrillakriegs" hinterläßt folgenschwere Leerstellen, negiert Klassen- und Schichtzugehörigkeit und legt manchmal die naive biographisch orientierte Stilisierung einer „Alles-ist-möglich"-Ideologie nahe.[6] Wenn viele der vorliegenden Beiträge auch immer wieder versuchen, materielle Bedingungen im Auge zu behalten (wer kriegt welche Jobs und Plattenverträge, wer hat Zugang zu Produktionsmitteln und Konsumgütern, wer hat Zeit für Aktivismus etc.), so reißt der rote Faden, der sich durch alle Beiträge ziehen sollte, streckenweise ab. Ein Problem, mit dem nicht nur diese Anthologie, sondern auch die Szenen selbst kämpfen.

In der reflexiven Rückführung der kulturellen Bewegung an ihren Entstehungszusammenhang – nicht als authentischer Ort der Kreation, sondern als politisches Agitationsfeld verstanden – kreist die Anthologie um eine grundlegende Fragestellung: um das Verhältnis von Feminismus und Popkultur in Hinblick auf ihr politisches und aktivistisches Potential. Die beiden nicht als Parallelen, sondern als Koordinaten konzipierten Achsen haben in den letzten Jahren eine massive Verschiebung erfahren. Was üblicherweise als Charakteristikum einer postmodernen

Kulturlandschaft postuliert wird, zeigt sich hier besonders deutlich: Die Reorganisation einer vormals vertikal organisierten Kartographierung von Kultur (Hochkultur/Kunst – Massenkultur/Pop – Subkultur) in horizontal organisierte kulturelle Felder, deren Positionierung nicht mehr ausschließlich über ihr Verhältnis zur Kulturindustrie – z. B. *alternative* –, sondern über Knotenpunkte in Teilbereiche, in kulturelle Szenen erfolgt.

Gerade für feministische Bewegungen wirft dies einige Fragen auf. Während in den 70er Jahren tiefe Skepsis und radikale Ablehnung das Verhältnis zum Mainstream und zur sogenannten Massenkultur markierten und Begriffe wie „Subversion" und „Widerstand" noch relativ leicht über die Lippen kamen, laborieren viele Aktivistinnen der 90er Jahre an einer zähen Ambiguität: Einerseits wissen sie um die Dynamik von Unterwerfung, Verführung und Zensur durch große Medienkonzerne und organisieren sich in autonomen Communities. Andererseits leben sie in und mit Pop, zelebrieren dessen Ästhetik und Style, Ikonen und Fankultur und sehen Popkultur nicht nur als Transportmittel, das sie zu einer breiten Zielgruppe bringt, sondern auch als kreative und lustvolle Oberfläche, mit der und gegen die sie arbeiten. Das Pendeln zwischen einer Do-it-yourself-Ästhetik und einer wachsenden Professionalisierung, antihierarchischen Organisationsformen und der Herausbildung von Identifikationsfiguren oder der Hürdenlauf der Selbstverteidigungsgruppe *Home Alive* im Zuge ihrer CD-Produktion mit *Sony* zeigen einige der Konfliktfelder, die das Verhältnis zwischen Feminismus und Pop kennzeichnen.

„Lips. Tits. Hits. Power?" macht deutlich, daß die Verknüpfung von Feminismus und Popkultur nicht nur aufgrund vielschichtiger Transfers verletzlich offen für verschiedene Lesarten bleibt. Da Subversion sich nicht in ein kulturelles Produkt einschreiben läßt, hängt es vom jeweiligen Kontext ab, ob eine feministisch intendierte Aussage auch als solche wahrgenommen wird. Der drohende Schaden kann nur durch eine (noch) engere Verknüpfung mit feministischer Praxis beschränkt werden.

Die Anthologie zeigt jedoch auch, daß „Girl Power" das Potential einer dekonstruktivistischen Intervention hat: Die konstitutiven Teile des jugendkulturellen Systems – Jungs im Zentrum, Mädchen am Rande – können umgekehrt werden und dabei die verdeckte Gleichsetzung von Jugendkultur = Männerkultur an die Oberfläche zerren. Eng damit verwoben ist die Artikulation einer neuen Ordnung: „It's A She Thing" (Salt-N-Pepa) ist der Versuch, weibliche Stimmen an die Öffentlichkeit zu bringen;

Stimmen, die zurückreden, wiederholt werden und sich mittels Zitaten in den Diskurs einschreiben. Solidarität, Bindung und weibliche Ikonen, mit denen sich Frauen identifizieren, kämpfen und wachsen, sind zentrale Elemente dieser Gegenerzählung. Diese bieten die Möglichkeit, für das Subjekt „Girl" einen positiven und potentiell bestärkenden Zusammenhang zu schaffen. Offen bleibt dabei die Frage, wann die Politik des notwendigen „(strategischen) Essentialismus" unnötig exklusiv wird.

1 Vgl. Gottlieb, Joanne/Wald, Gayle: „Smells Like Teen Spirit. Riot Grrrls und Frauen im Independent Rock". In: *Die Beute*, 4/94, S. 25-34.
2 Reynolds, Simon/Press, Joy: *The Sex Revolts. Gender, Rebellion and Rock 'n' Roll*. Cambridge, Massachusetts 1995.
3 Tempo 11/94.
4 Siehe Ann Powers: „Everything and the Girl". In: *Spin*, Nov. 1997, S. 74-80.
5 Baldauf, Anette/Weingartner, Katharina: „Revolution Girl Style: New York – Vorarlberg". In: *Stoff*, Okt. 1997.
6 Zu dieser Debatte siehe u. a.: Sabine Grimm und Juliane Rebentisch: „Befreiungsnormen. Feministische Theorie und sexuelle Politik". In: *Texte zur Kunst*, Nr. 24, Nov. 1996, S. 83-93.

I.

There's A Riot Going On ...

Aktivismus, Pragmatismus und Solidarität

Double Dare Ya
Bikini Kill

double dare ya

We want revolution girl style, now!
Hey girlfriend
i got a proposition
goes something like
this: Dare ya
to do what you want
Dare you to be who
you will Dare you
to cry right outloud
"You get so emotional
baby"   Double dare
ya Double Dare ya
Double Dare ya
Girl fuckin friend
I double Dare you
I triple dare you
Double Triple fuckin
Dipple fuckin dare ya
Don't you talk out of
line Don't go speak-
ing out of your turn
Gotta listen to what
the Man says   Time
to make his stomachburn
Burn Burn burn burn
(Dbl dare ya)
You're a big girl now
you've got no reason
not to fight
You've got to know
what they are
Fore you can stand up
for your rights
Rights rights Rights?
you have them, you know.

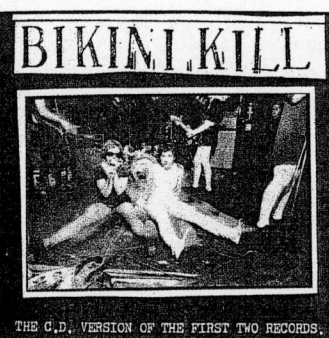

Riot Grrrl ist ...
Riot-Grrrl-Manifest

WEIL wir mädchen uns nach platten, büchern und fanzines sehnen, die UNS ansprechen, in denen WIR uns mit eingeschlossen und verstanden fühlen.

WEIL es für uns mädchen einfacher werden soll, unsere arbeiten zu hören/sehen, damit wir unsere strategien teilen und uns gegenseitig kritisieren/applaudieren können.

WEIL wir die produktionsmittel übernehmen müssen, um unsere eigenen bedeutungen zu kreieren.

WEIL es wichtig ist, unsere arbeit mit dem alltag unserer freundinnen verbunden zu sehen, wenn wir herausfinden wollen, wie wir dinge angehen, reflektieren, verfestigen oder den status quo verändern können.

WEIL wir die fantasien einer „instant macho gun revolution" als unpraktische lügen entlarvt haben, die uns zum träumen anhalten, anstatt aus unseren träumen realität zu machen.

UND WIR DAHER in einer revolution unseres eigenen alltäglichen lebens nach alternativen suchen zu der scheiß christlichen, kapitalistischen lebensweise.

WEIL wir andere ermutigen und selbst ermutigt werden wollen, angesichts all der unsicherheiten und des männer-sauf-rocks, der uns vermittelt, daß wir keine instrumente spielen können.

WEIL wir uns nicht an die standards anderer (die der jungs) anpassen wollen, an deren definitionen, was „gute" musik, punk-rock oder „gutes" schreiben ist, UND DAHER orte schaffen wollen, an denen wir unsere eigenen vorstellungen entwickeln, zerstören und definieren können.

WEIL wir nicht mehr länger zurückschrecken vor dem vorwurf, wir seien reaktionäre, „umgekehrte sexistinnen" oder gar punk-rock-kreuzigerinnen, die wir ja tatsächlich sind.

WEIL wir wissen, daß leben mehr sein kann, als bloß physisch zu existieren und uns bewußt ist, daß die idee des Do-it-yourself im punkrock zentral für die kommende wütende grrrl-rock-revolution ist, die die psychischen und kulturellen welten von mädchen und frauen in ihren eigenen begriffen zu retten versucht.

WEIL wir wege finden wollen, wie wir antihierarchisch sein und musik machen, freundschaften und szenen entwickeln können, die auf kommunikation und verständnis basieren und nicht auf konkurrenz und kategorisierungen von gut und böse.

WEIL das machen/lesen/hören von coolen, uns selbst wertschätzenden und herausfordernden dingen uns helfen kann, die stärke und den gemeinschaftssinn zu entwickeln, die wir brauchen, um herauszufinden, was scheiße wie rassismus, sexismus, antisemitismus, diskriminierung aufgrund des alters, der spezies, der sexualität, des gewichts, der klasse oder körperlicher behinderungen in unserem leben anrichten.

WEIL wir die unterstützung und stärkung von mädchenszenen und künstlerisch aktiven mädchen als integralen bestandteil dieses prozesses sehen.

WEIL wir kapitalismus in all seinen formen hassen und weil es unser zentrales ziel ist, informationen zu teilen und wir nicht den herrschenden standards entsprechend nur geld machen oder cool sein wollen.

WEIL wir wütend sind auf eine gesellschaft, die uns sagt, mädchen = blöd, mädchen = böse, mädchen = schwach.

WEIL wir es nicht zulassen, daß unsere echte und berechtigte wut verpufft und/oder über die internalisierung von sexismus, wie wir sie in der rivalisierung von mädchen oder in ihrem selbstzerstörerischen verhalten sehen, gegen uns gerichtet wird.

WEIL selbstzerstörerisches verhalten (jungs ohne kondom vögeln, bis zum exzeß saufen, freundinnen fallen lassen, sich selbst und andere mädchen klein machen etc.) nicht so einfach wäre, wenn wir in einer gemeinschaft leben würden, in der wir uns geliebt, erwünscht und geschätzt fühlten.

WEIL ich absolut 100%ig überzeugt bin, daß mädchen eine revolutionäre kraft haben, die die welt wirklich verändern kann und wird.

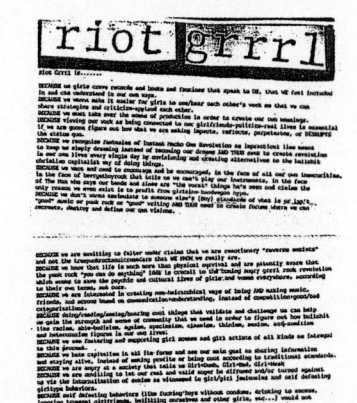

Die Geschichte der Riot-Grrrl-Revolution
Shell Sheddy

„Wenn dir was nicht paßt, dann tu was. Verändere es, sag was, mach es anders. Du bist es, die verdammt noch mal da raus gehen und was tun muß, wenn sich, zum Teufel, was ändern soll", rief Patti Smith im New Yorker Irving Plaza in die Menge, bevor sie 1996 auf Tour ging.

Die Message ist eindeutig, grundlegend und klar: Wenn du und ich Dinge in Bewegung bringen, was verändern wollen, müssen du und ich aktiv werden. Um Veränderungen herbeizuführen und neue Perspektiven zu eröffnen, müssen wir (gute oder schlechte) Aktionen setzen und von unseren Fehlern wie von unseren Errungenschaften lernen.

Noch immer werden Mädchen in ihrem alltäglichen Leben erniedrigt: auf der Straße, am Arbeitsplatz und in der Schule, in persönlichen Beziehungen, in der Familie und auf den Seiten der Mädchen-Magazine.

Deshalb gibt es Riot Grrrl, und deshalb meinten 1991 Frauen wie Kathleen Hanna (Bikini Kill) und Jean Smith (Mecca Normal & 2 Foot Flame), daß „Riot Grrrls im ganzen Land" bereit seien, dafür zu kämpfen, sie selbst zu sein. Damit andere Girls wissen, daß sie mit ihren Bedürfnissen und Erfahrungen nicht allein sind, und damit auch diese sagen „ich bin wertvoll" und „was ich will, denke und tu, hat Bedeutung". Nun liegt es an uns, ob wir diese Botschaft an andere Frauen weitergeben.

Riot Grrrl und Pro-Girls-Gruppierungen, wie *Secret Girl Conspiracy*, *SWIM* (*Strong Women in Music*), *WAC* (*Women's Action Coalition*), *WHAM* (*Women's Health Action Movement*) & *NOW* (*National Organization of Women*), haben ähnliche Ziele und Agenden. Sie unterscheiden sich lediglich in Hinblick auf Organisationsstruktur und Ansatz. Ziel jeder feministischen oder girl-orientierten Kultur ist es, zu lernen, zu verstehen, uns zu nehmen, was wir brauchen, und unsere Einsichten an andere weiterzugeben. Das ist Riot Grrrl. Und es gibt nicht EINE Definition der Riot-Grrrl-Revolution, weil sie für verschiedene Grrrls unterschiedliche Dinge bedeutet: emotionale Unterstützung, einen sicheren Ort oder Konzerte, Events und Ausstellungen.

Um Triumphe und Probleme der Riot Grrrls zu diskutieren, traf ich mich mit zwei Protagonistinnen der Girls-Szene: Evelyn McDonnell und Amelia. Evelyn McDonnell schreibt für diverse Musikzeitschriften (*Village Voice*, *Spin*, *Rolling Stone*), gab gemeinsam mit Ann Powers „Rock She Wrote" (1995) heraus und war bei den Anfängen von RG NYC dabei:

„Riot Grrrl begann hier in New York 1992 mit dem Musikfestival ‚WIG WAM BAM', wo die ersten Riot-Grrrl-Treffen abgehalten wurden. Danach ging alles sehr schnell. Frühling und Sommer 93 war eine sehr turbulente Zeit. *WAC* war noch immer aktiv, wir gründeten *SWIM* und trafen uns oft bis zu dreimal wöchentlich zu irgendwelchen Treffen oder Aktionen."

Die ersten Riot-Grrrl-NYC-Treffen fanden in der School of Visual Arts statt und konzentrierten sich auf die Organisation von Veranstaltungen. Einmal pro Woche trafen sich hier Frauen zur Planung und Koordination von unterschiedlichen Projekten. Riot-Grrrl-Flyers verbreiteten die Neuigkeit in der ganzen Stadt, Zines veröffentlichten Termine und Treffpunkte. Bei Konzerten und Ausstellungen lagen Listen auf, in die Interessierte ihre Adressen eintragen konnten. Ein Telefon-Tonband gab die bevorstehenden Aktionen bekannt. Über Telefonketten informierten sich die Girls, oft getarnt, denn einige Eltern witterten Gefahr für ihre Töchter.

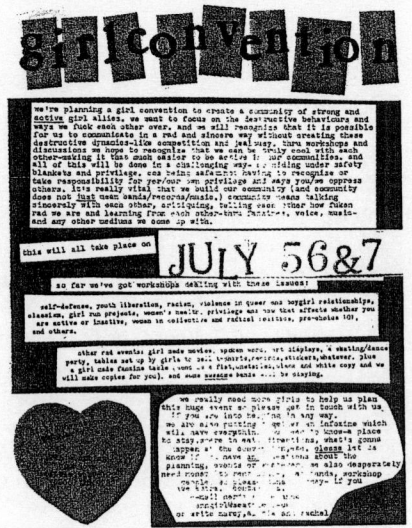

Nach dem Musikfestival „WIG WAM BAM" veröffentlichten die New Yorker Riot Grrrls eine Reihe von Zine-Zusammenstellungen (*RG # 1–7*, *Queer Punk*, *Slambook # 103*), machten Konzerte (@ ABC No Rio, The Spiral, Coney Island High & Meow Mix), organisierten Informationsveranstaltungen, produzierten und verteilten Posters und Flyers mit Pro-Girl-Statements, entwarfen T-Shirts und Stickers, organisierten Ausstellungen, Benefizveranstaltungen und eine dreitägige Riot-Grrrl-Konferenz.

Inspiration kam von den Zines und Aktivitäten anderer Riot Grrrls: Nach dem Bikini-Kill-Konzert im Sommer '91 formierte sich RG Washington. Im Februar '92 begann Allison Wolfe mit ihrer Band Bratmobile (heute Cold Cold Hearts) und dem legendären Girlzine *Girl Germs* in Olympia eine RG-Szene aufzubauen. Sukzessive breiteten sich „Riot Grrrl Chapters" im ganzen Land aus. Das „Riot Grrrl Manifest" wurde erarbeitet und kontinuierlich von den Gruppierungen korrigiert.

In der Konfrontation zwischen Idealen des Punk und aktivistischen Kollektiven gewachsen, angeheizt durch die boomenden Girlbands und Girlzines, war und ist Riot Grrrl ein Versuch, Mädchenkultur neu zu erfinden. Evelyn zum handlungsleitenden Idealismus der RG:

„In der Politik von Riot Grrrl, wie sie zum Beispiel Kathleen Hanna verdeutlicht, dominiert die Ablehnung von Hierarchien und die Angst vor Anführerrollen – die ‚Kill-Rock-Star'-Haltung. Das Publikum sollte nicht passiv, sondern an der Verantwortung und den Aktivitäten beteiligt sein. Idealismus ist hier weitverbreitet."

Es ist dieser Idealismus und die Verpflichtung, gemeinsam am Abbau von Hierarchien zu arbeiten, die RGs motivieren und sie in ihren Aktionen antreiben. Amelia, Aktivistin der *Secret Girl Conspiracy*, hat sich ihren Decknamen nicht nur zum persönlichen Schutz ausgesucht, sondern auch, weil die Gruppe einer Personalisierung von Aktionen und so der Konzentration von Macht entgegensteuern will:

„Viele Mädchen der *Secret Girl Conspiracy* in NYC waren oder sind auch im Kontext von Riot Grrrl NYC aktiv. Wir haben diesen Namen gewählt, weil wir etwas Neues ausprobieren wollten. Das große Problem in feministischen Aktivismusgruppen ist, daß so viel Zeit draufgeht, Dinge zu definieren – die eigene Gruppe, die eigene Person, die anderen: Was ist Feminismus, was ist Riot Grrrl, was *Secret Girl Conspiracy*. Dabei haben wir meist bereits eine fixe Vorstellung, hören gar nicht wirklich zu oder hören nur das, was unsere Meinung bestätigt. Mir ist es wichtig, über Ziele zu reden und Aktionen zu setzen."

Secret Girl Conspiracy ist, ähnlich wie Riot Grrrl, eine Gruppe von jungen Frauen, die im Do-it-yourself-Verfahren gemeinsam Projekte realisieren. Die Aktionsgruppe dehnte sich von der Westküste nach New York aus, wo Girls seit zwei Jahren Shows organisieren, Flyers und Zines produzieren, Parties und andere Events veranstalten – for girls only:

„In diesem Umfeld können Frauen sich kennenlernen – ohne Männer und ohne Modediktat. Wenn Jungs bei Shows dabei sind, verändert das den Vibe: Frauen werden defensiver, weil sie sich gegen die wild tanzenden, stoßenden und rempelnden Männer wehren müssen."

Respekt ist Voraussetzung für die Bildung einer Community und eines unterstützenden Netzwerks. Genau das hat Evelyn McDonnell in den feministischen Aktivismusgruppen *SWIM*, *WAC* und Riot Grrrl gesucht:

„Wir wollten uns gegenseitig unterstützen und dabei unser Bewußtsein und das der Musikindustrie erweitern. Und ich glaube, wir haben einiges in Bewegung gebracht, wenn es auch schwer meßbar ist. Wir haben z. B. einen Dialog initiiert, der nun in verschiedenen Gruppen weitergetragen wird. Natürlich wurden auch viele Dinge getan, die sich nicht unter der Rubrik Riot Grrrl zusammenfassen lassen, z. B. von PJ Harvey und L7. Aber Riot Grrrls haben mit ihren Aktionen ein Zeichen gesetzt und dezidiert auf jene Künstlerinnen hingewiesen, die nicht unterstützt oder in den Schatten gestellt oder gar abgelehnt wurden."

Organisationen wie *Rock For Choice* (zur Erhaltung legaler Abtreibungsmöglichkeiten) oder *Home Safe* (eine Selbstverteidigungsinitiative) wurden in New York von L7, Joan Jett, Bikini Kill, Veruca Salt, 7 Year Bitch, The Lunachicks oder Babes in Toyland unterstützt. Ihr Engagement motivierte andere Girls, die die Ideen aufgriffen und weitertrugen.

Gleichzeitig Stärke und Schwäche von Riot Grrrl ist die Projektorientierung, die einerseits Bewegung in die Gruppe bringt, aber durch das ständige Kommen und Gehen ein kontinuierliches Arbeiten schwierig macht. Die jeweilige Gestalt von Riot Grrrl hängt von den gerade präsenten Frauen ab. Manchmal offen, flexibel und produktiv, dann rigide und exklusive, ist die Gruppe ständigen Veränderungen unterworfen. Schwierigkeiten ergeben sich immer dann, wenn eine Gruppe von Frauen zu dominant wird, ihre Definition von „richtigen" Riot Grrrls dem Rest aufdrängt und dabei Andersdenkende ausschließt, also genau das tut, was Riot Grrrl eigentlich bekämpfen will – Hierarchien etablieren, Konkurrenz und Abwertung statt Unterstützung schaffen. Dann schrumpft die Gruppe, ihre Aktionen werden weniger, bis andere Frauen aktiv werden.

Kontinuität ist ein Problem. Wenn wir auch wissen, wie es sich anfühlt, als Frau in einer Welt voller Gewalt zu leben, ist es doch manchmal schwierig, Weiblichkeit mit Wut zu verknüpfen – eine zur Erhaltung des unzähmbaren und furiosen „Grrrl Spirit" notwendige Kombination. So entschwinden Teenage Girls oft wieder ins Dunkel. Wann werden wir den Punkt erreichen, wo wir Ophelia nicht immer wieder aufs neue zum Leben erwecken müssen? Zeit, so argumentiert Evelyn, ist ein zentraler Faktor:

„Es ist schwierig, Zeit für Aktivismus zu haben. Wenn du aufgrund des strukturellen Sexismus bereits fünfmal so hart arbeiten mußt wie irgendein Typ und in deiner sogenannten Freizeit diese Dinge verfolgen willst, wird alles sehr zeitaufwendig. Dennoch glaube ich, daß Riot Grrrl und *SWIM* bis zu einem gewissen Grad ihre Ziele erfüllt haben. Ihre Ideen sind absorbiert und weltweit verbreitet worden. So sind z. B. Bands wie Sleater Kinney oder Agenturen wie *Girlie Action* entstanden."

Ein weiteres Problem ist die Homogenität der Gruppe. Die meisten Riot Grrrls sind zwischen 15 und 25 Jahre alt (also genau in jenem Alter, in dem der Konformitätsdruck steigt), identifizieren sich mit Punkrock und sind noch in Ausbildung, was Aktivismus zeitlich erst ermöglicht. Eines der Ziele von Riot Grrrl war es immer, für Mädchen aller ethnischen Gruppen offen zu sein und die eigenen Ausschließungs- und Diskriminierungsverfahren zu reflektieren sowie entsprechende Schritte zu setzen. Im Kontext pragmatischer Aktionsplanungen gehen diese Anliegen jedoch oft unter.

Riot-Grrrl-Aktivitäten erweckten von Anfang an Medieninteresse. Aber Titelgeschichten wie „The Girl Issue", „Angry Women in Rock" oder „Pop Tarts-Girl Power" sind nur selten in der Lage, die eigentlichen Ziele von RG zu transportieren: Hierarchie, Gewalt gegen Frauen & patriarchale Einschränkungen. Im Zentrum stehen meist Style und Mode, meint Amelie:

„Auf Mädchen prasseln Millionen Images nieder, die ihnen vorschreiben, wie sie sein sollen: Da gibt es die Lebensart von *Seventeen*, den alten und den neuen *SASSY*-Stil und die *Cosmopolitan*-Variante für Weltgewandte. Diese Medienimages prägen unser Denken über unsere Körper, wer wir sind und was wir tun können. Deshalb stimmt es nicht, wenn Leute sagen ‚es gibt keinen Bedarf an RG'. Nur weil es für dich ein alter Hut ist, heißt das noch lange nicht, daß du es nicht an andere Mädchen weitergeben sollst. RG ist wichtig, so lange Frauen als Sexualobjekt angesehen und kleine Mädchen auf Diät gehalten werden und sich zu Tode hungern, solange Frauen am Arbeitsmarkt für jeden Dollar, den die Männer machen, 65 Cents kriegen."

Die Unterstützung von Girls ist weder zeitlich beschränkt, noch gilt sie nur gewissen, uns jeweils ähnlichen Girls. Riot Grrrls sind idealistisch, weil sie es sein müssen. In einer Gruppe, die derart der Veränderung und dem persönlichen Ausdruck verschrieben ist, sind Probleme unvermeidbar. Aber gibt es etwas Großartigeres, als ein Kollektiv ganz unterschiedlicher Mädchen, die gemeinsam an einer Revolution in ihrem alltäglichen Leben arbeiten wollen?

du und ich und unsere revolution
lailah hanit bragin

dieser artikel ist mein beitrag zu einem aktiven dialog. er steht nur für eine der beteiligten personen und ihre meinung. ich adressiere hier zwar riot grrrl, aber was ich schreibe, betrifft alle, also zögere nicht, dich selbst in die position von „ich" und „wir" zu begeben. schreibe, rede, male, zeichne deine ideen zu diesem thema auf – je mehr menschen sich an dieser auseinandersetzung beteiligen, umso besser. hör nicht auf, für die gerechtigkeit zu kämpfen, niemals!

unser rassistisches gesellschaftssystem ist in geringen dosen auch in gruppen wie riot grrrl aktiv. auf abscheuliche weise kriecht es selbst dort hinein. wir leben in einer gesellschaft, die frauen anderer hautfarbe in den schatten stellt. das zeigt sich, wenn z. b. jemand in der mainstream-gesellschaft über frauen redet und dabei immer weiße frauen meint. oder wenn über schwarze geredet wird und schwarze männer gemeint sind. wenn du ein girl der diskriminierten ethnie bist, dann bestraft dich die gesellschaft zweifach: mit geschlechterunterdrückung, die alle frauen zum schweigen bringt, und dann, fuck, wenn frauen endlich eine stimme haben, hört man nur den weißen zu, denn, „verdammt, diese minderheiten sollen nicht quatschen, ihre weiber geraten ständig außer kontrolle" (eine ansicht, die millionenfach unterstützt und verbreitet wird). der mechanismus ist offensichtlich – wenn wir unsere augen öffnen, dann sehen wir nicht nur, wie diese abgefuckten systeme unser leben vermiesen, sondern auch, wie wir sie bekämpfen können.

weil riot grrrl eine gruppe von mädchen ist, die für das ende aller ungerechtigkeiten kämpfen, kann die art und weise, wie gesellschaftliche vorurteile sich selbst hier einschleichen, extrem lähmend sein. für eine gruppe wie riot grrrl, in der alle zu wissen glauben, daß jede form von unterdrückung mies ist, und auch viele am eigenen leib diskriminierung erfahren haben, mag es öde erscheinen, daß rassismus ein großes problem ist. aber obwohl riot grrrl selbst über die unterschiedlichen formen von diskriminierungen „aufgeklärt" ist, sind wir doch alle in dieser gesellschaft aufgewachsen und an sie gebunden, auch wenn wir sie hassen. innerhalb einer solch politisch bewußten gruppe gibt es subtile manifestationen von rassismus, die genauso beängstigend und daneben sind, wie das offensichtlich rassistische zeugs da draußen, das die meisten grrrls leichter kritisieren können, weil es sie nicht direkt betrifft. deshalb ist es wichtig für grrrls/girls,

inklusive MIR und DIR und jeder aktivistin, zu reflektieren, wie rassismus das leben der menschen durchdringt und dabei alle forderungen aushöhlt, die wir als radikale gruppe stellen.

o. k., also eine art von rassismus, die ich bei riot grrrl oft erlebt habe, ist das benutzen von alibifiguren. dazu nur eines von vielen beispielen: ein girl (natürlich mit guter absicht, natürlich weiß) machte ein jahrbuch für zine-produzentinnen. in der einleitung bedankte es sich bei einem latino-girl, daß dieses (wie es glaubte) als einzige nicht-weiße an dem buchprojekt teilgenommen hatte (tatsächlich gab es noch andere, aber das war dem girl nicht aufgefallen – siehe unten ...). als ob grrrls anderer herkunft für weiße grrrls da wären, nicht für sich selbst oder die menschheit im allgemeinen. als ob sie trophäen der weißen grrrls wären. in blinder verneinung sagen wir: „wir sind NICHT alle weiß – schau, schau, da ist unsere _____ (leerstelle, nach belieben zu füllen) nicht-weiße freundin!" das ist echt fies. grrrls, wir wissen, daß die ausbeutung von frauen beschissen ist – ALSO WESHALB ZUM TEUFEL BEUTEN WIR UNSERE SCHWESTERN AUS?

weißwaschen ist ein weiterer abgefuckter ausdruck von rassismus. dahinter steht die annahme, daß jede, die klug, kämpferisch, radikal und intelligent ist und coole sachen macht, weiß sein muß. es passiert oft, wenn grrrls keinen „ethnischen" namen haben oder ihre ethnische abstammung nicht erkennbar ist, weil die vorstellung davon, wie menschen verschiedener ethnien auszusehen haben, auf seltsamen rastern basiert, oder wenn von einer gruppe, in der viele weiße grrrls und einige wenige anderer hautfarbe arbeiten, so gesprochen wird, als wäre sie ganz weiß. auch das ist beschissen: 1. ignoriert es farbige grrrls, die ja bereits vom rest der welt unsichtbar genug gemacht werden; 2. wird ihre geschichte geklaut. als teil einer marginalisierten gruppe wissen wir doch, wie wichtig eigene repräsentationen in allen lebensbereichen sind. wir haben genug von dieser scheiße.

bildung schützt nicht unbedingt vor ignoranz. es gehört zur verantwortung weißer grrrls, ihre ignoranz zu hinterfragen und aus diesem ganzen gesellschaftlichen mist, der die rassistischen muster reproduziert, auszubrechen – jetzt, hier und heute, tu was dagegen. es gibt keine entschuldigung für rassismus. wenn wir girls zusammenarbeiten, können du und ich was ändern.

die mehrheit der riot grrrls ist weiß. wahrscheinlich treffen drei nicht-weiße grrrls auf zehn weiße, aber ich bin nicht wirklich gut mit zahlen, und ich könnte mich auch total verschätzen (und dabei am prozeß des weißwaschens beteiligen). warum das so ist? also nehmen wir an, du bist in einer radikalen gruppe (lies riot

grrrl oder setz den namen jener gruppe ein, in der du aktiv bist) und du solltest in dieser wirklich umfassenden und intimen art mit all den anderen girls zusammenarbeiten und versuchst wirklich, dinge in bewegung zu bringen, und du bist ein dunkelhäutiges girl umgeben von weißen girls, das bedeutet dann im wesentlichen, daß du konstant in kleinen dosen mit rassismus bombardiert wirst. z. b. wenn angelegenheiten des rassismus' ignoriert oder als weniger dringend erklärt werden oder all die anderen rassistischen dinge passieren. möchtest du mit dieser scheiße was zu tun haben? auch wenn es „gutgläubige" menschen sind (ich weiß, ich meine es gut, tun das nicht alle?), sogar wenn sie sich des rassismus bewußt sind und aktiv versuchen, ihn bei den leuten um sich herum zu bekämpfen – wenn du als farbiges girl in deinem alltag mit rassismus in dieser sehr direkten art zu tun hast und rassistische attacken jeden tag auf dich niederprasseln und du weißt, was los ist, und bereit bist, was dagegen zu tun, hast du dann wirklich noch zeit, herumzusitzen und zu warten, bis deine weißen schwestern es kapieren und, verdammt noch mal, darüber entscheiden, ob dein wohlbefinden eine wichtige sache ist (wo du doch weißt, daß nie in frage gestellt wird, ob angelegenheiten der weißen girls gerade wichtig sind). NIE IM HIMMEL.

das heißt nicht, daß farbige girls nicht teil von riot grrrl sind. sie sind brillante grrrls, die riot grrrl lieben und brauchen, aus gründen, die deinen vielleicht nicht unähnlich sind. weil sie an dieser form des aktivismus etwas positives finden, z. b. die fordernde, nichts entschuldigende art, gemeinsam zu wachsen, an der veränderung zu arbeiten und dabei immer neue ideen zu entwickeln. also yeah, riot grrrl ist ihre gruppe und das, was sie wollen. aber wenn du nicht bereit bist, dich zu verändern, zu wachsen und die abgefuckte seite der riot grrrls anzupacken, ist dann riot grrrl das richtige für dich?

es ist das recht jeder frau und jedes girls, eine stimme zu haben und gehört zu werden. wenn riot grrrl dies anerkennt, dann müssen wir für ALLE girls kämpfen, die anliegen ALLER girls ernst nehmen und auf die stimmen ALLER girls hören. kurz und gut, ich flüstere dir zum abschied eine alte weisheit, derer ich mir absolut sicher bin: SO LANGE EINE EINZIGE PERSON UNTERDRÜCKT IST, IST NIEMAND VON UNS WIRKLICH FREI!

jetzt geh und sieh zu, daß du die scheiße in deiner umgebung aufrührst!

Süße Träume. Von WAC zu Ultra Vulva
Karen Casamassima

Wenn ich hier so sitze und über die vielen Leute nachdenke, die über die Brooklyn Bridge marschieren, um gegen die Mißhandlung und Vergewaltigung des haitianischen Immigranten Abner Louima durch New Yorker Polizisten zu protestieren, muß ich unweigerlich an die erste Aktion der *Women's Action Coalition* (*WAC*) in Queens denken: der Protest gegen die Vergewaltigung einer jungen schwarzen Studentin durch sechs weiße Sportler der Saint John's University.

Michael Calandrillo, als Initiator der Gang-Vergewaltigung angeklagt, akzeptierte einen Deal, der ihn vor dem Gefängnis bewahrte. Weil er sich im vollen Gerichtssaal dem Opfer gegenüberstellte und seine Schuld eingestand, durfte er sich zu einer geringfügigeren Anklage wegen sexueller Nötigung und Freiheitsberaubung schuldig bekennen. Das Leben seines Sohnes sei „ruiniert", meinte sein Vater, Mr. Calandrillo. „Er wollte Polizist werden. Was soll er jetzt mit seinem Leben anfangen?"

Ein Blick in die Zeitungen seit der Abner-Louima-Geschichte bringt jene Wut zurück, die uns an einem kalten Februarmorgen 1992 zu unserer ersten Aktion anregte. Die Anita-Hill-Verhöre auf dem Capitol Hill brachten Feministinnen als *WAC* zusammen. Der Vergewaltigungsprozeß in Queens war Anlaß für unsere erste Aktion.

Barbara Barg brachte eine Trommel und händigte Schlaginstrumente aus. Unsere Strategie war es, die Presse zu informieren, daß wir außerhalb des Gerichtssaals protestieren und anschließend dem Prozeß zur Unterstützung des Opfers beiwohnen würden. Das Trommeln und Getöse der Musik erwies sich als wirkungsvolles Instrument, um unsere Botschaft rüberzubringen. Die Musik hatte auch den unerwarteten Effekt, uns selbst als Gruppe zusammenzubringen und Einheit und Stärke zu demonstrieren.

Die Möglichkeit, einen öffentlichen Raum zu besetzen und ihn mit einer Gruppe von Trommlerinnen zu definieren, ist nichts Neues. *Olodum* zum Beispiel hat sich „kulturellem Aktivismus im Kampf gegen Rassendiskriminierung und sozio-ökonomische Ungleichheit" gewidmet.

Als WAC größer wurde, planten wir unsere Aktionen in kleineren Arbeitsgruppen. Das Drum-Corps-Kommitee wuchs von einem Treffen dreier Frauen in Barbara Bargs Wohnung zu einem von dreißig in Gretchens und Ingreds Loft, wo wir uns für den Pro-Choice-Marsch nach Washington vorbereiteten. Kurz darauf trafen wir uns wöchentlich in Phyllis Kinds Galerie, um uns neue Beats und Gesänge für Aktionen auszudenken.

Uns wurde zusehends klar, daß wir es mit unterschiedlichen musikalischen Niveaus zu tun hatten. Um die Leute auf Trab zu halten, suchten wir verschiedene Lehrerinnen und engagierten schließlich die Drummerin Dale Gordon. Sie brachte uns bei, wie wir durch das Hören auf den ersten Schlag im Rhythmus aus- und einsteigen konnten, um kein totales Chaos zu verbreiten.

Kate Schellenbach, heute eine der besten Drummerinnen in der Szene, war Mitglied des Drum Corps. Zusammen mit Barbara Ess stellte sie

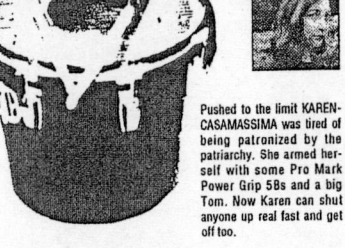

Stücke für uns zusammen und schrieb sie so, daß wir sie üben konnten. Da nur wenige von uns Noten lesen konnten, erfand Barbara Barg Eselsbrücken, die es ermöglichten, unsere Einzelteile mit den Akzenten an den richtigen Stellen einzubringen.

Zu meiner großen Überraschung las ich am 28. August 97 folgenden Satz in der *New York Times*: „Die OrganisatorInnen bitten die Mitglieder der haitianischen Community, keine Trommeln zu bringen und nicht zu singen oder zu tanzen, wie dies bei einem anderen Aufmarsch vor zwei Wochen geschehen ist." Da stand ich nun, völlig verblüfft, nach fünf Jahren Trommelerfahrung in der Arena politischen Protests.

Ich feuerte folgenden Brief an den Herausgeber der *New York Times* zurück:

Als ehemaliges Mitglied des Women's Action Coalition Drum Corps *verstehe ich nicht, warum jemand von trommeln, singen und tanzen als Form politischen Protests Abstand nehmen will. Trommeln bringt Einigkeit und macht Spaß. Warum soll Protest nicht auch eine lustvolle Komponente haben. Ich verstehe das Konzept des/der traurigen Kämpferin nicht. WAC marschierte zum Klang von Trommeln durch die ganze Stadt. Ich rufe alle, die diesen Aufmarsch organisieren dazu auf, Trommeln zu bringen und gemeinsam zu singen, denn der morgige Protest ist nicht nur gegen das korrupte Element in der New Yorker Polizei gerichtet, sondern soll uns alle in unserem Widerstand zusammenbringen.*

Karen Casamassima
Ehemaliges Mitglied des WAC Drum Corps

Es gibt historische Momente, in denen sich Rassismus, Frauenfeindlichkeit und Homophobie in einem Akt kristallisieren, in dem die Täter durch einen so tiefen gemeinsamen Haß zusammengebracht werden, daß sie als Einheit agieren. An jenem Punkt kann der Rest der Menschheit nicht länger verneinen, daß diese Ideen Überhand genommen haben und offengelegt werden müssen. Verbrechen wie diese führen Menschen zusammen und auf die Straße, um ihre Opposition diesem Haß gegenüber zu artikulieren und ihn zu vertreiben. In Momenten intensiver politischer Aktionen wird Ärger nicht tröpfchenweise nutzbar gemacht, sondern es wird soviel Energie verbraucht, bis das Reservoir erschöpft ist.

Als *WAC* verblaßte und sich als Organisation auflöste, formierten einzelne, aufgeladen durch ihre Erfahrung, neue Allianzen und führten die Arbeit fort. Das Trommeln brachte mich zwei anderen Mitgliedern des Drum Corps näher. Da Jude Tallichet, Barbara Ess und ich eine aktivistische Ader und eine gewisse Sensibilität teilten, begannen wir gemeinsam an Projekten zu arbeiten. Wir studierten an der Lower East Side Samba School, gaben ein Zine namens *Drum Core* heraus und edierten unter demselben Namen eine Bootleg-Compilation verschiedener Bands. Als uns ein Kritiker des *Paper* Magazine irrtümlich als Band bezeichnete, beschlossen wir ein Bandprojekt zu starten. Wir nannten uns Ultra Vulva; *Drum Core* blieb der Name unseres Labels.

Als Ultra Vulva machen wir gegenwärtig Musik, die wir selbst hören wollen, und vertreiben sie unabhängig, mit Hilfe von freien und College Radiosendern.

Mein eigenes Leben als Aktivistin verlief eher organisch als entlang einer vorbestimmten Linie. Wenn es einen historischen Imperativ gibt, um en masse Aktionen zu setzen, können wir als Individuen die notwendigen Werkzeuge einzubringen und auf der Basis unserer Erfahrung aktiv werden. „WAC is watching we will take action."

von der band zur radioshow zum fanzine
molly neuman

allison und molly lernten sich im herbst 1989 im studentinnenheim der universität oregon kennen. sie wohnten zimmer an zimmer. eines tages hörte allison jemanden ins gang-telefon schreien: „aber ... ich liebe dich!" es war molly, die ihr herz im long-distance-style zu retten versuchte. drei monate später einigten sie sich, daß das wohnheim eine lahme und ungesunde szene sei, und beschlossen, nach den weihnachtsferien zusammenzuziehen. in der nacht bevor molly zu ihrer familie fuhr, versteckten sie sich vor ihren mitbewohnerinnen im badezimmer und nahmen kassetten auf, die sie nach hause mitnehmen wollten. von nun an wollten sie eine band mit dem namen *bratmobile* sein. details über diese entscheidung sind ziemlich verschwommen. der *bratmobile*-titelsong, den sie an diesem abend schrieben, steht zwar in allisons gedichtbuch, ist aber zu lächerlich, um aufgeführt oder aufgenommen zu werden.

... also im frühling, nach ein paar frauenforschungskursen, tonnen von lahmen punkkonzerten in eugene, einigen coolen punkkonzerten in olympia und einer essentiellen ausgabe von *jigsaw no. 2* überkommt die herzen dieser girls das gefühl, daß da etwas mit der anzahl der girls, die sie in punk und der welt im allgemeinen involviert sehen, nicht stimmt. sie beschließen, eine radioshow am campus aufzubauen. allison und molly wollen ihre eigene show, na klar. sie machen ihr demotape: „girl rock ... in your face!" mit L7, courtney love, salt-n-pepa und patsy cline. die show heißt „girl germs" nach dem song, den allison im herbst geschrieben hatte.

pot und lahme affen machen noch keine radioshow, obwohl molly den halben sommer damit verbracht hatte, flyers zu kopieren und tonnen von girl-musik zusammenzutragen. aber weil die macher des senders ihre ärsche nicht in bewegung brachten, suchten die girls nach alternativen, nach anderen formen. sie versuchten beide gitarre zu lernen, zu schreiben, zu überleben. schwierig, wie du weißt.

... ungefähr im oktober fragt tobi (eine coole freundin und die herausgeberin von *jigsaw*) molly: „warum machst du nicht ein fanzine?" hmmmm.

... molly sagt zu allison: „hey, diese radioshow führt uns nirgendwohin. vielleicht sollten wir ein fanzine machen."

allison sagt: „o. k."

molly sagt: „wir nennen es girl germs, wie unseren song. es ist unsere radioshow, nur gedruckt."

allison sagt: „o. k. cool. hier sind ein paar sachen, die ich geschrieben habe."

der rest ist geschichte, baby.

technische infos für girls, die eine band oder ein zine machen wollen:
a) suche etwas, worüber du schreiben/reden/singen willst
b) brings in ein format, das dir gefällt
c) verbreite es in der szene.
du kannst unsere vorschläge annehmen oder aus dem fenster schmeißen; meistens ist's ohnehin eine sache von versuch und irrtum, denn: viel versuch + viel irrtum = viel spaß.

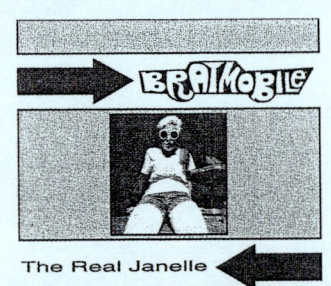

Alternativen zur Kapitulation
Tracie Morris

Wir haben immer schon in Codes gesprochen. Auch bevor man unsere Sprachen verboten hat. In Wortspielen, Modulationen, Handzeichen und Gesten, mit Mustern im Haar, auf Händen und Kleidern. Wir sind voller Botschaften und reden in verschiedenen Zungen, manchmal auch in Geheimsprachen. Wir lachen im Schmerz und weinen vor Freude. Stark, wie wir sind, finden wir unsere Freiheit überall.

Man hat uns Afrikaner in Ketten gelegt und selbst beim Beten bewacht – Allmacht der Unterdrücker. Seit unserer Ankunft in Amerika hat man uns öffentlich zur Schau gestellt. Jene, die die Überfahrt überlebten, hatten Zeit zum Nachdenken. Schließlich riskierten wir unsere Popularität, indem wir die Leute als Revolutionäre unterhielten.

Aus all dem bin ich entstanden. Mein Trost bestand stets in der Abstraktion des Erreichbaren: sich mit Worten und Musik ins kulturelle Gedächtnis einschreiben. Geschickt und phantasievoll unser Überleben organisieren und nach Unabhängigkeit streben. Als StadtschreierInnen unsere stetige Wiedergeburt verkünden, unter Wehenschmerzen von unseren Schlachten und Siegen erzählen.

In den 60er und 70er Jahren hofften wir auf große Veränderungen. Die Umwälzung der Welt und ein Paradies in der Dritten Welt schienen längst überfällig und greifbar nahe. Dabei hätten wir aus der Sklavenzeit wissen müssen, daß uns keine Gerechtigkeit widerfahren wird. Es gab kein Allheilmittel, nur Symptombehandlung. So arbeiteten wir weiter an einer langsamen Genesung. Und an neuen Formulierungen für Liebe, Kampf und Schönheit.

Kunst läßt sich nicht von der Verpackung trennen. Ob kahl, gelockt, mit Zöpfen oder Dauerwellen, schwarze Frauen arbeiten daran, jede Situation zu ihrem Vorteil zu wenden. Wir werden niemals aufgeben.

Die Kreativität ihrer Ausdrucksformen ist beeindruckend: prächtige Kleider in Farben mit der Kraft der Sonne, sonntäglichen Freuden entgegenflatternde Hüte, darunter Frisuren, die den Naturgesetzen Widerstand leisten und von Afros über Dreads bis zu kompliziertem Flechtwerk und versteckten Zöpfen und Fingerlocken reichen. Mit Juwelen, Perlen, Muscheln, Farbe und Spray setzen wir weitere Akzente. Unermüdliche Körper tauchen aus unseren Küchen und Wohnzimmern auf. Orte, an denen wir uns stärken und unsere Gedanken ordnen.

Als Kunstform schwarzer Frauen erlebt die *Performance Poetry* in den 90er Jahren eine Blüte. Sie stellt eine Alternative zur und zugleich eine Stütze der weitverbreiteten Popkultur dar. Der Informationsfluß zwischen den Communities ist versiegt. Wir waren darauf vorbereitet, haben uns verankert und gegenseitig gestützt.

1/91 Ich schlüpfe aus meiner Schale. Wie immer ist die Politik meine Motivation, diesmal der Golfkrieg. Gehe zur „Black Rock Coalition Love Weapon Show" in der CB's Gallery. Minimales Sound System, ein Haufen guter Vibes. Ich quetsche ein paar Gedichte heraus, von da an geht es aufwärts. Irgendwann schaffe ich es zum „Open Mike" im Nyorican Poets Cafe, dann zu einem

Slamwettbewerb. Nach einer Lesung bei „The Stoop" bekommen ich und ein paar andere Leute unsere ersten Kritiken. Wir werden besser, vergleichen unsere Texte, lernen voneinander, aber alle machen ihr eigenes Ding. Manchmal kreuzen sich unsere Touren in verschiedenen Städten oder wir lesen übereinander in Zeitungen. Eine konzentrierte, doch offene Community.

3/92 Dana Bryant schlägt Maggie Estep beim „Grand Slam". Ich selbst werde frustrierte Dritte. Trotzdem die beste Erfahrung meiner Karriere. Reißt mir die rosarote Brille runter und schärft meinen Blick.

Dana hatte „For Colored Girls Who Have Considered Suicide When The Rainbow Is Enuf"[1] gesehen und wollte Schauspielerin werden. Sicher fand sie sich in diesem Stück wieder. Sie ist groß, schlank, geschmeidig, braun. Bewarb sich um Rollen und bekam sie auch. Sang für einige Bands, die ihre Ausstrahlungskraft nicht ertrugen. Sie setzte höher und gewann: den Slam, MTV, einen Plattenvertrag. Maggie erging es ähnlich, sie bekam Einladungen zum Fernsehen. Ein anderes „Stoop"-Mitglied, Dael Orlandersmith, schaffte es, aus dem Schatten herauszutreten. Sie läuft, hebt Gewichte, und schüchtert Leute ein – eine wandelndes Werbeplakat gegen Stereotypen. Sie läßt sich die Haare blondieren und flechten, nach afrikanischer Tradition, wie sie behauptet. Schließlich war es eine unserer Schwestern, die durch die Erfindung des Lockenstabs zur ersten Selfmade-Millionärin wurde.

Ich wuchs mit Jazz, R&B und Underground-Live-Hip-Hop auf. Unsere Musik war rebellisch, gegen das Establishment und machte Spaß. Schwarze Musik war so hip, daß wir Weiße anschnauzen, Schwarze zelebrieren und die Allercoolsten sein konnten. So blieben wir optimistisch, auch wenn uns die Welt auf den Kopf krachte. COINTELPRO[2], allgegenwärtige Drogen, Inflation und Disco. Unter dem Vorwand allgemeingültiger Erfahrungen und individueller Ästhetik eignete man sich unsere Weltanschauung an. Nach der US-amerikanischen Rassenintegration unterminierte der Staat auch unsere Geheimgesellschaften und Netzwerke. Gott sei Dank wurde ich in Zeiten der Wandlung geboren und nicht während unserer verdeckten Abhängigkeit.

3/92 revisited: Nach dem Slam ging ich schockiert nach Hause. Meine Arbeit wurde danach besser. Ich sprengte die Rolle der aufsässigen Schwarzen, die mich bereits unbewußt gelangweilt hatte. Auch positive Stereotypen können einengen.

Meine Texte spiegelten zwar einen Teil von mir wider, waren aber nicht alles. Nach der Niederlage studierte ich mein verzerrtes Gesicht und sah eine Poetin, die schrieb, weil sie etwas zu sagen hatte – und nicht, weil sie gewinnen oder Anerkennung finden wollte. Es war mein Recht und meine Pflicht zu schreiben. Es war befreiend.

Phoenix war die erste Veröffentlichung von Labelle. Patti, Nona, Sara. Nona schrieb die Songs. Die Trinität bestand aus Erotik, Diva-Style und Mut: eine richtige Girl-Group. Sie unterwarfen ihre mächtigen Stimmen nicht irgendwelchen blassen Hoffnungen auf Liebe, sondern steckten die Verstärker ein und hefteten Flügel an ihre Kleider. Nona zeigte alles her: ihren geschorenen Kopf, den Körper im durchsichtigen Anzug und ihr Herz in den Songtexten. „Going down makes me shiver." Was für eine Schande ...

Chaka Khan. Allein wie sie Rufus behandelte! Die Bassistin und Keyboarderin mit der honigsüßen Stimme und dem Körper eines Landmädchens – ein ungestümes Talent. Ihre Schönheit verblüffte meinen Cousin dermaßen, daß er seine Robert-Crumb-, Superfly- und samtenen „Black-Love"-Poster in die Ecke räumte und über seinem Bett Platz für Chaka machte.

Ich kann mich gut an die heißen Jams erinnern, die unsere Teenagezeit einläuteten. Eine völlig neue Ära. Von Straßenlampen gezapfter Strom, Freestylen, ein Mikrophon, zwei Plattenspieler gleichzeitig. Zwei Wochen lang versuchte ich, „Good Times" und „Rapper's Delight" nahtlos in einen 30-Minuten-Mix zu bekommen. Nach der Schule blieben mir zwei Stunden, um meine Musik dröhnen zu lassen, bevor meine Mutter nach Hause kam. Manchmal schrieb ich über meine Freundinnen und die coolen Jungs aus den Sozialbauten. Ans Rappen oder Basketballspielen dachte ich nie. Lesen, Seilspringen und zu „The Freak" tanzen, das mochte ich. Enfant Voyeur.

Als Salt-N-Pepa mit „Push It" rauskamen und MC Lyte „Lyte as a Rock" sang, war es soweit! Die waren süß und ließen sich nicht wie meine Freundinnen für dumm verkaufen. Während sie sich wagemutig und zäh, furchtlos und fly gaben, beschäftigten wir uns noch damit herauszufinden, ob wir nun hübsch oder häßlich waren, nett oder klug, witzig oder ernst. Scheu und unsicher verglichen wir einander und begutachteten Jungs und Männer.

Salt-N-Pepa ermutigten uns, unsere Sexualität selbst zu bestimmen anstatt uns ihrer zu schämen. Wie Blues-Sängerinnen und Carmen McRae. Sie waren keine *bad girls* und auch nicht hochnäsig, vielmehr setzten sie sich mit ihren männlichen

Zeitgenossen auseinander. Dann holte sich Ladys-First-Queen Latifah das Kommando, MC Lyte das Mikrophon – eine Anführerin und großartige Freestylerin. Männer fungierten in ihren Videos und Songs stets nur als Beiwerk, um die Begriffe hübsch und stark zu kontrastieren. Auf Platte war sie mit ihren Jungs ein richtiges Erdbeben.

11/93 Ich trete im Apollo in Harlem auf. Am Morgen habe ich Angst. Das Publikum dort ist bekannt dafür, daß es seinen Geschmack lautstark demonstriert. Meine B-Girl-Hymne „Project Princess" funktioniert zwar in unserem lokalen Mekka gut, aber auf dem Weg nach Harlem bekomme ich meine Zweifel. In der U-Bahn habe ich Kopfweh, hinter der Bühne laufe ich nervös umher. Viel zu abstrakt und gebrochen ist mein Text. Ich werde immer unsicherer, das Gedicht braucht eine neue Form. Es wächst in meinem Kopf, die Stimme wird lauter, ich versuche zu kapieren. Schlußendlich werfe ich einen experimentellen Blick auf den Alltag im Sozialwohnbau. Das Publikum reagiert euphorisch. Freiheit in der Freestyle-Improvisation – auf neuem Terrain akzeptiert. Meine Leute sind eben nicht zu unterschätzen.

Immer wieder erteilten mir kühne Frauen Lektionen über Integrität, Mut und künstlerische Grenzen. Frauenpolitik in der Kunst. Erfahrungen aus turbulenten politischen Zeiten umzusetzen, das war unsere Mission. Obwohl sie von Plattenfirmen, die sich ab Mitte der 70er Jahre konsolidierten, kontrolliert wurden, schlugen die Sisters zurück. Ihr Wert war nicht an verkauften Exemplaren zu messen, wenngleich sie von diesen ermutigt wurden.

Natürlich gab es auch eine Kontinuität von aktivistischem Denken und Handeln. Die 60er wirkten in die 70er Jahre hinein, in den 80er Jahren herrschte Resignation. Hoovers[3] Paranoia ging weiter, und die Musik zog sich immer mehr zurück. Nachdem formale Politik für uns immer unwahrscheinlicher wurde (als nach der Jesse-Jackson-Kampagne das Pendel nach rechts ausgeschlagen hatte) und radikale Politik mehr und mehr zersplitterte, blieben uns nur Worte und Musik. Das war so einfach wie lachen und Lebenslust. Wir hatten zwar das Recht, niedergeschlagen zu sein, aber nicht die Zeit dazu. Also widmeten wir uns der Liebe und dem Begehren. Das war der einzige Ort, den wir noch hatten – untereinander, füreinander. „Black Love", in den 60er Jahren noch bedingungslos gelebt, wurde in den 70ern von brutaler Gewalt erschüttert, in der „Narkolepsie" der 80er Jahre zerstreut. In den 90er Jahren sicherte sie uns wieder glatt und geschickt das Überleben. Erst Hip Hop und Reggae waren unsere neuen Codes um weiterzuträumen. Sister Carol und Sweet T (die ein Labelle-Sample benutzte) veränderten unser Verständnis von Selbstdarstellung: dicke Frauen mit Rückgrat, denen niemand nahezutreten wagte. Wir setzten wieder auf Aura, auf die Spannung zwischen Projektion und Selbstschutz.

Es gibt vieles, wovor wir uns schützen müssen. Perfide Unterdrückungsmechanismen zwingen uns, unsere Ästhetik in stereotypen Versionen unserer selbst zu verkaufen. Ricki Lakes[4] erniedrigendes *Wigger*[5]-Fest degradierte unsere Rebellion zu einer Show über schwarze Kriminalität, mit ihr als Rädelsführerin. Angesichts konservativer Konventionen mutierte unser Stil zeitweise zur Minstrel-Show: *Gangbanger* und *Welfare Queens*.

Das neue Frauenbild: In ihrer beatorientierten Leibesfülle und ihren „Herky-jerk-, huka-buck"-Reimen dreht Missy Elliott den vorherrschenden Trend um. Sie ist voller Lachen, Leben und Ironie. Sie ist wie wir, bewegt sich zu ihren hippen Rhythmen und gibt uns Hoffnung. Ein augenzwinkernder Engel, doppelt und dreifach mit Ohrringen behängt. Sie repräsentiert uns. Humor und Style lassen schwarze Frauen ewig optimistisch bleiben.

In dieser rauhen Welt sind wir wie Diamanten mit endlos vielen Facetten. Wir werden dafür bezahlt, Alternativen zur Kapitulation zu liefern. Tracy Chapman, Erykah Badu und Me'shell sind nur ein Teil dieser Front. Dionne Farris und Sandra St. Victor gehören wie viele andere auch zu meinem Lexikon der positiven Identifikationsfiguren.

Wir sind Kriegerinnen und bewegen uns im Zickzackkurs. So ist es schwieriger, uns auszuschalten. Dieser nichtlineare Weg zur Selbstermächtigung hat sich immer wieder als vital und lebensfähig erwiesen, trotz der sich wandelnden Instrumentarien der politischen Unterdrückung. Wie immer das Ideenangebot aussieht: Familie, Nation, Weiblichkeit oder Gleichberechtigung, wir arbeiten daran, die Bedingungen und Gefühle, den Look, die Sprache und den Rhythmus zu verändern.

---

1 Ntozake Shange
2 Counter-Intelligence-Programm des FBI
3 J. Edgar Hoover, FBI-Direktor und Anti-Drogenkämpfer
4 Talk-Show-Gastgeberin
5 White Nigger

II.

Free To Fight ...
Gewalt, Selbstverteidigung und Respekt

Sign of the Crab
Mia Zapata/Evil Stig

You take me like a roller coaster with your serial killing ways
On down the road a piece, yeah five miles more, that's it
You're always taking me back to the same place
I wonder if I'm here just to take the rap

You can talk with your eyes babe
But there's no torch there for remorse
We ain't that much different
We're feeding off the same goddamn incentive

Never ceases to amaze me, the shit you try to pull
Anything to get me in and then get me killed
Go ahead and slash me up, spread me all across this town
'Cause you know you're the one who won't be found

Maybe I pushed my luck one too many times
Now you have taken it upon yourself to put me back in line
Leave it to fear to get the message through
'Cause isn't that the romance that brought me here to you?

You take me like a roller coaster with your serial killing ways
On down the road a piece, five miles more, that's it
Go ahead and take me out for all you think it's worth
'Cause I know I' the one that won't get hurt

Don't ruin me for what you cannot have

You can talk with your eyes babe
But there's no torch for remorse
We ain't that much different, no we're confident
We can get back on our feet again!

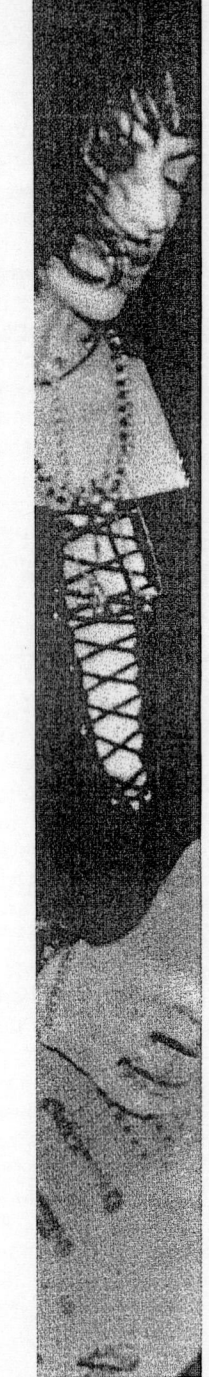

Home Alive

Micheline Levy, Text
Jessica Lawless und Cristien Storm, Layout und Design

Auftrag

Home Alive wurde 1993 von Mitgliedern der Kunst- und Musik-Community in Seattle als Kollektiv gegründet.

Gründungsmitglieder: Valerie Agnew, Zoe Bermet, Gretta Harley, Jullie Hasse, Lara Kidoguchi, Jessica Lawless, Micheline Levy, Cristien Storm, Stacey Wescott.

Wir bekämpfen jede Form von Gewalt und unterstützen alle Arten von Selbstverteidigung, die das Überleben in einer spezifischen Situation erfordert: Verbale Grenzsetzung, Begleitung zum Auto und nach Hause, Absichern von Türen, Planen von Fluchtwegen, Anwendung von Abwehrtechniken, Pfeffersprays, Überraschungstechniken, Kampftechniken, Schreien, Kriegskünsten, Messern, Schuß- und anderen Waffen. ALLES, was am Leben erhält.

Seit der brutalen Vergewaltigung und Ermordung von Mia Zapata am 7. Juli 1993 bieten wir kostenlos Selbstverteidigungskurse, Workshops, Informationen und Diskussionsforen an, die über den Verkauf von Kunst finanziert werden. Wir wollen ständig daran erinnern, daß keine von uns sicher ist.

Die neun Gründungsmitglieder des *Home-Alive*-Kollektivs gehören zur ersten US-amerikanischen Generation, die ein geringeres Einkommen hat als ihre Eltern. Die Sicherheiten, die eine Teilnahme an der kapitalistischen Welt verspricht, haben sich als prekär erwiesen; die Werte, die diesem Lebensstil innewohnen, sind nicht die unseren. Wir sind zwar nicht arm, aber oft pleite. Wir erwarten keine Unterstützung und fragen nicht nach Förderungen. Irgendwie schaffen wir es, die Miete zu zahlen und unsere persönlichen Vorlieben zu finanzieren, die großteils andere sind als die des amerikanischen Mainstreams. Dieser Lebensstil wirft die Frage auf, wie wir ein Leben führen können, das unsere Definition von Selbstschutz und Selbstversorgung nicht kompromittiert.

KURSE UND WORKSHOPS

Home Alive bietet eine Bandbreite an Kursen und Workshops für verschiedenste Zielgruppen. Die Kurse variieren in Länge, Form, Stil und Inhalt. Die meisten TeilnehmerInnen sind weiblich, haben Erfahrung mit gewalttätigen Angriffen und leben von weniger als $ 12.000 im Jahr.

KURSLEITUNG

Die Kursleiterinnen von *Home Alive* vereinen unterschiedlichste Erfahrungshintergründe, Ausbildungen und Methoden. Einige verfügen über Spezialausbildungen in den Bereichen häuslicher Gewalt, Krisenintervention, Beratung, Community-Aktivismus, Kampftechnik, Körpertraining, Bewegung und Koalitionsfähigkeit.

Mias gewaltsamer Tod hat Spuren in unserem Leben und in unserer Community hinterlassen. Wir mußten Möglichkeiten finden, unseren Tag zu bewältigen, heil nach Hause zu kommen und dort sicher zu sein. Das war eine Angelegenheit des Körpers, buchstäblich eine Frage über Leben und Tod. Durch unsere „Do-it-yourself"-Mentalität und die uns vertrauten Organisationspraktiken wußten wir, daß wir damit nicht allein waren. Gemeinsam fanden wir einen Ort für unsere Trauer und Wut. Und diskutierten Möglichkeiten für Aktionen.

BEZAHLUNG DER KURSE

Die Kosten der Workshops werden anhand einer gleitenden Spendenskala berechnet, die bei Null beginnt, damit Geld nie eine Barriere darstellt, wenn jemand Selbstverteidigung lernen will. Das obere Ende unserer Skala ist $ 6.50 pro Stunde und Kursteilnehmerln, $ 80.- pro Stunde für Organisationen. *Home Alive* ist eine Non-Profit-Organisation. Alle Gelder, die von Einzelpersonen oder Firmen eingenommen werden, gelten als steuerlich absetzbare Spenden.

Wir wußten, daß Mia höllisch gekämpft hatte. Wenn sie Selbstverteidung gelernt hätte, wäre sie heute vielleicht noch am Leben. Wir hatten unsere Verteidigung in der alltäglichen Praxis auf der Straße gelernt, aber nach diesem Ereignis waren wir uns nicht mehr sicher, ob das ausreiche. Die Notwendigkeit der Selbstverteidigung wurde immer wieder thematisiert. Die Preise und die ideologische Beschränkung der in Seattle angebotenen Selbstverteidigungskurse bildeten für viele von uns eine unüberwindbare Barriere. So waren zum Beispiel die Attacken von Unbekannten nicht die einzigen Angriffe, die wir fürchteten. Wir brauchten Selbstverteidigungstechniken, die auch auf unsere intimen Beziehungen anwendbar waren – um Grenzen zu setzen, Respekt einzufordern, Gleichheit auszuhandeln, Beziehungen, in denen mißhandelt wird, zu beenden oder zu verändern. Auch die meistens vorausgesetzte Heterosexualität erschwerte es vielen, die angebotene Information auf sich zu beziehen. Wir waren nicht alle heterosexuell, und wir haßten die Männer nicht.

„In den Selbstverteidigungs- und Lehrkursen, die ich früher gemacht habe, habe ich mich immer als Außenseiterin gefühlt. Die Information richtete sich nicht an mich, meinen Lebensstil, die Art von Beziehungen, die ich lebe. Sie setzte sich aus vielen ‚du sollst' und ‚du sollst nicht' zusammen. Die Do-it-yourself-Ethik basiert auf der Zurückweisung dieser Imperative und dem Wissen, daß es anders möglich ist – auf eine Art, die uns mit einschließt. Unser Konzept weist die gängige moralische Implikation zurück, daß wir, weil wir ‚böse Mädchen' sind, selbst Schuld tragen an der Gewalt in unserem Leben. Diese Schuldzuweisung wollen wir nicht akzeptieren ..."
– Cristien Storm

In der Zwischenzeit verbreiteten Graffiti auf der Straße unsere zentrale Frage: „Wie kommst du heim, wie kommst du lebend nach Hause?" Das war Teil unserer Selbstverteidigung. Um Geld aufzutreiben, organisierten wir in unseren lokalen Clubs zudem Performances, Musikveranstaltungen und Ausstellungen sowie Kunstauktionen, Film- und Theaterereignisse. Die Einnahmen finanzierten unser Auskunftsbüro, das Forum der Community, Workshops und Kurse.

Erst war ich ein wenig skeptisch gegenüber den Selbstverteidigungskursen, und je mehr ich darüber nachdachte, desto bedrohlicher wurde der Gedanke. Wenn ich mich jemals in einer Situation befinden sollte, in der ich um mein Leben kämpfen muß, werde ich dann noch „lebend nach Hause" kommen? Ich entschied mich schließlich, einen Kurs bei Home Alive zu besuchen, und lernte alles, vom Schlagen bis zum Setzen von Grenzen, nicht nur in gefährlichen Situationen, sondern auch im Alltag. Selbstverteidigung beinhaltet auch die Einsicht, daß mein Leben es wert ist, verteidigt zu werden, und daß ich das Recht habe, zurückzuschlagen. Ich habe auch gelernt, daß Kreativität ein Akt der Selbstverteidigung ist. All das gab mir Sicherheit. Am Ende jeder Klasse, wenn ich nach draußen gehe, ist diese zwar wieder weg, aber ich trage eine neue Kraft in mir, die ich jederzeit aktivieren kann. Ich weiß, daß ich „NEIN" oder „LASS MICH VERDAMMT NOCH MAL IN RUHE!" sagen kann. Wenn das nicht reicht, dann habe ich jetzt auch einige körperliche Griffe zur Verfügung. Mein Zorn ist in jedem Kurs da, und ich schreie „NEIN!". Ich erinnere mich an Mia und jede Frau, deren Grenzen in irgendeiner Form überschritten werden. Häusliche Gewalt, Überfälle, Homophobie, sexuelle Belästigung, Vergewaltigung, Mord – all diese Dinge beeinträchtigen unser Leben. Wir müssen Zugang finden zu diesem Zorn und ihn in Stärke umwandeln. Wir ALLE sind stark. Wir alle sind in der Lage, uns zu verteidigen. Also, wenn du noch keinen Kurs gemacht hast, übernimm Verantwortung für dich selbst und kämpf um dein Leben.

– BETH ERNSBERGER

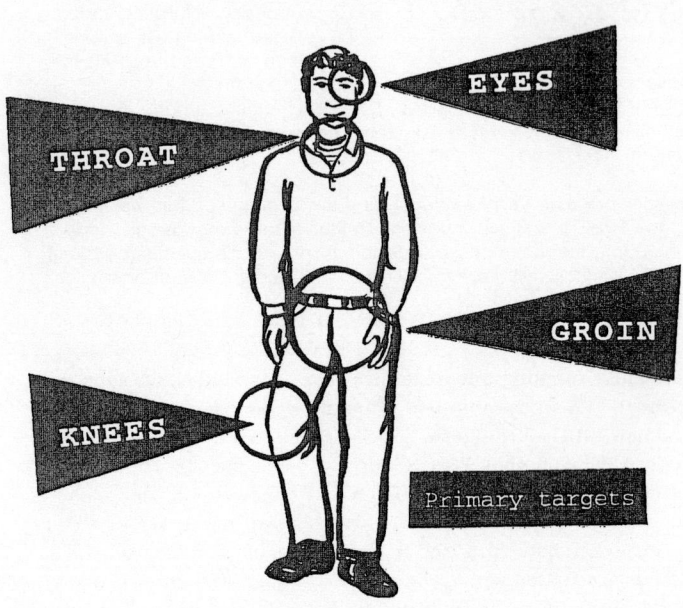

> „... fragt mich
> also, ist das politisch? Geht es um Polizei, Kriegsvorbeugung, also um etwas wirklich Wichtiges?
> Fuck you
> Ich bin wichtig
> Ich bin Politik
> Jedesmal, wenn mich so ein Idiot aufreißen will, ich in sein Gesicht zurückspucke und er sich entrüstet – das ist Politik.
> Das ist die Regierung, die neben mir auf dem Barhocker sitzt und wie ein besoffener Trottel dreinschaut
> wenn ich einen Mann ficke und ich oben bin – das ist Politik
> wenn ich einen Mann ficke und nicht oben bin – das ist Politik
> und wenn ich eine Frau ficke, dann lutsch ich all die Politik aus ihr heraus ..."
>
> – Cristien Storm

Immer häufiger hieß es, *Home Alive* werde eine CD herausbringen. Ähnlich wie die anderen von uns organisierten Aktivitäten sollte dies ein Vehikel für KünstlerInnen sein, die Implikationen von Mias Tod auf provokante Art zu thematisieren. Ursprünglich gingen wir von einem regionalen Projekt aus und hofften, ungefähr 10.000 CDs zu verkaufen. Das ganze begann mit Mundpropaganda und informellen Gesprächen in den Bars der Umgebung. Wir sammelten Demokassetten und erstellten eine Liste von interessanten Bands und Performances. Als Pearl Jam ihre Teilnahme an dem Projekt ankündigten, bot *Epic* an, die CD zu machen. Schon träumten wir davon, wie es wäre, eine wirklich breite Zielgruppe anzusprechen. Vor diesem Hintergrund kontaktierten wir nun einige bekanntere KünstlerInnen, wie Nirvana, Soundgarden, Ann und Nancy Wilson, Joan Jett, Jello Biafra, Jim Carroll, Exene Cervenka, Lydia Lunch und jene, die bereits vorher Unterstützung für *Home Alive* zugesagt hatten.

Einige Mitglieder brachten ihre Sorge über die ideologischen Rückwirkungen eines Projektes dieser Größe zum Ausdruck. Daß wir uns über eine CD zu artikulieren suchten, die von einem Konzern dieser Größenordnung herausgegeben wird, könnte den Dialog mit unserem Umfeld stören und dazu führen, daß in der „Medienmaschine" bloß unser Image reflektiert wird. Es war durchaus möglich, daß unser Image dann als eindeutige Repräsentation wahrgenommen wird, wahrscheinlich fremd oder nicht wiederzuerkennen ist und wahrscheinlich sogar auf Ablehnung stoßen wird. Wir wollten uns nicht von den Menschen unserer Community entfernen. Wir fürchteten, daß die paketierte und verbreitete Botschaft als „die Antwort" wahrgenommen würde.

Eine unsere zentralen Messages ist, jede kann ihre eigenen Antworten entwickeln – individuell und kollektiv.

Ähnliche politische und philosophische Bedenken kreisen um die Kritik, derzufolge der Kern der kulturellen Gewalt, in der wir um unsere Identitäten und um unser Leben kämpfen, die Vereinnahmung von Begehren, Werten und Macht durch das Businneß ist. *Epic Records* gehört zu *Sony Music*. *Sony Music* ist alles andere als eine Kunstorganisation, sondern vielmehr ein Konzern, der Musik, Filme und Stereoanlagen verkauft. Der Vertrag mit *Epic*, der uns die Kommunikation durch ein Medium der Popkultur ermöglicht, würde eben jene Ressourcen, die wir im Kampf gegen diese kulturelle Gewalt entwickelt hatten, am Markt als weitere Ware anbieten. Während unsere individuellen Geschichten, unsere Geschichte als Gruppe, unsere Kreativität, unsere Organisationsformen und Messages gegen eine Teilnahme an diesem Prozeß sprachen, sahen wir gleichzeitig die Möglichkeit, uns an einer internationalen Auseinandersetzung zu beteiligen und die finanzielle Basis für das längerfristige Bestehen der Organisation sicherzustellen.

Wir einigten uns darauf, für das Erreichen einer großen Zielgruppe nicht unsere Integrität aufs Spiel zu setzen. Und es hielt uns nichts davon ab, alles, was wir wollten, in den Vertrag mit *Epic* zu schreiben. Ein Musikanwalt half uns bei der Verhandlung. Wir wollten die Doppellänge der CD, den Inhalt und die Reihung bestimmen. Nicht eine Musikform sollte dominieren, sondern verschiedene Genres sollten mit Performances gemischt auftauchen. Das Booklet, das Cover und die Anzeigen wollten wir selbst entwerfen. Zusätzlich zu den Beschreibungen von *Home Alive* und der Selbstverteidigung wollten wir über die bildende Kunst entscheiden. Ressourcen sollten aufgelistet, häusliche Gewalt definiert werden. Nach langem Hin und Her zwischen dem Kollektiv, dem Anwalt und *Sony* unterzeichneten wir den Vertrag. Mit *Sony* vereinbarten wir, daß jeder Schritt im Bereich Marketing und Werbung von uns genehmigt werden mußte.

Sony entwarf weder das Design der CD, noch investierten sie in die Gebühren, die durch die erforderlichen Veröffentlichungs- und Lizenzrechte anfielen. Nach intensiver Koordinationsarbeit wurden schlußendlich 100 % der Lizenzgebühren als Spenden freigegeben.

Zur Vermarktung des Produkts machten uns *Epic* und *Sony* verschiedenste Angebote. Bei einigen, z. B. bei diversen nationalen und internationalen Interviews, entschieden wir uns, sie zu unserem Vorteil zu nutzen. Bei der angebotenen Videoankündigung fanden wir keinen Konsens in Hinblick auf optische Images und Messages, und weder *Epic* noch *Home Alive* waren gewillt, von ihren Vorstellungen abzuweichen. Im Gegensatz dazu einigten wir uns mit *Sony* auf eine interaktive Werbekampagne an Schulen. TV-Auftritte in Talkshows, wie Jenny Jones und Ricki Lake, und kurze Beiträge für die Nachrichten lehnten wir ab, da Selbstverteidigung nicht in so kurzen TV-Spots vermittelt werden kann. Der Bekanntheitsgrad, den wir über die Anerkennung durch renommierte KünstlerInnen erlangt hatten, erwies sich als gutes Vehikel. Um den Fokus von den Rockstars abzuziehen und erneut auf unsere Organisation und Arbeit zu richten, manövrierten wir uns durch die Medien, so gut wir konnten.

Das Feedback auf das fertige Produkt war gewaltig. Reaktionen kamen von überall im Land und aus der ganzen Welt. Menschen schickten Beileidserklärungen, persönliche Horrorgeschichten ebenso wie Gratulationen. Sie kamen via e-mail – handgemachte Postkarten und Briefe mit Zeichnungen und Gedichten. Viele äußerten ihre Dankbarkeit für die Verbreitung vertrauter Emotionen über diesen Kanal und den Anstoß zu einer Diskussion, auf die sie schweigend gewartet hatten. Wenn wir auch anstatt der erwarteten 40.000 ca. 150.000 CDs verkauften, blieben wir doch unserer Aufgabenstellung treu und vertraten kompromißlos unsere Message, Identität und Haltung. Das Produkt trug unsere Botschaft an eine breite Zielgruppe. Wir schafften es, dreiviertel des Albums mit lokalen KünstlerInnen zu besetzen. Wir haben nun ausreichend Geld, um die Organisation zu finanzieren.

Die Kommunikation durch die Massenmedien veränderte uns als Individuen ebenso wie als Organisation. Um die vierzig Personen sind nun in der kollektiv geführten Organisation engagiert, inklusive den *Home-Alive*-Gründungsmitgliedern, einem Direktions- und Beratungsausschuß, dem Beirat, den Teilzeitbeschäftigten, Gruppen von Frauen, die an der Organisation von lokalen Ereignissen und Aktivitäten und einem vierteljährlich erscheinenden Newsletter arbeiten. Wir verfügen über einen Selbstverteidigungsraum, ein Büro, eine Telefonleitung, einen Computer und über die Kapazität, noch mehr Menschen mit einzubeziehen. Die früher nach außen getragenen ideologischen, philosophischen und politischen Fragen werden nun intern ausgefochten. Die „Do-it-yourself"-Mentalität steht im Zentrum unseres Lebens und unserer Arbeit. Und wenn all die neu erschlossenen Ressourcen wieder abgezogen würden, gäbe es *Home Alive* dennoch. Unsere Arbeit ist Teil unseres Lebens, sie wird nicht von externen Unterstützungen gelenkt. Wir verfügen über jahrelange Praxis, ohne solche zu leben und zu arbeiten, und das wird sich nicht ändern.

FOR EVERY 1 MINUTE YOU SPEND IN FRONT OF THE MIRROR WONDERING: IF YR PRETTY ENOUGH, IF YR THIN ENOUGH, OR IF SO-AND-SO WILL ASK YOU OUT...

★ **4 WOMEN HAVE BEEN BATTERED**

★ **1 WOMAN HAS BEEN RAPED**

Ich will eine Knarre – ich will dich rennen sehen
Interview mit Valerie Agnew (7 Year Bitch)

Die LP Viva Zapata *ist eurer Freundin Mia Zapata gewidmet, die 1993 in Seattle vergewaltigt und erwürgt wurde.*

Mia wurde, zwei Stunden nachdem unsere Sängerin Selina und ich uns in einer Bar in Seattle verabschiedet hatten, auf der Straße ermordet. Vom Täter fehlt bis heute jede Spur. In den vergangenen drei Jahren wurden im selben Stadtteil von Seattle 22 Frauen ermordet. Vergewaltigungen und Ermordungen von Frauen passieren in diesem Land tagtäglich. Wir wissen alle, wie abgefuckt die Situation ist, aber wenn so grauenhafte Dinge in deinem Freundeskreis passieren, dann ist das etwas anderes. Ich bin total ausgeflippt, war wütend und hatte einen irren Haß. Vor allem, weil die Polizei uns riet, nicht über den „Fall Mia" zu reden. Die dachten sich wohl, wir würden einfach schweigend warten, bis die nächste steif auf der Straße liegt.

Wie bist du persönlich mit dieser Erfahrung zurechtgekommen?

Mit *Home Alive* konnte ich meinen Zorn endlich kanalisieren. Anstatt in meinem Alltag in aufreibenden Einzelsituationen zu kämpfen, investiere ich meine Energie in eine größere Sache und kann meine Wut kreativ ausdrücken. Ich war so wütend über Mias Ermordung, daß ich dachte, ich explodiere und muß rausgehen, um irgendwen niederzuschlagen. Außerdem produzierten wir unsere CD. „Mia", ein Song auf *Viva Zapata*, handelt vom Mörder, aber auch von Mia. Wir schwören ihr darin, sie niemals zu vergessen und sie nicht einfach den Statistiken zu überlassen.

In einem eurer Songs heißt es: „Tote Männer vergewaltigen nicht" und „Ich will eine Knarre – ich will dich rennen sehen". Glaubst du, Waffen geben Frauen mehr Sicherheit?

Ich bin total für das Tragen von Waffen, wenn die Leute dazu ausgebildet sind, Kurse besucht haben und sich dann dafür oder dagegen entscheiden können. Ich war lange dagegen – bis ich selbst überfallen wurde. Das hat mein Leben verändert. Der Typ hat mich niedergeschlagen und wollte mich vergewaltigen. Ich bin zwar davongekommen, war aber monatelang derart verstört, daß ich nicht einmal allein unter die Dusche gehen konnte. Das Gefühl des totalen Kontrollverlusts schreibt sich in deinen Körper ein und ist schwer wieder loszukriegen. Seit diesem Ereignis weiß ich, daß ich jeden Motherfucker umbringen werde, der mich zu vergewaltigen versucht.

Eure Band heißt 7 Year Bitch – warum bezeichnet ihr euch als bitches?

Für mich ist *bitch* etwas Positives – wenn jemand mich *bitch* nennt, fasse ich das als Kompliment auf. *Bitch* bedeutet einen starken Charakter zu haben, eine Frau zu sein, die weiß, was sie will und sich nichts gefallen läßt. Wir reklamieren das Wort für uns und nehmen es für positive Bilder in Anspruch. Es ist eine Frage der Einstellung.

Lips. Tits. Hits. Power?

Fuck You, I'm Friendly
Lynn Breedlove

I.

Wißt Ihr, wat hier mit der Frauenbewegung nich stimmt?
Kann ick Euch sachen; Allet fuer die Katz, allet negativ.
Mecker, mecker, mecker- Ihr jeht mir echt uff'n Geist!
Bitte — — — — — — — — — — — — — — —
koenne — — — — — — — — — — — — — — —
aber d — — — — — — — — — — — — — — —
bloß m — — — — — — — — — — — — — — —
Also, — — — — — — — — — — — — — — —
verklo — — — — — — — — — — — — — — —
dann, — — — — — — — — — — — — — — —
sich e — — — — — — — — — — — — — — —
Puppe! — — — — — — — — — — — — — — —
Mal, d — — — — — — — — — — — — — — —
los. — — — — — — — — — — — — — — —
natuer — — — — — — — — — — — — — — —
ooch b — — — — — — — — — — — — — — —
weichge — — — — — — — — — — — — — — —
entspr — — — — — — — — — — — — — — —
ihre u — — — — — — — — — — — — — — —
sie wo — — — — — — — — — — — — — — —
Aber d — — — — — — — — — — — — — — —
Na also — — — — — — — — — — — — — — —
erst ma — — — — — — — — — — — — — — —
zuv ver — — — — — — — — — — — — — — —
das Her — — — — — — — — — — — — — — —
Und noc — — — — — — — — — — — — — — —
Polizis — — — — — — — — — — — — — — —
Million — — — — — — — — — — — — — — —
Brief, — — — — — — — — — — — — — — —

> Wißt ihr, wat hier mit der Frauenbewegung nich stimmt? Kann ick Euch sachen; Allet für die Katz, allet negativ. Mecker, mecker, mecker – Ihr jeht mir echt uff 'n Geist!

Bitte schoen, die Damen- Ihr mueßt aber ooch mal kichern
koennen. Klar, da jibt's 'ne Menge Scheiße, logo-
aber da is ooch reichlich jute Scheiße bei. Braucht Ihr ja
bloß mal die Neese in die Wurschtblaetter zu stecken.
Also, z.B. diese Frau, ihr Alter hat sie 28 Jahre lang
verkloppt. Ok, det is schon reichlich beschissen. Aber
dann, een Tag, kommt der Olle mit seinem Motorrad und bildet
sich ein, det Janze jeht nochmal von vorne los. Denkste,
Puppe! Die Frau zieht 'ne Pistole 'raus, bäng bäng paar
Mal, dann stoppt se noch mehr kugeln 'rin und ballert nochmal
los. Immer feste 'rin. Jut, wa? Na, hinterher muß sie
natuerlich in'n Knast wejen Versuchtem Mord- det is ja nun
ooch beschissen. Aber dann findet der Richter, det se ein
weichgeklopptes Gehirn hat, also Battered Women's Syndrom,
entsprechend ist sie so doof geworden wie Muhammed Ali, mit
ihre uffgeweichten Hirn. Wat ooch Scheiße is, deshalb konnte
sie wohl nicht so genau zielen, um das Arschloch totzuschießen.
Aber der Schoenste dran is- deshalb wird sie freigesprochen.
Na also. Er hinkt nun bloß- aber ick wette, der Trottel kommt
erst mal ins Gruebeln, bevor er drank denkt die Alte nochmal
zuv verdreschen, Wa? Seht Ihr, so geht's ooch- da lacht doch
das Herz im Leibe!
Und noch wat- erste Seite Leitartikel: "San Franciscoer
Polizist begeht Selbstmord am Schießstand." Jut so,- noch 499
Millionen sind davon weltweit uebrig. "Er hinterließ einen
Brief, gab aber keinen Grund fuer den Selbstmord an."
II.
Grund? Ick sach' Euch den Grund. Et war'n Bulle.
"Er wurde von allen in hohen Respekt gehalten".
Von wem denn? Von anderen Bullen? Da sieht man, wat fuer'n Bulle
det war.
"Er diente 27 Jahre."

Det waeren 27 mal 365 Tage, wo er sich im Spiegel bekiekt hat,
als komplettes Arschloch. Det bedeutet, daß er nich nur 'n Arschloch
war, sondern ein bekopptes, mit Pistole. Toedlich. Jott sei Dank
-der is weg vom Fenster- da kann ish sich die Menschheit freuen.
III.
Und so denken wir janz positiv, meine Damen. Stellen Sie sich
vor, Sie lesen eines Tages: "499 Millionen Polizisten, inclusive
FBI, CIA, California Highway Patrol, Rent-A-Pigs*, und Politessen
bringen sich weltweit um. Los, denkt mal scharf drueber nach.
Hier jeht's um Fokus und positive Energie, Mutta.

Und denn is da noch in den neuesten Nachrichten:
Chemisch Kastrieren, großartig. Vergewaltiger werden chemisch
kastriert. Endlich. Na ja, so toll is det nun ooch wieder nich.
Is ok, aber- ick saehe das lieber mit bißchen mehr Blut verbunden,
abschreckend, so wie meine neueste Erfindung, die Sack Guillotine,
oder, billiger, setz den Arsch nackt uff 'nen gefaellten Baumstamm,
nagel den Sack dran fest, dann schubs ihn rueckwaerts.
Det Wichtigste dran ist natuerlich, det muß im Fernsehen gezeigt
werden, im 1. Program, in der Barbara Walters* Talkshow, mit Blut
ueber ihren schicken creme-farbigen Hosenanzug gespritzt, (reine
Seide), als sie ihn fragt:"Und wie fuehlt man sich denn, wenn
man fuer seine Verbrechen zahlen muß?"
Det iss et, was den naechsten Vergewaltiger-Kinder-Verfuehrer
abhaelt- nich so'n Estrogen Pflaster!
Det iss et naemlich, wie'n Nikotin-Pflaster. Wat soll denn das?
Hat man dann vielleicht mehr Lust, shopping zu gehen? Jott nee,
da bibber ich ja vor Angst.
Und fuer die jescheiten Weiber in der "National Organisation
gegen..Nee, ick will sachen, FÜR Frauen; die sind dagegen,
die meinen testosteron eliminiert bloß die Lust am Sex, und
Vergewaltigung is nicht Sex, sondern Uebermacht, Gewalttaetigkeit
und Kontrolle.

IV.

Also findet N.O.W. Testosteron verleitet nur zum Ficken. Quatsch- leben die denn uff'n Mond? Det verleitet ooch zum Verstuemmeln, Toeten, Soldat werden oder Polizist, und die Alte zu verkloppen. Schwachsinn. Kastrieren ist das einzig Richtige fuer alles, was die Welt zerstoert- kapiert det endlich mal, die Damen!
So mit all dem Testosteron um uns 'rum, die Macht war da 'n bißken aus der Balance jekommen die letzten 1000 Jahre. Koenn' wir aendern, will sachen, machen wir uff logisch, jib die Macht denen, die bisher keene hatten, und nehmt sie denen wech, die se ham. Und zwar folgendermaßen: Maenner kriegen das Estrogen Pflaster, und Frauen det mit Testosteron. Fertich. Denn nehmen wir den Herren der Schoepfung alle scharfen Gegenstaende und Waffen wech und geben sie den Frauen. Nehmt denen ooch die Schnuersenkel wech. Und hohe Absaetze muessen die tragen, janz hohe Hacken, wa, und laßt die bloß nicht zur Tuer raus, bis sie ihre Haare schick frisiert haben, so 10cm hoch, damit die Glatze verborgen bleibt, und dann muessen die Oogen schoen schwarz umrandet sein mit liquid Eyeliner, aber der Lidstrich muß janzakkurat sein- bloß nicht verschmiert, um Jottes Willen! Rasiert wird 3mal taeglich, damit man bloß keene Stoppeln sieht. Den einzigen Schatten, den ick da sehen will, ist der himmelblaue Eye-Shadow (Lid-Schatten) unter den Augen
- det verdeckt das Veilchen, wat ihnen die Gattin verpaßt hat!
Denn WIR sind dann die Modemacher, denen die Welt gehoert, und WIR finden die Zerstoerung und Folter von Maennern und schick.
ästhetisch

V.

Aber die Autos muessen sie weiterhin reparieren, den Muell 'raustragen, Geschirr spuelen, allet dette, was wir nich gern machen, die sollen mal doppelt so viel arbeiten wie wir, fuer'n halben Preis. Die lassen wir nich an unsre Goeren, aber einkoofen koennen se jehn, allet von UNS kaufen, und denn uns zurück jeben, um bißken Anerkennung von uns zu kriejen. (Von wejen!) und entschuldigen sollen sie sich laufend, aber uff die Stille, damit die uns nich uff'n Wecker jehn, oder wir vernichten sie jaenzlich; ueberfuessig sind se sowieso, seit dem Schaft namens Dolly*. So.
Obwohl ick se 'ne Weile behalten moecht- lange genug, um mir ein Baseball-bat umzubinden und jeden Frat-Boy* ringsum zu vergewaltigen. Fuer'n Weilchen. Da kommt Freude auf fuer uns, und Freiheit dazu.
Also freut Euch des Lebens, Leute, und laßt den Haß auf die Maenner raus. Braucht Ihr nich traurig sein, wozu denn. Freut Euch. Stellt Euch vor. Denkt positives. Det Leben ist 'n Stück Scheiße, wenn man's bedenkt, also- siehe oben- freut Euch des Lebens.

1. *Talk-Show Frau im US Fernsehen
*2. Sicherheits-Angestellte
*3. Geklontes Schaf
*4. College-boys in Verbindungen, wo Vergewaltigung bei mehreren Studenten dazugehoert.

Wenn du eine Lesbe triffst. Anleitungen für die heterosexuelle Frau

Rebecca Felsenfeld

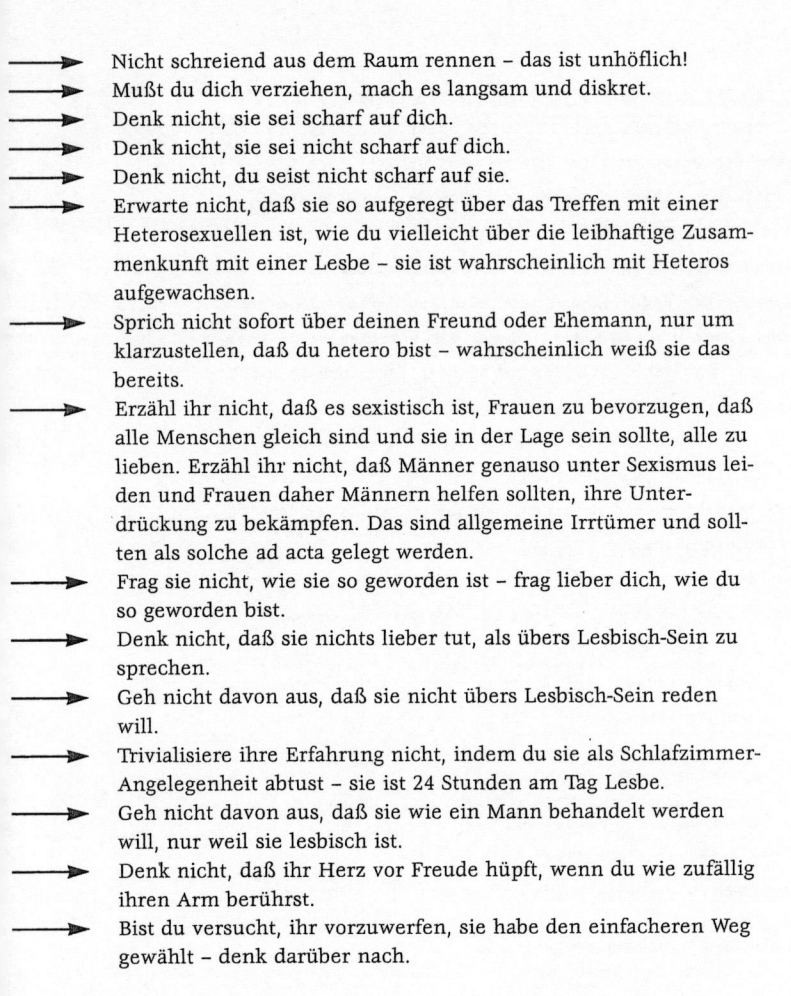

- Nicht schreiend aus dem Raum rennen – das ist unhöflich!
- Mußt du dich verziehen, mach es langsam und diskret.
- Denk nicht, sie sei scharf auf dich.
- Denk nicht, sie sei nicht scharf auf dich.
- Denk nicht, du seist nicht scharf auf sie.
- Erwarte nicht, daß sie so aufgeregt über das Treffen mit einer Heterosexuellen ist, wie du vielleicht über die leibhaftige Zusammenkunft mit einer Lesbe – sie ist wahrscheinlich mit Heteros aufgewachsen.
- Sprich nicht sofort über deinen Freund oder Ehemann, nur um klarzustellen, daß du hetero bist – wahrscheinlich weiß sie das bereits.
- Erzähl ihr nicht, daß es sexistisch ist, Frauen zu bevorzugen, daß alle Menschen gleich sind und sie in der Lage sein sollte, alle zu lieben. Erzähl ihr nicht, daß Männer genauso unter Sexismus leiden und Frauen daher Männern helfen sollten, ihre Unterdrückung zu bekämpfen. Das sind allgemeine Irrtümer und sollten als solche ad acta gelegt werden.
- Frag sie nicht, wie sie so geworden ist – frag lieber dich, wie du so geworden bist.
- Denk nicht, daß sie nichts lieber tut, als übers Lesbisch-Sein zu sprechen.
- Geh nicht davon aus, daß sie nicht übers Lesbisch-Sein reden will.
- Trivialisiere ihre Erfahrung nicht, indem du sie als Schlafzimmer-Angelegenheit abtust – sie ist 24 Stunden am Tag Lesbe.
- Geh nicht davon aus, daß sie wie ein Mann behandelt werden will, nur weil sie lesbisch ist.
- Denk nicht, daß ihr Herz vor Freude hüpft, wenn du wie zufällig ihren Arm berührst.
- Bist du versucht, ihr vorzuwerfen, sie habe den einfacheren Weg gewählt – denk darüber nach.

Oh, My Sisters!

Jessica Abel

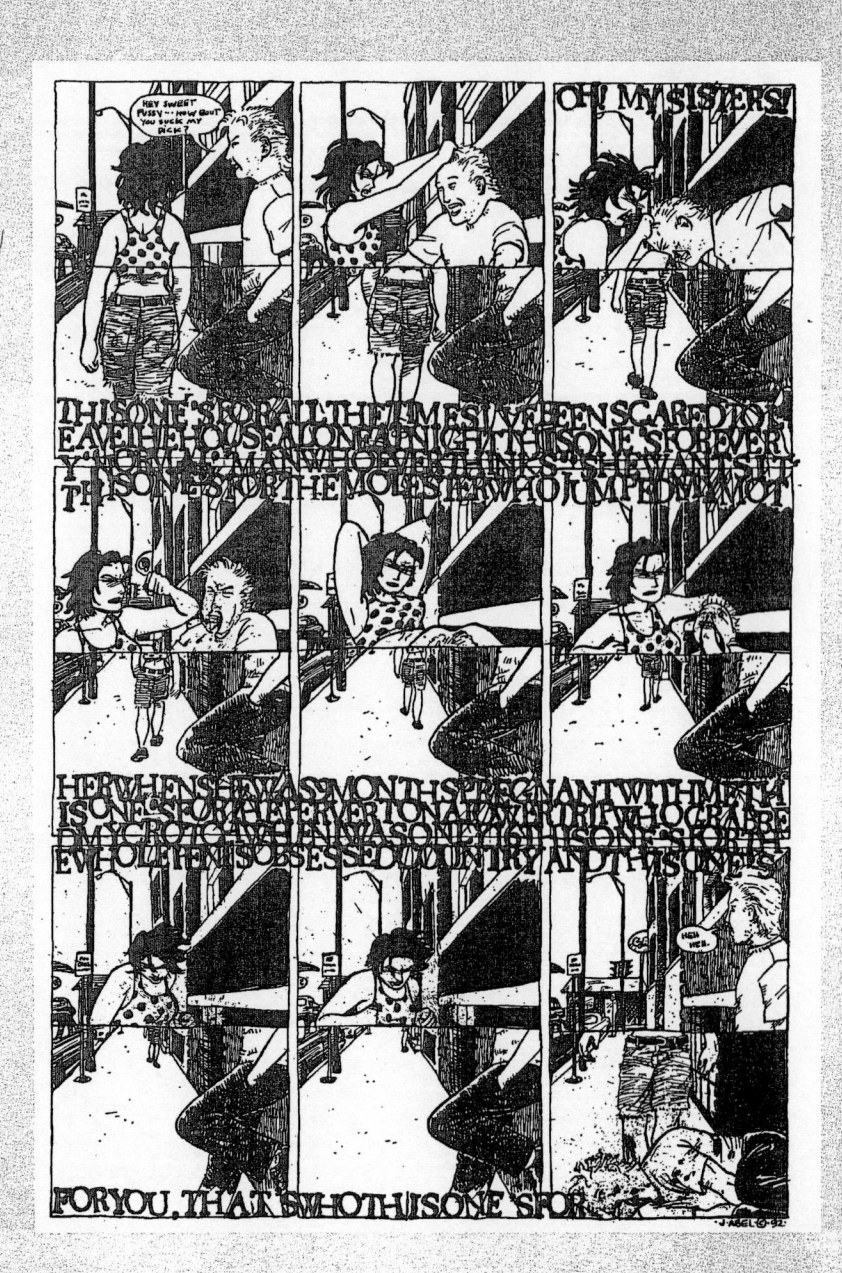

Die Auferstehung der Bad Girls
Lisa Jervis

Im Film sind *bad girls* keine wirkliche Neuerfindung: Sie existieren als Femmes fatales, die ihre Liebhaber zum Mord anstiften, als Gangsterbräute, die sich ständig in Unterweltler verlieben, oder als durchgedrehte Verlagschefinnen, die unschuldige Häschen in den Kochtopf werfen. Und schließlich werden Frauen zu Mörderinnen, um sich und ihre Kinder zu retten.

In Filmen wie „Freeway", „Girlstown" und „Foxfire" tauchte in jüngster Zeit ein neuer Typ von *bad girl* auf. Weder Komplizin, noch Verführerin (an Männerrollen gekoppelte Frauentypen), nicht Mutter oder irrationale Schreckschraube, sondern feministische Kämpferin, die sich nur auf sich selbst verläßt.

Von der Wut darüber angetrieben, wie es und andere Frauen in der Gesellschaft behandelt werden, wird dieses *bad girl* nicht nur in eigener Sache aktiv, sondern – und das ist entscheidend – es fordert auch für andere Frauen Rache und Vergeltung.

Obwohl diese Mädchen radikal neue Rollen verkörpern, lassen sich ihre Wurzeln zurückverfolgen: Thelma und Louise gehörten im Film zu den ersten Frauen, die sich gegen einen Vergewaltiger zur Wehr setzten und ihn erschossen. Ein Schuß, der der Angst und dem Haß entsprang und der die Protagonistinnen unweigerlich ins Verderben stürzte. Thelma und Louise mutierten eher zufällig zu feministischen Rächerinnen. Wenn sie auch Spaß daran hatten, den Lastwagen eines Belästigers in die Luft zu jagen, so waren ihre Racheakte dennoch keine bewußten Entscheidungen, sondern genauso unvermeidbar wie die Explosion ihres eigenen Autos im Finale.

Die neuen *bad girls* hingegen handeln bewußt und absichtsvoll und sind am Ende des Films noch recht lebendig und kämpferisch. Während die Handlungen von Thelma und Louise noch eher von den Umständen erzwungen waren, wählen die neuen *bad girls* ihre Route freiwillig, und das in „Thelma & Louise" zentrale Motiv der Bestrafung ist in „Freeway", „Foxfire" und „Girlstown" auffallend abwesend.

Weitere Indizien für das neue *bad girl* finden sich in Filmen wie „The Last Seduction" und „Bound", wo trotz gewisser Gemeinsamkeiten mit oben genannten Frauenfiguren die Differenzen überwiegen. Beide entstammen samt typischer Begleiterscheinungen einer Film-Noir-Tradition: Die böse Frau setzt alles dran, um zu kriegen, was sie will – in erster Linie natürlich Geld. Zwar möchte sich die Protagonistin Violet aus „Bound" von ihrem sadistischen Freund trennen und ein neues Leben mit einer Frau beginnen (es geht also nicht nur ums Geld), doch die typischen Noir-Elemente wie Stil (die Retro-Atmosphäre, die vorherrschende Suspense-Stimmung) und Story (eine Frau verführt ihren Lover zum Mord) sind die gleichen. Als Frauenfiguren, die ihren Verbrechen davonkommen, sind sie dennoch Wegbereiterinnen des neuen *bad girl*.

Das Schlüsselelement des neuen *bad girl* ist seine feministische Kämpferinnennatur. Was aber macht nun eine Gangsterbraut oder tragische Heroine zu einer feministischen Kämpferin? Sie erkennt den sexistischen Ursprung ihrer Probleme und setzt alles daran, diese Situation für sich und andere Frauen zu verändern. Im Unterschied zu früheren *bad girls* ist ihr Haß nicht manipulativ oder pathologisch, sondern kathartisch und fortschrittlich. Sie wendet Gewalt nicht für ihre individuellen Zwecke an, sondern um etwas in der Gesellschaft zu verändern. Sie lebt in einer frauenzentrierten Welt, in der nicht Männer ihr Leben bestimmen, sondern ihr eigenes Begehren und Gewissen. Trotz ihrer Gewaltbereitschaft ist sie zutiefst moralisch.

In „Freeway", „Girlstown" und „Foxfire" beantworten die Protagonistinnen Gewalt, die als sexueller Übergriff die gesamte weibliche Persönlichkeit in Frage stellt, mit Gewalt. Der unmittelbare Anlaß für ihren Gewaltausbruch ist kein singuläres Ereignis, sondern Teil einer Kette von Umständen, die als typisch für die Positionierung der Frau in der Gesellschaft erachtet werden. In diesem Sinn bekämpft das *bad girl* nicht nur einen konkreten Übergriff, sondern ein System, das diese Art von Übergriffen erzeugt.

Ihr Gewaltausbruch resultiert aus einem über Wochen, Monate und Jahre angestauten Zorn. In „Girlstown" haben Patti, Emma und Angela ursprünglich nicht den Plan, die Windschutzscheibe von Josh zu zertrümmern und das Wort „VERGEWALTIGER" draufzusprühen. Aber was als „harmlose Sachbeschädigung" anfängt, eskaliert zu einem größeren kathartischen Gewaltakt.

Auch die Attacke der „Foxfire"-Bande auf ihren Lehrer ist zunächst weit harmloser geplant, doch die Girls werden vom Lauf der Ereignisse derart mitgerissen, daß sogar die schüchterne kleine Rita schließlich dem Lehrer entgegenschleudert: „Wenn du mich noch einmal anfaßt, schneid ich dir mit meinem Nagelzwicker die Nüsse ab!" Natürlich ist das Eierabschneiden als explizit feministischer Solidaritätsakt gedacht. Die Mädchen in „Girlstown" setzen ihren Gewaltakt aus persönlicher Rache, bewirken aber auch etwas bei anderen Frauen. Ihre Mitschülerinnen sind beeindruckt: „Ich habe mich von euch so richtig vertreten gefühlt", erzählt eine Kollegin, „ihr wißt gar nicht, wie stolz ich war." Das Mädchenklo wird mit Warnungen vor sexuellen Belästigern und Widerstandsaufrufen vollgesprüht: „These guys will fuck with you!" und „Don't take this shit!".

Ähnlich argumentiert auch Legs, die Protagonistin in „Foxfire", um die anderen Mädchen für einen Solidaritätsakt gegen den Lehrer zu gewinnen: „Wenn dieser Hundesohn eine eurer Mitschülerinnen befummelt, dann betrifft das jede von euch."

Sogar eine staatliche Besserungsanstalt bietet potentiellen Boden für feministische Bewußtseinsbildung: „Wenn ich etwas im Gefängnis gelernt habe", sagt die Protagonistin in „Freeway", „dann, daß Mädchen anderen Mädchen helfen müssen."

Eine Folge dieses Solidaritätsgefühls ist die relative Bedeutungslosigkeit von Männern, sie kommen nur peripher vor – sowohl was die Taten als auch die Motivationen des *bad girls* anbelangt. Liebhaber bleiben oft auf der Strecke, weil die *bad girls* erkennen, daß sie sich im Zweifelsfall besser auf eine andere Frau oder lieber gleich auf sich selbst verlassen. „Female bonding", die Freundschaft zweier Frauen (oft Außenseiterinnen), ist das Gegenstück zum „male bonding", wie es für zahlreiche Western-, Gangster-, Tarantino-Filme etc. charakteristisch ist. In „Freeway" nimmt die Heldin ihrem Freund die Pistole weg, reicht sie ihrer Komplizin und begegnet seinem Protest mit: „Ich besorg dir eine neue Waffe." Sie ist die zentrale Figur im zwielichtigen Milieu, ihr Freund muß die Rolle der Gangsterbraut übernehmen.

Eine letzte wichtige Eigenschaft besteht in einem Paradox, das ihrem Charakter zugrunde liegt: Sie ist gar nicht wirklich *bad*, und das sympathisierende Publikum entschuldigt ihr „schlechtes Benehmen" nicht nur, sondern bejubelt es sogar. Im Grunde ihres Herzens ist das *bad girl* nämlich gut – nicht trotz ihrer Gewalttätigkeit, sondern gerade deswegen. Ihre Ausbrüche sind durch ihre Motivationen gerechtfertigt. (Thelma und Louise waren gute Frauen, die aufgrund der Umstände in die Kriminalität getrieben wurden; Violet, Corky und Bridget Gregory hingegen waren weder gut noch böse).

Das neue *bad girl* folgt seinem eigenen moralischen Code, der Wut und Gewalt mit einschließt. Was sie *bad* macht, ist nicht Gewalt per se, sondern das Überschreiten von sozialen Normen. Immerhin sind Frauen, die schlagen, treten, schreien und um sich schießen, alles andere als still, sanft und feminin. Aber ihre Bösartigkeit erwächst aus dem Widerstand gegen Unterwürfigkeit, Stummheit und Demütigung, der sich in Form von vergeltender

Gewalt artikuliert, was sekundär bleibt. Gerade das mangelnde Gefühl für Reue – oft falsch als Hinweis für ihre Amoral gewertet – ist der Beweis für ihre moralische Überzeugung und Integrität (und die des Publikums).

Vanessas moralischer Code in „Freeway" basiert – obwohl niemals explizit formuliert – vor allem auf ihrer Interpretation der Menschenrechte: „Ich bin eine Person, ein Mensch", lautet ihr Credo, und sie läßt Taten folgen, die diese Rechte schützen. Sie weiß, daß sie das Waisenhaus haßt, daher kettet sie die Sozialarbeiterin an den Bettpfosten und stiehlt ihr Auto; sie weiß, daß Bob nichts Gutes mit ihr im Schilde führt, so verdrischt sie ihn – und wenn er für den Rest seines Lebens ein Krüppel bleibt, dann ist das das Pech eines miesen Typen, der Frauen verstümmelt. Ähnlich funktioniert „Girlstown", wenn auch in erweiterter Form. Der Film endet mit der Bestrafung des Vergewaltigers und des gewalttätigen Ex-Freundes und impliziert, daß die Mädchen nun – da die Motivation sich erledigt hat – gewaltfrei agieren können. Sie haben nicht nur konkrete Ziele erreicht, sondern, was wichtiger ist, die Welt um sich verändert. Gewalt und Vergewaltigung werden nicht mehr stillschweigend toleriert; sie haben die stumme Komplizenschaft mit den Tätern grundlegend erschüttert.

Wichtig im Zusammenhang mit den neuen *bad girls* ist auch deren Zurückweisung und/oder Veränderung filmischer Vorbilder. Der Waffendeal Vanessas und Mesquitas in „Freeway" erinnert zwar stark an diverse männlich besetzte Szenen der Filmgeschichte, unterstreicht aber auch subtil die Unterschiede. Auch „Girlstown" bezieht sich auf vertraute Archetypen des Kinos, um dann auf die eigene Realität hinzuweisen. „Wenn wir in einem Film wären, hätten wir jetzt schon fünfzig Leute erschossen", meint eines der Mädchen, und ein anderes pflichtet bei: „Wir wären Patti, Emma und Angela in dem Film ‚Die durchgedrehten Girls'. Unser Lippenstift wäre verschmiert, und wir hätten verheulte Gesichter, weil wir nicht wüßten, wie man eine Pistole hält." Gelächter. „Aber das ist kein Film", fährt Patti fort, „trotzdem, was wir heute gemacht haben, war echt gut."

Die expliziten Filmbezüge und deren Bilder von gewalttätigen Frauen – verrückte, unkontrollierte, alberne Frauen – bestätigen die Originalität ihrer eigenen Images. Sie lassen die alten Klischees hinter sich und zeigen ein ehrlicheres, nicht perfektes Bild von feministischer Rache und Vergeltung. Emmas Verwendung des Wortes „durchgedreht" im imaginären Filmtitel ist nicht zufällig. Verrücktheit und Irrationalität werden im Film gerne Frauen untergejubelt, die Gewalt anwenden. Diese Girls aber sind exakt das Gegenteil: Ihre Taten sind gerechtfertigt und alles andere als verrückt.

Daß es FilmemacherInnen heute möglich ist, Bilder von Frauen jenseits des Opferstatus zu zeigen, ist ein Fortschritt. „Thelma & Louise" mußte einfach schlecht enden – nicht unbedingt, weil der Regisseur und die Drehbuchautorin davon überzeugt waren, daß diese Frauen eine Strafe verdient hätten; vielmehr, weil sie sich keine Welt vorstellen konnten, in der diese Geschichte gut ausgehen konnte. Heute ist das anders. Während Thelma und Louise in den Folgen ihrer Racheaktionen gefangen waren, lernen die neuen Mädchen aus der Vergangenheit und lehnen sich gegen den Opferstatus auf. Nicht zufällig sind Filme wie „Freeway", „Girlstown" und „Foxfire" alle im selben Jahr erschienen. Sie markieren eine ganz bestimmte kulturelle Konstellation: Sowohl Publikum wie auch Filmemacherinnen können sich endlich eine Welt vorstellen, in der sich *bad girls* mit ihren Methoden („Kick ass!") durchsetzen und dabei ungeschoren davonkommen. Und das alles für eine gute Sache.

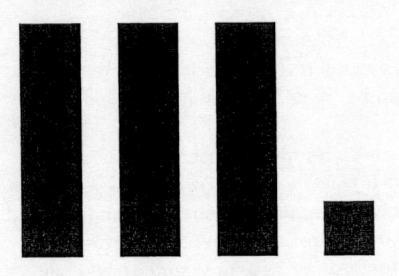

III.

Talk To Me ...
Entmystifikation und Veröffentlichung

Dig Me Out
Sleater Kinney

dig me out
dig me in
outta this mess baby outta my head
whaddya want whaddya know
one to get started three till we go
dig me out
dig me in
outta this mess baby outta my head
dig me out
dig me in
outta my body outta my skin

ya got me, for now
i'm here, for now
whaddya want
whaddya know
do ya get nervous makin me go
get into your sores get into my things
do ya get nervous watchin me bleed
dig me out
dig me in
outta this mess baby outta my head
dig me out
dig me in
outta my body outta my skin

I wear your rings and sores
in me in me it shows
I have your hands your holes
in me in me it shows
oh god let me in
there's nowhere else to go
oh god let me in
and let me go

dig me out
dig me in
outta this mess baby outta my head
dig me out
dig me in
outta my body outta my skin

Plunger. Weil wir das Recht haben, gehört zu werden
Christin „Plunger" Grech

weil wir alle wichtig sind und es uns zusteht, gehört zu werden ... weil ich nicht will, daß diese beschissenen Teen-Magazine für mich sprechen ... weil ich glaube, daß Zines wirklich eine Revolution darstellen, die niemand kontrollieren kann ... weil das ich bin, und wenn es dir nicht paßt, dann schreib dein eigenes Zine.
– Barbie, 17, PRETTY IN PUNK

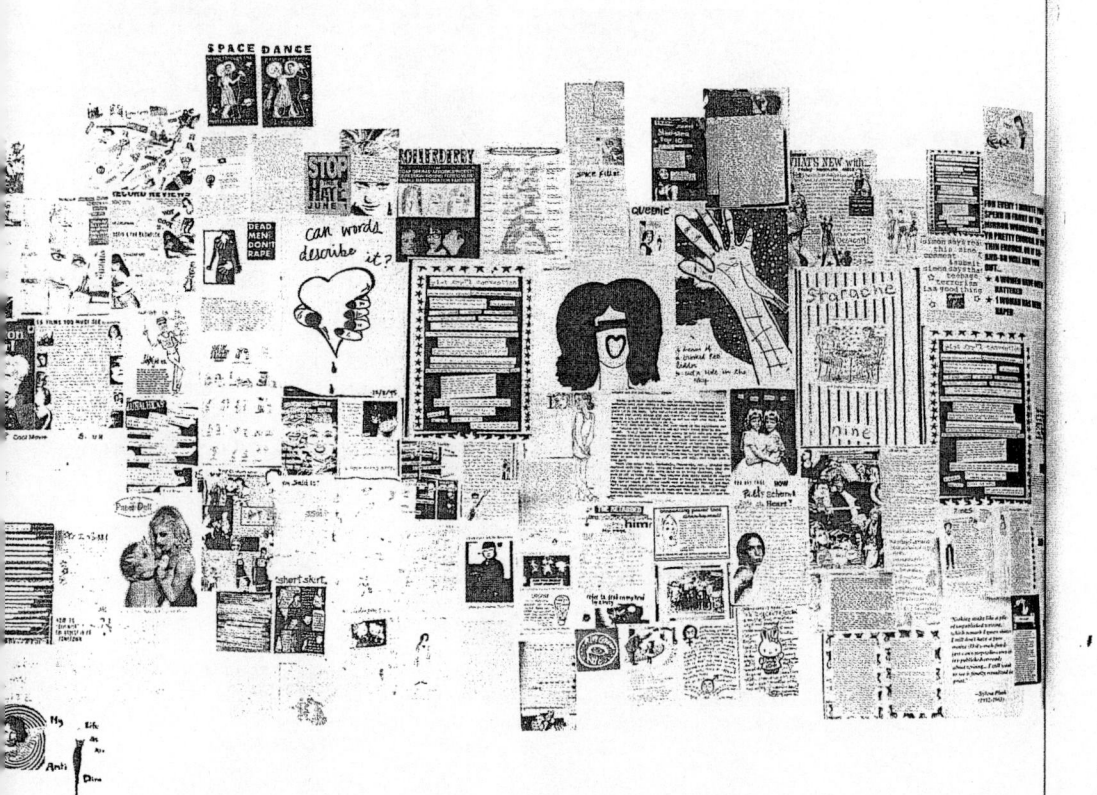

Ich war sechzehn, als ich zum erstenmal ein Zine sah. Es war auf einem Rockkonzert, und ich fühlte mich etwas fremd in dieser Jungskultur. Ich saß also mit meinen Freundinnen in einem abgelegenen Winkel des Clubs und beobachtete die Aktivitäten, ohne mich wirklich zu beteiligen. Während des Konzerts sprach mich ein Mädchen an und fragte, ob ich eines ihrer Zines geschenkt haben möchte. Sie reichte mir PLUME, sechs fotokopierte Seiten, die zu einem kleinen Booklet zusammengeheftet waren. Geschrieben war das Ganze von zwei Mädchen, dicken Freundinnen mit Namen Sheila und Jen. Sie erzählen davon, wie sie die ganze Nacht Musik hören, in ihrer neu gegründeten Band spielen (die nicht sehr gut ist, aber viel Spaß macht), und von etwas, das sofort meine Aufmerksamkeit erregte – Girl-Bands.

Ich erkannte bald, daß es da eine ganze Community von jungen Frauen und Mädchen gab, die nicht zufrieden waren mit den Images, mit denen populäre Mädchenmagazine sie fütterten, und die in ihren Projekten ihre Stimmen, Gedanken und Visionen publik machten. In einem offenen Brief an die Teen- bzw. Mädchenmagazine, mit denen die meisten von uns aufgewachsen sind, schreibt SECRET GIRL CONSPIRACY:

„Wir dachten, es sei an der Zeit, euch darauf aufmerksam zu machen, daß viele Mädchen eure Maßstäbe nicht weiter akzeptieren wollen. Wir werden nicht länger euren Ideen folgen und uns langsam umbringen. Wir sind klüger, als ihr denkt, und haben durchschaut, worum es euch geht."

Ich realisierte plötzlich, daß es auch mir mit all den populären Magazinen so ging. Die Mainstream-Publikationen bedienten nicht meine Vorlieben und Bedürfnisse, auch nicht die meiner Schwestern, Freundinnen oder anderer Mädchen. Also entschied ich mich, Informationen einzuholen, über Dinge zu schreiben, die mir wichtig sind, und das alles in meinem eigenen Zine zu veröffentlichen.

Ich fing klein an. Ich nahm Papier und schrieb meine Lieblingssongs und -bands auf. Ich schnitt Fotos aus Magazinen aus, machte Collagen daraus und veröffentlichte sogar einige Rezepte. Auf die erste Seite kam meine Adresse, damit mir LeserInnen mit ähnlichen Interessen zurückschreiben konnten. Nachdem ich alles beisammen hatte, brachte ich die zehn Seiten ins Kopiergeschäft und klammerte sie zu einem Booklet zusammen, so wie ich es bei PLUME gesehen hatte. Ich folgte auch bei der Verteilung diesem Beispiel und gab auf Konzerten mein Zine an Mädchen weiter. Erst hatte ich Angst vor Kritik, daß vielleicht meine Art zu schreiben nicht gut oder professionell genug oder ich gar keine Künstlerin sei. Ich gab den Mädchen mein Zine, ging scheu wieder weg und zog es vor, anonym zu bleiben.

Nachdem ich es eine Zeitlang auf Konzerten verteilt hatte, trudelten langsam Rückmeldungen ein. Mädchen (und Jungs) schrieben mir Briefe. Sie legten Briefmarken bei, damit ich ihnen antworten und meine letzte Ausgabe schicken konnte. Girls schickten mir ihre Zines zu, darin fand ich Adressenlisten von weiteren Zines im ganzen Land.

Zines, so fand ich heraus, waren nicht auf Musik beschränkt, sondern veröffentlichten alle möglichen Themen. Die Do-it-yourself-Grrrl-Zines bieten jungen Frauen die Möglichkeit, miteinander in Kontakt zu treten. Die Herausgeberinnen teilen ihre persönlichen Geschichten und Strategien und fühlen sich weniger isoliert, wo auch immer sie leben. Dieses Netzwerk für Kommunikation und Mädchenfreundschaften (viele davon sind inzwischen Brieffreundinnen) bringen ein neues, eigenes Medium hervor. Etwas sehr wichtiges für Frauen in einer männlich dominierten Welt.

Zines bieten Girls auch die Möglichkeit, sich gegenseitig Heroinnen und Vorbilder zu sein. I'M SO FUCKING BEAUTIFUL ist ein kleines Booklet von Nomy, die ein selbsternanntes *fat girl* ist. Sie möchte Mädchen vermitteln, daß sie, „so wie sie sind, verdammt nochmal, schön sind". Das Zine hat Taschenformat, damit man es überall mitnehmen kann und gewappnet ist, wenn man eine Erinnerung braucht.

GODDESS VIOLATED ist eine Zusammenstellung von Essays über sexuelle Belästigung. Es deckt alles ab, von der physischen Brutalität der Vergewaltigung bis zu den lüsternen Kommentaren von Mitschülern, die die Lehrer vorgeblich nicht hören. FREE TO FIGHT veröffentlicht Selbstverteidigungsstories, Infos und Anleitungen (inklusive Bilder), z. B. über leicht verletzliche Stellen des Angreifers, wie man seine eigene Stimme findet und Perverslinge abschreckt, und Tips, wie man seinen Instinkten und seiner Intuition vertrauen kann.

MUFFIN BONES wird von Emily gemacht, die exzellente Gedichte und kurze Erzählungen schreibt. Sie erzählt von ihrer Liebe zum Second-Hand-Shopping, wie sie ihre Haare in den seltsamsten Farben färbt, um ihre Eltern zu erschrecken, und von ihrer Marienkäfer-Sammlung. In SCRATCH N' SNIFF schreibt Erin von ihrer Angst, ihren homophoben Eltern und FreundInnen davon zu erzählen, daß sie *queer* (bisexuell) ist. SNS enthält auch Geschichten über ihren schrecklichen Vater und den Mißbrauch, dem sie während ihrer Kindheit ausgesetzt war.

Emily veröffentlicht NICE CATCH, ein Zine bzw. Comix mit Zeichnungen und Comic Strips, die ihr verrücktes Leben als Teenager in New York illustrieren – ein Traum über Jimi Hendrix, wie es wäre, den Schönheitswettbewerb der Schule zu gewinnen, und Sex-Fantasien während des Geschichtsunterrichts. Coni schreibt über ihre Nachbarschaft, wie es ist, als Mädchen Skateboard zu fahren und in der Band SURVIVAL GUIDE FOR HER RELLENT zu spielen. Und Mara macht NO MORE MS. NICE GIRL, ein in Viertel gefaltetes Blatt, in dem steht, daß sie niemanden mehr auf sich herumtrampeln läßt.

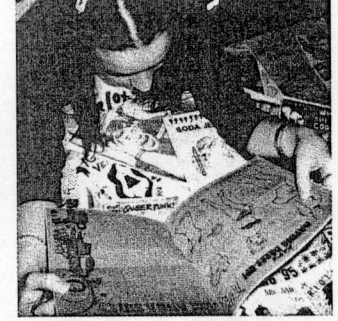

Jedes Mädchen kann ein eigenes Zine machen. Du mußt keine Schriftstellerin, Dichterin oder Künstlerin sein. Wenn ich es kann, dann kann es jede. Grammatik, Beistrichregeln und eine „richtige" künstlerische Ausbildung sind nicht wichtig. Hier geht es um Kreativität, deine Worte und dein Leben.

Bleib dir selbst treu, bleib aktiv, bleib dabei. Wir können Dinge verändern. Mit jedem kleinen Schritt, mit jedem Projekt, Gespräch, aktiven Tag, machen wir Fortschritt. Feuer entfachen, Gedanken versprühen. GEDANKEN! Denk darüber nach, denk daran, wie anders wir die Dinge sehen. Und stell dir dann vor, das könnte jeder passieren. Wenn jede nur einen Moment innehalten und nachdenken könnte. Unterstütz dich selbst. Unterstützt euch gegenseitig.
– Lauren, 19, BOREDOM SUCKS

Also den ganzen Tag den2 ich den Dass ich in so einem Yuppie Laden auflegen muss. Das heisst das ich ungefähr 100mal sagen muss Nein I don't have any Mariah Carey. Aber ich hab P.J. Harvey Patti Smith, Runaways und Heart. Ich spiele Salsa Funk GARAGE + PUNK. Die Hauptsache ist dass ich spielen kann was ich will. VOR Jahren hab ich Kompromisse gemacht. Das hat aber nicht geklappt. Ich hab dann aufgehört für eine Weile. FUCK YOU. Ich hab schon vor 8 Jahren PUNK hier in N.Y.C. gespielt. Zum Teil haben die Clubbesitzer uns rausgeschmissen. WEIL alles zu WILD WAR. Die Musik + die Leute die auftauchten. ABER Mittlerweile wissen die Leute mit was sie's zu tun haben. Und lassen mich in Ruhe. Nur einmal kommt so ein vollgelaufenes ARSCH + sagt: OH SHIT look at that Bitch. + Versucht nach mir zu grapschen. Ich sag ihm er soll zum Teufel gehen + leg' meine nächste Platte auf. ER schreit weiter. Die Leute tanzen. Dann kommt Lateefah ihre Mutter Ihre Tante + die Schwester. The Philly Posse is in the House. Jetzt geht's ab. Lateefah's Mutter kennt jeden Song. OB es cool ist ein GIRL D.J. zu sein? Scheisse Musik hat kein GENDER. Ich bin hier um meinen JOB zu machen.

Die Nacht der teuflischen Schwänze, Buchstabensalat im Magen und wirres Haar
Allison Wolfe

Wenn Du mich fickst. „Wenn wir ficken." Du mich wir ich sie uns, ich kann nicht immer „wir" sagen, denn ich bin nicht immer da. Manchmal verlasse ich meinen Körper und kehre an einen Ort zurück, den ich aus meiner Vergangenheit kenne, und beobachte mich selbst dabei, wie ich gefickt werde. Manchmal weine ich und hoffe, Du bemerkst, daß ich nicht da bin. Ein anderes Mal beiße ich meine Zähne zusammen, mir wird kalt, ich schöpfe Kraft daraus, bereits zerstört zu sein, und Kraft aus meinem Haß auf Dich. Es macht mir Spaß herauszufinden, wieviel ich ertragen kann. Normalerweise mache ich einfach weiter mit, denn das ist alles, was ich je gekannt habe – es schmerzt zu sehr, viel mehr zu erwarten.

Ich sagte: „Das Böse ist überall um mich herum."
Sie sagte: „Das ist traurig."
Ich sagte: „Die Zitrone ist sauer, wie wir alle."
Sie sagte: „Das ist traurig."

Für mich gings beim Sex immer darum, einen Jungen zum Absteigen zu bringen, und darum, was mein Körper dazu beitragen kann. Ich habe gelernt, die ganze Sache zu beschleunigen, um sie so schnell wie möglich hinter mich zu bringen und rauszukommen.

Ich hatte einen Traum: Ich lebe in einem Metzgerladen mit Schaufenster, hinten oder im oberen Stockwerk. Ich hatte Schwestern, die jüngste war besessen. Überall waren Blut und Enthaarungsstreifen und Haare. Und so Zeugs. Einmal, als meine Mutter ausgegangen war, quälte mich meine kleine besessene Schwester und ließ mich nicht aus dem Haus. Ich hatte dieses ganze Tofu, das ich aus einem Lieferwagen gestohlen hatte, und das wollte ich gerade für je einen Dollar an alle Nachbarn verkaufen. Sie versperrte die Tür. Sie bedrohte mich, geradezu teuflisch. Es gab zwei Enden. Beim ersten erstarrte ich vor Angst, als sie näher kam, und konnte nichts tun. Beim zweiten Ende hatte ich meinen kleinen Schlüsselanhänger mit Taschenmesser, also stach ich sie nieder, und als sie auf den Boden fiel, trat ich sie. Sie lief rot an und blutete. Ich brachte sie um. Dann fiel mir ganz plötzlich ein, daß ich dieses unschuldige kleine Mädchen, dieses Vögelchen, umgebracht hatte, und ich wußte nicht, was tun. Meine andere Schwester half mir, den Körper wegzuschaffen, aber überall waren rote Flecken. Als meine Mutter heimkam, fragte sie nach meiner kleinen Schwester, und ich sagte, vielleicht sei sie noch nicht zu Hause. Da begriff ich erst richtig, was für eine schreckliche, unaussprechliche Sache ich getan hatte. Ich vermißte sie so sehr – wie sollte ich das alles nur meiner Mutter erklären?

Ich traue meinem Urteilsvermögen nicht. Ich traue mir selbst nicht, Dinge so wahrzunehmen, wie sie WIRKLICH sind. Die Wirklichkeit. Als ich heute zufällig zwei Bekannten auf der Straße begegnete, redete ich viel und total schnell, aus Angst, sie könnten denken, ich sei verrückt. Ich hatte das Gefühl, sie suchten Anzeichen und Beweise für meine Verrücktheit.

Ich weiß Bescheid. Von jetzt an ist es egal, was ich sage oder tue.

Der zweite Typ, mit dem ich Sex hatte, wollte mir andauernd an die Wäsche ran, sobald wir nur mal eine Minute allein waren, egal wo und egal wann. Es machte mich wahnsinnig, aber ich bekam sonst keine Liebe, hatte kaum richtige Freunde und zu der Zeit auch keine Wärme, die mich zu Hause erwartete. Ich hatte sonst niemanden. Er gab mir die meiste Aufmerksamkeit, Wärme und Zuneigung, die ich kriegen konnte. Wir machten also diesen Ausflug zum Strand; ich hatte keine Kondome mit, und er auch nicht – am Strand waren keine aufzutreiben (behauptete er jedenfalls). Er brüllte mich an, weil ich keine mitgenommen hatte. (Warum ist das eigentlich immer die Aufgabe des Mädchens?) Als wir in unser Zimmer kamen, versuchte er sofort, mich zu ficken (ich schmuse lieber herum). „Nicht ohne Gummi", sagte ich. Er beschwerte sich, jammerte, heulte, aber ich blieb standhaft und deutlich. Er hielt sich nicht daran und steckte ihn ganz schnell rein. Dieses merkwürdige Spiel ging immer weiter und weiter, bis ich zu müde war, mich zu widersetzen. Müde.

Hab mit meinem Stiefbruder geredet. Er erzählte mir von all den potentiellen Vergewaltigern unter seinen Freunden. Bewertete die soziale Diskrepanz zwischen meiner Mutter und meinem Vater. Er sagte, sie seien in der Oberschicht aufgewachsen und hätten die ganze Art, wie wir über unser Leben bei Mom redeten, nie kapiert. Er erinnerte sich daran, wie Dad bei einem Thanksgiving-Essen mal mit einer besonderen Pistole geprahlt hatte, die nur er benutzen konnte, „nur für den Fall, daß die Sache mal aus den Fugen gerät". Das war, als meine Mutter noch bei ihnen gelebt hatte. (Ist alles noch gar nicht so lange her.) Er fragte mich, ob mein Vater je meine Mutter geschlagen hat. Echt ein Witz! Ich schilderte ihm einen Fall nach dem andern, und das waren nur die, die ich noch zusammenkriegte. Ich erzählte ihm, daß mich die Leute für psychotisch halten. Er sagte, frag sie doch einfach, ob sie's schon mal mit Deinem Vater zu tun hatten. Er selbst würde immer wieder versuchen, nett zur Familie zu sein, aber kriege ständig eins ausgewischt. Mach Dein Bett und begrab Dich darin. Er ist vermutlich einer von den Leuten, die irgendwann in einem Fast-Food-Laden mit dem Maschinengewehr Amok laufen. Hat nix zu verliern. Entweder bringt er uns alle um oder sich selbst. Und sich selbst.

Ein paar Boyfriends später (das ist meine Zeitrechnung, so merk ich mir, in welcher Phase meine Energie wohin flöten ging) – mit diesem Typen bin ich echt ziemlich lang gegangen. Ich glaub, ich mochte ihn, weil ich ein offensichtliches, direktes Arschloch einem heimlichen, versteckten, lügnerischen vorziehe. Aber Arschloch bleibt Arschloch, wie man's auch dreht und wendet, denn er kam auf den Dreh, seine „Ehrlichkeit" als Entschuldigung für seine Arschlochhaftigkeit zu benutzen. In diesem Sommer war ich nachts meistens bei ihm, denn er wohnte in der Nähe, wo ich morgens arbeiten mußte. Jede Nacht wurde gefickt. (Wir benutzten nie Kondome, denn er war doch so ein „sauberer Junge, der nur Jungfrauen gefickt hatte". Ich war einmal vergewaltigt worden. Nahm die Pille und war dann den ganzen Sommer irgendwie krank.) Später in der Nacht legte er sich dann immer noch mal auf mich drauf. Wenn mich sein Ständer dann aufweckte, sagte ich ihm, daß ich müde sei und früh arbeiten müsse. Er meinte, er müsse aber noch mal kommen, sonst könne er nicht schlafen und bekäme „blaue Eier". (Ich selbst benutzte diesen Ausdruck Jahre später mal bei einem Mädchen, in das ich total verschossen war, denn ich hatte doch überhaupt keinen Schimmer davon, was Sexualität überhaupt ist. Ich hatte das echt geglaubt.)

Ich sagte ihm, er solle ins Bad gehen und sich's mit der Hand besorgen. „Das ist nicht wie richtig ficken", entgegnete er. (Und was ist Schlafentzug?) Ich war so müde und wollte nur meine Ruhe haben, daher ließ ich mich nochmal ficken. Um es hinter mich zu bringen. So ging das eigentlich jede Nacht. Ich glaub, er haßte mich auch noch dafür, daß ich ihn nicht liebte (so wie er mich „liebte"). Ich haßte ihn, denn er haßte mich und sich und die ganze Welt. Dieser Beziehungsscheiß hörte schließlich auf, als ich es echt nicht mehr aushielt. (Ich laß mir echt viel Scheiße bieten, bis es mir mal zuviel wird.)

Es gibt so eine bestimmte Art von Selbstbewußtsein und Würde, die mir meine Mutter nie vermittelt hat. Mein Vater hatte sowas ohnehin nie. „Ich möchte, daß Du mit den Adlern fliegst wie ich." Oh yeah, ich erinnere mich nur zu gut an diese Platte, die uns babysittete, wenn Du ausgeflogen warst.

Ich wünschte, alles würde anders riechen. Ich mach mich selbst noch ganz krank, aber ich bin auch schon ganz krank vom Kranksein. Ich weiß nicht, wie ich da rauskommen soll. Erinnere ich Sie vielleicht an Ihre Mutter? Ha!

Sommerliebe geht so schnell.

Ich kam mit diesem Typen zusammen. Es war so eine von diesen unausgesprochenen, undefinierten Freie-Liebe-keiner-weiß-was-davon-also-muß-ich-keinerlei-Verantwortung-übernehmen-„Beziehungen" (kann man es nicht mal nennen). Beim ersten Sex murmelte ich irgendwas von einem Kondom – und er murmelte zurück: „Ich mag es ... natürlich." Cool. Ich wollte cool sein (keine Spießerin), also war es mir egal. Ich nahm die Pille. Später diesen Sommer bekam ich dann Fieber und wurde richtig krank. Ich hatte eine mega Hefeinfektion in der Blase. Mensch hatte ich eine Angst! Der Typ und all unsere Freunde gingen in dieser Nacht aus und ließen mich allein. Ich rief eine Krankenschwester an, die mir erklärte, ich hätte eine böse Hefepilzinfektion, mit der wir uns gegenseitig solange angesteckt hatten, bis dieses Riesenmonster in mir entstanden war. Am nächsten Tag war ich total bettlägrig, und er ging wieder mit seinen Freunden aus. Ich sah in der „Oprah-Winfrey-Show" im Fernsehen einen Typen aus meiner High-School. Er hatte sich geweigert, einer schwangeren Frau ein Bier auszugeben.

Ich muß eine Sexmaschine sein, eine ängstliche, eifersüchtige, ausrastende Monstermaschine (was für eine Art von Monster bist Du?). Hab immerhin 5 Häuser im Skorpion stehen, zähl sie doch nach, Fucker. Oh Gott, sie kotzt mein antikes Auto voll, fickt auf der Couch mit Kondomen und Kaugummi (sowas gehört sich nicht!), sie hat mir den Freund ausgespannt und die ganze Bandgage geklaut. Sie hat teuflische Hüften und einen großen Arsch, alles immer in Bewegung; sie denkt laut und erweckt Teufel zum Leben. Sie kann ihr Maul nicht halten. Ansteckend anziehend. Ganz schön verrückt, das alles, v-e-r-r-ü-c-k-t. Yeah!

Wenn ich was zu sagen hätte, würde ich was anderes sagen. Wenn ich Dir irgendwas geben könnte, würde ich Dir was andres geben.

Dann hab ichs mit diesem einen Typen probiert – guter Sex, aber er war halt echt brunzdumm. Das war so offensichtlich, daß ich mich rechtzeitig verziehen konnte. Er hatte immer versucht, mich betrunken zu machen, was mir Angst macht. Einmal hatte er sogar einem Mädchen Geld gegeben, damit sie mir Drinks kauft und ich nicht merke, daß er mich besoffen machen will. Schon seltsam.

Deshalb ist die Lady ein Vagabund, yeah!

Mein nächster Versuch war mit diesem Typen … (PS: Damit Ihr's wißt: Ich hab auch Affären mit Frauen). Er erzählte mir, daß er mich früher immer gehaßt hätte, denn er habe mal ein Gespräch belauscht, in dem ich sagte, daß ich Männer hasse. (Gut aufgeschnappt!) Er sagte, er sei weder sexistisch noch rassistisch und leide darunter, ein weißer Junge zu sein. Das alles erzählte er mir, nachdem ich mich bereit erklärt hatte, ihn bei mir übernachten zu lassen. Obwohl mir das eigentlich gar nicht so recht war, denn ich mußte am nächsten Morgen früh arbeiten. Ich hatte mich aber irgendwie verpflichtet gefühlt, ihn mitzunehmen, sonst hätte er mitten in der Nacht alleine heimlaufen müssen. Und das versuche ich immer möglichst zu umgehn. (Ich erinner mich nur zu gut an Situationen, wo ich auf derartige Hilfe angewiesen war.) Ich habe schon mit Typen geschlafen, weil ich nicht nach Hause konnte und einen Ort zum Übernachten brauchte. Nachdem er also diesen ganzen dummen Scheiß gelabert hatte, drehte ich mich von ihm weg und stellte mich schlafend. Er schlich sich aus meiner Wohnung, weil er dachte, ich würde schlafen. Mädchen täuschen auch Schnarchgeräusche vor.

Wo ist meine Tante? Wo ist sie geblieben – meine Erinnerung, der Schlüssel zu meiner Vergangenheit, mein Verhältnis zu den Toten, zu den Lebenden? Ist das alles so tief in mir begraben, daß ich es nicht mehr herbeiholen kann? Meine Pflanzen sterben langsam. Geld spielt keine Rolle. Jedes Ding ist ein Ding. Ein Teil meiner Welt ist die angeblich objektive Welt; diese privilegierte, schweigende Welt, die alles und jeden umbringt. Die Wirklichkeit. Die Leute brauchen immer einen Beweis, um ihre Bitterkeit zu begründen. Und ihre Wut, ihre Traurigkeit, ihre Lethargie. Und die Beweise sind ihnen immer noch zu wenig, sie reichen ihnen nicht aus. Sie malen Schaubilder, in die sie dann ihren Schmerz, ihre Vorteile, Entfremdungen, ihre Leere und den Luxus eintragen. Ach herrje!

Manchmal auf Partys hoben mich befreundete Jungs hoch, schubsten mich umher, fuchtelten mir im Gesicht herum oder spielten anfassen. Mit ein paar von ihnen schmuste ich, ging mit nach Hause, mit einem kotzte ich gemeinsam. Einer fühlte sich danach immer schuldig, wofür auch immer. Meine ach so dreckige sexuelle Präsenz hatte seine Punkrock-Ehrlichkeit in den Schmutz gezogen. (Nach solchen Partys redeten wir monatelang nicht miteinander.)

Sie sagt, sie will mit niemandem knutschen, mit dem sie nicht auch schlafen will. Ich hatte sie gefragt, ob sie auf knutschen steht. Sie sagte, nicht, wenn sie selber ficken möchte, aber die andere Person nur knutschen will. (Kurzer, heftiger Schmerz.) Im Moment geht mir so viel Scheiße und Angst im Kopf herum, daß ich oft von einer Minute zur anderen nicht weiß, was ich will. Ich bin bis über beide Ohren in diese Frau verliebt, ich bin so total in sie verknallt. Sie zu knutschen und berühren empfinde ich als total lustvoll, leidenschaftlich, auch furchteinflößend. Ich glaube, sie kann sich nicht vorstellen, daß das schon Sex für mich ist. So, als wäre mir nie etwas abhanden gekommen.

Kondompolizei. Der Freund als Feind.

Oft benutzten wir auf mein Drängen hin in letzter Minute Kondome. Natürlich mußte ich sie immer mitbringen, das Wort aussprechen und die Dinger dann im richtigen Moment herausholen. Wenn ich das nicht getan hätte, wären nie welche benutzt worden. (Die Vergangenheitsform hier ist reines Wunschdenken.) Mit der Zeit ist es ganz schön ermüdend, immer diejenige zu sein, die sich um beider Schutz Gedanken macht, die immer allein damit ist, für die Sicherheit einer immerhin gemeinsamen Aktivität zu sorgen. Ich hasse es, stets die Kondompolizei sein zu müssen, und bringe einiges an Respekt für die Rolle der analfixierten, lästigen *bitch* auf. Einmal hatte mein damaliger Freund mit seiner Ex-Freundin (über die er sagte, daß er sie hasse) ohne Kondom gefickt, „weil sie gerade ihre Regel hatte". Wir begannen rumzumachen, und ich war zu faul und gemütlich, um noch Kondompolizei zu spielen. Also ließ ich es gehen, ganz klar, daß er einfach anfing, mich ohne Kondom zu ficken. Ich flippte aus. Bis zu diesem Zeitpunkt hatte der Typ noch nicht mal eigene Kondome besessen, obwohl er ganz bestimmt sexuell aktiv war. Ich sagte ihm, daß ich die Schnauze voll, voll, voll von alldem habe ... Ich schickte ihm dann immer Kondome per Post. War geradezu besessen davon.

Ich erinnere mich an Zeiten, wo ich beim Sex nicht viel zu sagen hatte. Nicht viel sagte. Er war distanziert und kalt, wenn ich warm und herzlich sein wollte, ich war verzweifelt und glücklich zugleich, wenn er mit mir schlief (auch wenn ich in dem Moment vielleicht gar keine Lust hatte). Aber ich konnte ja nie wissen, wann seine Zuneigung wieder in meine Richtung blasen würde. Ich erinnere mich an seine Hände nach Tagen der Funkstille, Kälte und Streiterei; Sex schien die einzige Lösung, die einzig mögliche Form der Kommunikation, das einzige, was ich von ihm kriegen konnte. Alles zielte aufs Ausziehen und möglichst viel Verkehr ab. „Fortschritt" – für ihn wars ein ziemliches Thema, daß ich nie kam („kann nicht kommen"). – Sein Ego? – Ein paar hab ich dann gespielt. Ich fühlte mich so unzulänglich und körperlich defekt (hatten sie bei der Operation was entfernt?). Ich wollte nur, daß er aufhörte, sich Sorgen zu machen und möglichst schnell kam. Er hörte auf. Ich mochte das Gefühl, zu ersticken und dabei hart gefickt zu werden – das zweitbeste Gefühl nach dem Orgasmus?

Ich schlafe nicht mehr, ich kann nicht, wenn ich schlafe, habe ich andauernd den gleichen Traum. Mein Körper zieht sich zusammen. Ich bin unehrlich. Hab kein Vertrauen. Aber was ist Ehrlichkeit und Vertrauen? Was hält mich tief in mir gefangen? Wenigstens kann ich ihm im Traum jede Nacht ins Gesicht schlagen. (Ich lebe für solche Kicks.)

3000 Meilen, und ich zähle weiter.

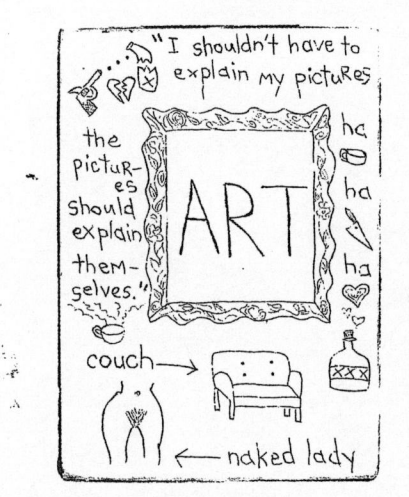

Bitte ruf nicht an. Bitte ruf nicht an. Bittebittebitte laß es ihn beweisen, laß es sie spüren. Ich weiß, daß er das Gefühlsvakuum schätzt, der Wichser. Wir werden amputieren müssen – mir egal. Meine beiden Omas hatten Brustkrebs. Was passiert, wenn meine Brüste abgeschnitten werden? Wie werde ich dann meine Haare färben?

Ich liebe diese Frau, die mich ankotzt. Ich benutze das Wort *fuck* haßerfüllt, will aber eigentlich nur meine Liebe für sie zum Ausdruck bringen. Nahrung hat keinen Geschmack, und ich hab jetzt kein Verlangen. Ich werde eine dieser leidenden Künstlerinnen werden – abzüglich der Kunst.

Wußte gar nicht, daß eine Freundin genau so ein Arschloch wie ein Typ sein kann. Sie hat mehr Asse.

Ich hab etwas zu geben, es wird Bedürftigkeit genannt.

Ich hasse es, meine Sexualität nicht unter Kontrolle zu haben. Eigentlich weiß ich nie so genau, was ich will, und wenn ich es mal weiß, dann ist es viel zu seltsam, um danach zu fragen. Normalerweise weiß ich, was ich nicht will, also richte ich mich danach. Yeah, yeah.

Der Ex-Freund eines Mädchens hörte nicht auf, sie anzurufen
        ihre Schuld,
ein anderes Mädchen aß nichts mehr und bewegte sich ständig
        ich hab mich perfekt unter Kontrolle,
wieder eine andere hörte nicht mehr auf zu heulen
        verfehlte Ergebnisse einer glorreichen Jugend,
ein Mädchen sprach nicht mehr mit mir
        ich verstehe: das Zeichen der Bestie.

Deshalb ist die Lady eine
        Wiesollichsagen.

„ein bißchen hiervon, ein bißchen davon".

Er erkundigt sich immer nach meinem Job. Er fasziniert ihn.

Mein Freund scheißt mir ins Hirn und hinterläßt keine Kratzer, keine Spuren. Ich liebe ihn, weil er so smart ist. Smart genug, seine Spuren zu verwischen und im richtigen Moment seinen Charme spielen zu lassen. Immer auf den letzten Drücker. Ich hab keinen Beweis, ein Herz voller Schleim ist das einzige, was mir von seiner Anpassungsfähigkeit geblieben ist. Meine Freunde wissen Bescheid. Sie schauen mich an und wissen, daß ich so fühle. Er fragte mich, ob ich jetzt allen erzählen würde, was für ein Arschloch er sei. Ich muß überhaupt keinem irgendwas erzählen.

    Sie werden es schon selber merken.

Es hieß, der Traum bedeute,
„Mord: ihn zu begehen = Sieg".

    Gez. Miss Allison

gURL

www.gURL.com
Esther Drill und Rebecca Odes

Im Gegensatz zu den traditionellen Medien mit ihren bekannten Geschichten von Erfolg und Versagen haben neue Medien keine starren Formeln. Diese Offenheit ermöglicht es kritischen Projekten, etablierte Strukturen zu unterlaufen. gURL begann als Website und hat diese Freiheit zu ihrem Vorteil genutzt.

gURL wollte im wesentlichen zwei Probleme thematisieren: den Mangel an technologie-orientierter Unterhaltung für Mädchen und unsere langjährige Frustration über das begrenzte Angebot an mädchenspezifischen Medien, insbesondere im Bereich der Jugendmagazine. Wir wollten Mädchen einen Grund liefern, sich mit Technologie auseinanderzusetzen, indem wir ihnen etwas zur Verfügung stellten, das sie direkt und auf seriöse Weise ansprach.

Wir gestalten unsere Website wie ein Magazin, arbeiten also innerhalb einer vertrauten Form, hinterfragen aber gleichzeitig die Erwartungen, die Mädchen einem traditionellen Magazin entgegenbringen. Wir versuchen jene Belange, die für Mädchen ab 14 wichtig sind, wertfrei und auf eine persönliche Art zu diskutieren. Unsere Texte und Abbildungen sind direkt und humorvoll und fordern Mädchen auf, für sie wichtige Dinge aus einer neuen Perspektive zu betrachten.

Seit unserer ersten Veröffentlichung 1996 hat sich die Kommunikationsfrequenz konstant eingependelt. Aufgrund der enthusiastischen Nachfrage haben wir eine gURL-Connection eingerichtet, die ausschließlich Mitgliedern für Kommunikation und Ideenaustausch on line zur Verfügung steht. Die wachsende Mitgliederzahl demonstriert das starke Bedürfnis junger Frauen, in einem Forum miteinander in Kontakt zu treten, das ihre Teilnahme auf innovative und witzige Weise unterstützt. Die folgende Installation

the boob files

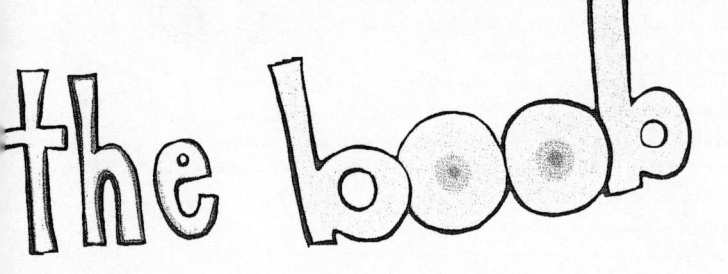

Große Nippel

Gayle Forman

Meine Titten haben Größe C, eine ordentliche Handvoll. Aber meine Nippel allein könnten einen Sport-BH füllen, vielleicht sogar ein AA-Körbchen. Sie machen ein Viertel bis ein Drittel meiner ganzen Brustmasse aus. Yup. Ich hab wirklich große Nippel. Wie rosarote Gummiuntertassen thronen sie auf meinen Titten. Ein kleiner rosaroter Knopf besetzt die Mitte, ihn zu erkennen, erfordert genaueres Hinsehen.

Und sie sehen fast immer gleich aus – du wirst mich selten mit sogenannter Nippelitis sehen. Es braucht eine ziemlich kalte Brise, um diese kleinen Knöpfe so stolz und sichtbar wie bei anderen Mädchen aufstehen zu lassen. Bis zu meinem 20. Lebensjahr wußte ich gar nicht, daß meine Nippel ungewöhnlich sind – mir fehlte der direkte Vergleich. Als mir bewußt wurde, daß meine Nippel Größe XL haben, zeigte ich sie meiner guten Freundin Debbie. Sie meinte auch, ohne es zu werten, daß sie groß seien. Als ich dem Rest meines bunten Sortiments an Freundinnen von meinen Nippeln erzählte, wurden sie zur Quelle meines Stolzes und endloser Insiderwitze. Alle großen Dinge wurden an meinen Nippeln bemessen:

„Ich bin so müde wie Gayles Nippel groß." „Gestern war ich so krank wie Gayles Nippel groß sind." „Das Abendessen gestern war himmlisch, so gut wie Gayles Nippel groß sind."

Eines Tages wurde meine Nippel-Vorherrschaft in Frage gestellt. Zu Debbies College-Abschluß hingen einige von uns in einer Bar ab. Irgendwie kamen wir auf Nippel zu sprechen. Ich erklärte, daß ich die größten hätte. Amy, eine Frau, die ich vorher nie gesehen hatte, entgegnete, daß ihre mit Sicherheit größer seien. Ziemlich bald bezogen unsere Freundinnen Stellung, und nicht viel später legte die ganze Bar Geld auf den Tisch und wettete um die Nippel-Championette.

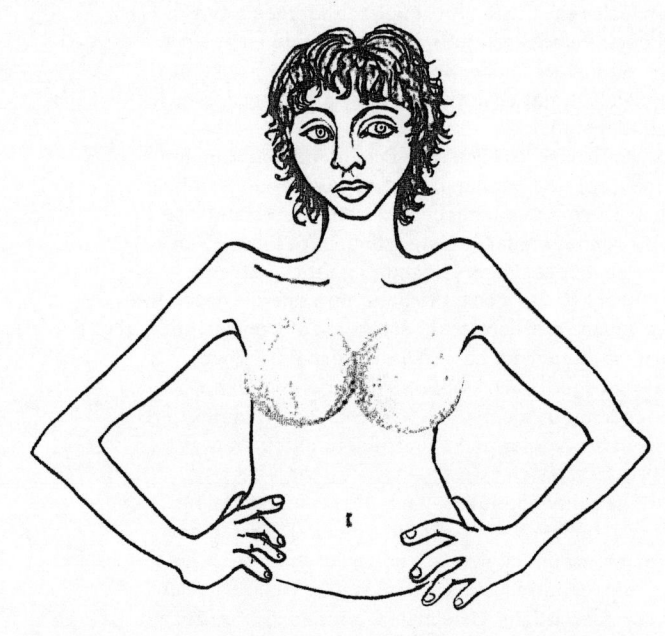

Die Siegerin wurde erst im Hotel gekürt. Es war ein spannender Moment als Amy ihr Kleid öffnete und ich meinen Anzug abstreifte. Obwohl es ein knappes Rennen war, mußte sogar ich zugeben, daß Amys Nippel größer waren. In dieser Nacht verlor ich meine Herrschaft als Königin und wurde Nippel-Prinzessin, ein Titel, den ich heute noch trage.

www.gURL.com

da läuft etwas entsetzlich falsch ...
Sarah F.

da läuft etwas entsetzlich falsch, wenn so viele mädchen an eßstörungen leiden. ich rede nicht von klinisch diagnostizierter anorexia und bulimie – ich meine mich, vielleicht dich, und wahrscheinlich die meisten schülerinnen in diesem land, die essen zu ihrer besten freundin und größten feindin gemacht haben. ich habe bei allen möglichen anlässen mit anderen girls und in den unterschiedlichsten situationen geredet, und irgendwann, häufig als teil einer verschwesterung zu später stunde, hat jedes mädchen seine eigene geschichte der eßstörung ausgepackt. das ist krank. ein mädchen mit eßstörungen muß nicht lange gesucht werden, wir sind überall.

ich vertrete die theorie, daß jedes mädchen eine (oder mehrere) angelegenheit(en) hat, mit der/denen es das ganze leben lang zu kämpfen hat: sei es mißbrauch, behinderungen, sexualität, rasse oder eines von tausenden anderen dingen. millionen von mädchen mißbrauchen essen zur behandlung ihrer probleme – um die aufmerksamkeit auf sich zu richten, ihre energie abzuleiten, sich zu betäuben oder noch mehr schmerz zu erzeugen. die gesellschaft hat laut und deutlich verkündet, daß der frauenkörper eine wertanlage sei. es ist also nicht verwunderlich, daß eine nach der anderen ihre probleme in dieser folter manifestiert. aber wenn wir unsere körper nicht kontrollieren können, was dann?

anorektikerinnen und bulimikerinnen, die sich ihren weg ins spital und ins grab hungern, sind nur ein bruchteil derer, die an dieser sucht leiden. wenn ich mir den mittagstisch in der schule in erinnerung rufe, dann schockiert es mich, wie viele mädchen damals nicht gegessen haben. viele andere gönnen sich weder ein eis noch ein zweites keks. sie machen in der früh gymnastik und verzichten auf das mittagessen, damit sie in ihre engen kleider passen. sie lesen teen-magazine und bewundern die flachen bäuchlein und glatten, hautengen trikots. sie sind medizinisch gesehen nicht in ernsthafter gefahr, aber es tötet ihre lebensgeister, verschwendet ihre kraft für sinnloses zeugs, und sie investieren ihr geld in ein system, das den ganzen prozeß fortsetzt.

ich war einmal eines dieser mädchen. das zeigt auch mein tagebuch aus der siebten und achten klasse. auf jeder seite habe ich mich mit selbstanschuldigungen zerfetzt und um „nur fünf kilo weniger!" gefleht. dann habe ich meine rolle wie erwartet gespielt – ich habe meine probleme behandelt, indem ich das essen mißbrauchte. ich hab mich in eine schlacht begeben, die ich unmöglich gewinnen konnte, womit am ende alles meine eigene schuld war. mein gewicht ging in relation zu meinen anstrengungen, es zu manipulieren, kaum rauf und runter. ich bekam mehr komplimente als besorgte fragen.

ich hab mich geändert. als ich mich mit den wahren wurzeln meiner probleme auseinandersetzte, verschwand mein eßproblem. ich verbrachte den sommer vor meinem zweiten collegejahr damit, herauszufinden, wer ich bin, und realisierte, daß sich mein wert als person nicht in kilos wiegen läßt.

ich weiß, daß wir dinge verändern können. ich rede mit girls, die zwischen zehn und vierzehn sind. höre ihnen zu. wir können unseren jüngeren schwestern helfen. wir müssen uns wechselseitig bestärken. ich weiß nicht, wie das mit dir ist, aber ich würde alles tun, um einem mädchen zu helfen, seine probleme auf eine gesunde art zu bewältigen. damit es nicht das durchmachen muß, was ich durchgemacht habe.

Action Girl. Zine-Kultur und wie's gemacht wird
Sarah Dyer

Was genau ist ein Zine?

Ein Zine ist jede Art von Publikation, die von der Herstellerin aus Liebe zu Zines und nicht des Profits wegen zusammengestellt und verbreitet wird. Es kann kopiert oder gedruckt sein; klein oder groß; handgeschrieben, getippt oder gezeichnet, und es kann alle möglichen Themen behandeln.

Zines sind so alt wie die Presse. Früher waren in diesem Land mit Zines meist Fanzines gemeint (ein Zine zu einem Fan-Thema – Hello Kitty, Green Day, Star Track, alte Autos). Aber in den letzten zehn Jahren sind mehr und mehr Zines erschienen, die keine Fanzines sind. Die meisten der Zines, die wir heute lesen, sind eine Art Mini-Magazine mit persönlichem Touch.

Größe und Format

Es gibt viele verschiedene Formate für Zines. Manche verwenden „nette Formen", gutes Papier, eventuell farbig. Ich glaube, es ist am besten, das erste Zine einfach zu fotokopieren. Das ist leicht, du kannst so viele Kopien machen, wie du brauchst (mußt sie nicht gestapelt in deinem Schrank horten), und mit dem weißen Papier schaut die Kunst sauber aus. Zines im Halbseiten-Format wirken gut, besonders wenn sie genau geklammert sind. Du kannst auch mit farbigem Papier oder Beilagen experimentieren. Zwei Nachteile hat das Fotokopieren: Kollatieren (die kopierten Seiten in die richtige Reihenfolge bringen) kann eine Schweinearbeit sein, und wenn du viele Seiten hast, kann es relativ teuer kommen. Der größte Vorteil besteht darin, daß auch mit relativ geringem finanziellen Aufwand ein Zine gemacht werden kann, da man nur wenige Exemplare produziert und erst dann wieder kopiert, wenn Bestellungen reinkommen.

Wenn du dich für das Kopieren entscheidest, stehen dir eigentlich alle Formate zur Verfügung – am weitesten verbreitet sind die gefalteten Halbblätter. Du kannst auch ganze Blätter verwenden und sie zusammenklammern oder A3-Blätter, diese in der Hälfte falten und zusammenklammern und, voilà! ein Zine, das gut ausschaut. Andere Varianten sind: Kopien in Ganzseiten-Größe in der Hälfte gefaltet (gibt ein quadratisches Zine) und Blätter, die auf Viertel oder sogar auf Sechstel gefaltet, dann geklammert und auf Minizines getrimmt werden. Vergiß nicht, daß die Blattgröße die Anzahl der Seiten in deinem Zine bestimmt – wenn du ein Zine mit Halbseiten machst, bedeutet das, daß jede doppelseitige Kopie gleich 4 Zine-Seiten ist, die Seitenanzahl also durch vier teilbar sein muß.

Fang erst einmal klein an: Beginn mit einer sehr niederen Seitenzahl um Geld zu sparen. Eine Bekannte von mir macht z. B. ganz kleine, kopierte Zines, aber sie bringt immer dann, wenn sie wieder etwas zu sagen oder zu zeigen hat, ein neues raus, egal ob das eine Woche oder einen Monat später ist. Ein Zine muß nicht groß sein, um gut zu sein.

Inhalt

TEXT: Der (geschriebene) Text kann in jeder gewünschten Form präsentiert werden, handgeschrieben oder schön getippt. Handgeschriebenes ist nur eine Option, wenn deine Handschrift auch wirklich gut lesbar ist. Verwende einen guten schwarzen Stift. Nimm keine bunten Stifte und niemals Kugelschreiber. Das Tippen auf Maschinen, ob alten Schreibmaschinen oder elektronischen, funktioniert immer gut. Nimm ein Papier normaler Größe, markier mit einem Bleistift die Außenlinie des Textbereiches und schreib innerhalb dieser Außenlinien deinen Text. Lösch die Bleistiftstriche, schneide den Teil aus und setze ihn ein. Wenn du Zugang zu einem Computer hast (falls du niemanden kennst, versuch es an deiner Schule), ist das alles noch leichter.

KUNST: Alles, was schwarzweiß ist (auch wenn der „weiße" Anteil grau oder gelb ist), Zeichnungen oder aus Magazinen ausgeschnittene Sachen, wirken gut. Auch manche Farben sind fotokopierbar. Für das Hintergrundmuster kannst du nahezu alles verwenden – ich hab die Hälfte meiner Kleidung irgendwann einmal auf die Kopiermaschine gelegt. Experimentiere! Einer der großen Vorteile des Fotokopierens ist, daß du ohne gröbere Mehrausgabe oder viel Aufwand die unterschiedlichsten Dinge reproduzieren kannst.

FOTOS: Fotos sollten schwarzweiß, so scharf und fokussiert wie möglich sein. Hat das Foto die richtige Größe, kannst du es entweder an die gewünschte Stelle setzen oder kopieren und die Kopie einfügen. Wenn du willst, daß sie wirklich wie Bilder aussehen, solltest du Halbtöne machen lassen. Ein Halbton macht aus einem verlaufenden Farbton (Fotos oder Stiftzeichnungen, Abbildungen mit Grau) ein Schwarz-Punkteraster, der aussieht wie ein

Foto, aber nicht wirklich eines ist. Die Herstellung ist relativ einfach, aber normalerweise nicht ganz billig. Wenn du Zugang zu einem Computer mit einem Scanner hast, kannst du die Fotos natürlich auch einscannen und in Halbtönen ausdrucken. Nicht ganz so perfekt, aber viel billiger.

Finanzierung und Budgetierung

Geld ist für fast alle Zineherausgeberinnen ein Thema (außer du bist reich oder arbeitest im Kopiergeschäft). Erwartest du von deinem Zine (a) ein finanzielles Defizit, (b) mit Null auszusteigen oder (c) etwas Geld zu verdienen? Wenn du dir Geld erwartest, naja, denk noch einmal darüber nach. Wenn du damit rechnest, ein Defizit zu machen (nicht viel, natürlich), gut für dich. Meine Projekte enden fast immer mit einem Minus. Aber nicht finanziell meßbare Wertschätzungen kompensieren das meistens. (Was das ist? Naja, Post, andere Zines, positives Feedback und ähnliche Dinge ...) Und wenn du mit Null aussteigen willst, dann stehen die Chancen ganz gut.

Du solltest eine Kostenaufstellung machen, in der du Kosten und Preis eruierst – du solltest nicht zu viel verlangen, aber auch nicht bankrott gehen. Deine Kosten sind primär von der Anzahl der Seiten in deinem Zine abhängig. Der Preis sollte so niedrig wie möglich sein und hängt auch vom Vertriebssystem ab. Vergiß nicht, daß $ 1 ein Standardpreis für Zines ist. Wenn du $ 3 verlangst (auch wenn das deine Kosten sind), werden einige das Geld nicht riskieren wollen.

Vertrieb

Es gibt verschiedene Wege, das Zine in die Welt zu setzen: Du kannst es eigenhändig verteilen (auf Konzerten, in der Schule oder wo auch immer), ein eigenes Bestellsystem entwickeln, dein Zine in bestehende Systeme integrieren oder das Zine im Geschäft verkaufen.

Wenn du das Zine selbst verteilen willst, dann hast du zwei Möglichkeiten – persönlich oder per Post. Die meisten jedoch entwickeln ein eigenes Bestellsystem: Du mußt einen Preis festlegen, der die Postzusendung mit einschließt, und dann versuchen, auf dein Zine mit Anzeigen oder Besprechungen aufmerksam zu machen.

Es gibt einige Zine-Verteiler, aber nur wenige nehmen neue Zines auf, und in der Regel ist es schwierig, mit ihnen zu kooperieren. Wenn du dein Zine nicht schon über längere Zeit herausgegeben hast, ist es nicht sinnvoll, über diese Form der Verteilung nachzudenken. Später kannst du über andere Zines herausfinden, wer sie vertreibt, und Samples und Verkaufsinformationen dorthin schicken.

Eine weitere Option ist, die Zines direkt an Geschäfte zu verkaufen (oder, was wahrscheinlicher ist, sie in Kommission dort zu lassen). Du mußt den Rabatt mit jedem Geschäft neu aushandeln, aber du solltest zumindest 60–70% des Gesamtpreises kriegen. Laß dich nie auf weniger als 50% runterhandeln. Üblicherweise ist die Kommission zeitlich beschränkt, wenn die festgelegte Zeit vorbei ist, müssen sie dir das Geld der verkauften Kopien auszahlen und die verbliebenen Exemplare zurückgeben.

Öffentlichkeit

Wenn du dein Zine über die Post vertreibst, dann gibt es zwei Wege, zu Bestellungen zu kommen: durch Anzeigen oder durch Besprechungen.

Anzeigen sind gut. Viele kleinere Zines werden die Anzeigen umsonst abdrucken, vorgegebene Anzeigen in größeren Zines (*Factsheet 5* oder *Fizz*) bringen manchmal wirklich gute Reaktionen (vorausgesetzt, du willst das).

Zine-Besprechungen sind wichtig – nicht nur weil du dadurch Bestellungen reinkriegst, sondern weil dir gute Besprechungen helfen werden, gute Anzeigen und Verteiler zu erschließen. Tausch Kopien mit kleinen Zines, besonders wenn sie Adressen von anderen Zines listen (und führ im Gegenzug in deinem Zine Adressenlisten von Zines, die du magst).

Viel Glück!!

Sarah Dyer
Action Girl
POBox 060380
Staten Island, NY 10306

IV.

Goin' All The Way ...
Bilanzen zur Kulturmaschinerie

Ain't Nuthin' But A She Thing
Salt-N-Pepa

It ain't a man's world (you go girl),
no more sugar and spice (and everything nice),
It's a she thing, it is all in me,
I can be anything that I wanna be,
don't consider me a minority,
open up your eyes and maybe you'll see.

Now I can bring home the bacon, fry it in the pan,
never let you forget that you're a man,
'cause I'm a w.o.m.a.n., that's what I am,
doing what I can.
The thing that makes me mad and crazy upset,
gotta break my neck just to get my respect,
go to work and get paid less than a man,
when I'm doing the same damn thing that he can.
When I'm aggressive then I'm a bitch,
when I got attitude you call me a witch,
treat me like a sex object,
underestimate the mind, oh yeah, you're a fool,
weaker sex, yeah right, that's the joke,
have you ever been in labor, I don't think so, no.
I'm a genuine feminine female thang, can you hang,
ain't nuthin' but a she thing.
...
You got to understand – it's a she thing,
we got the power, yeah, you know the deal,
so you go girl, it ain't no man's world,
you can do anything, do what you feel.

I like to give a shout out to the Mamas out there,
bringing up the children with their tender loving care,
you're in charge of the future of the nation,
do the right thing, make a foundation.
To all the single mothers Salt-N-Pepa said
keep your head up,
I know it gets hard sometimes
but never let up,
you are a genuine feminine female thing,
can you hang, ain't nuthin' but a she thing.

Now let me break it down to the marrow of the bone,
I'm a female and I got it goin' on,
don't be fooled by my s.e.x.,
it ain't that simple, I'm more complex.
We've come a long way, baby, that's a fact,
just keep moving forward girls, never look back,
fight for your rights, stand up and be heard,
you're just as good as any man, believe that word.

Girlie Action
Interview mit Vickie Starr

Vickie Starr ist Teilhaberin der New Yorker Musikagentur Girlie Action, die Bands wie Skunk Anansie, Tribe 8 und die Lunachicks betreut. In ihrer wöchentlichen Radiosendung spielt sie in erster Linie von Frauen gemachte Musik.

Über SWIM (Strong Women In Music)

Ende der 80er Jahre gründete ich mit 15 anderen Frauen aus dem Musikbusineß die Organisation SWIM – Strong Women In Music. Wir wollten damit für Frauen aus allen Bereichen des Musikbetriebs, von der Musikerin zur Sekretärin, einen Ort schaffen, an dem sie sich treffen und gemeinsame Strategien zur Verbesserung ihrer Situation innerhalb der Musikszene entwickeln konnten. SWIM sollte über eine reine Networking-Organisation hinausgehen und politisch sein. Wir hatten keine Angst davor, das Wort Feminismus in Zusammenhang mit unserer Arbeit zu benutzen und wollten Aufruhr erzeugen.

... Frauen & Musikbusineß

Obwohl so viele Frauen in diesem Bereich arbeiten, gibt es immer noch unglaublich viel Sexismus und Unterdrückung, was sich in erster Linie ökonomisch äußert, aber auch in den sozialen Strukturen im Büro und dem Image von Frauen als Künstlerinnen. Um dies zu bekämpfen, gab es zwar schon früher spezielle Netzwerke für Frauen, denen fehlte aber das aktivistische Element und der Mut, als deklarierte Feministinnen um Rechte zu kämpfen.

... eine SWIM-Aktion bei der Grammy-Verleihung

1994 wurde bei den Grammy Awards die Kategorie „Female Rock" abgeschafft, weil es angeblich nicht genug gute weibliche Rockstars für fünf Nominierungen gab. Solch beschissene Anmaßungen wollten wir nicht akzeptieren, also hielten wir in der Grammy-Nacht eine große Demo vor der Radio City Music Hall ab, erregten einige Aufmerksamkeit und hatten beeindruckendes Presseecho. Wir wollten das Thema an die Öffentlichkeit bringen und sagen: „Moment mal, was für ein Bullshit, es gibt Zillionen von Frauen, die Rockmusik machen." Das alles geschah ausgerechnet, während um Bikini Kill, Liz Phair und Tina Turners neue Platte so großes Aufsehen gemacht wurde!

... ihre Radiosendung „Ghost In The Machine" auf WBAI

Meine Radioshow war fast als Antwort auf die spezifische Definition von Frauenmusik gedacht. Ich wollte nicht nur die Frauen selbst herausfordern, die in dieser eigenartigen Kategorie zusammengefaßt wurden, sondern auch zeigen, welche unterschiedliche Musikrichtungen von Frauen gemacht werden. Ich war eine der ersten, die z. B. Queen Latifah spielte, eine starke Frau mit No-Bullshit-Message. Ich habe gern jüngere Frauen und kantige Sachen gespielt, viel Punkrock, Hip Hop, Reggae. Niemand schien sich für die Geschlechterpolitik hinter all dem zu interessieren.

... Frauen & Labels

Ohne Labels und Kategorisierungen funktioniert die Marketing-Maschine einer kapitalistischen Gesellschaft nicht, da gibt's wohl keinen Weg drum herum, besonders für Künstlerinnen nicht. Aber als Frauen-Musikerin oder Frauen-Gitarristin bezeichnet zu werden, bedeutet fast, der Kategorie einer Gitarristin oder

Musikerin nicht gerecht zu werden und deshalb gezwungenermaßen nach dem Geschlecht eingeteilt zu werden. Die Kategorie „Girl" ist daher eigentlich unfair, als ob man von vorneherein geringere Leistungen erwartet. So läufts in diesem Busineß wirklich. Man erwartet von Frauen, schlechter zu sein, weil sie Titten haben.

... ihre Arbeit mit den Lunachicks

Es war ein echter Kampf, die Journalisten dazu zu bringen, fair über die Lunachicks zu schreiben. Alle hängten ihre Stories an Frauenthemen auf, an den Kleidern, dem Aussehen der Girls und natürlich an Theo, der Leadsängerin, weil sie als Model arbeitet. Es war ihnen unmöglich, über die Musik zu schreiben. *Spin*, *Elle*, alle wollten sie entweder Theo oder eben keine Story – also machte die Band schlußendlich mit. Und war dabei sowas von sauer!

... mit Tribe 8

Der Produzent von Luke Skywalkers Fernsehshow in Miami, „Lukes Peepshow", in der X-rated Musikvideos unzensuriert liefen, hatte von Tribe 8s Oben-ohne-Shows gehört. Tribe 8 in einer Hip-Hop-Porno-Show! Als die Einladung hier eintrudelte, ist sie gleich im Müll gelandet, aber die Girls wollten es machen! Sie wollten den Typen reinlegen. Also flogen sie uns alle nach Miami runter und interviewten die Band vor einem Haufen Nackttänzer und -tänzerinnen. Als Luke sie mitten im Interview aufforderte, ihre T-Shirts auszuziehen, forderten sie, er solle zuerst seine Hosen runterlassen. Er sagte, o. k., aber nur wenn ihr alle meinen Schwanz lutscht. Und Lynn Breedlove sagte, ich brauch deinen Schwanz nicht zu lutschen, denn meiner ist viel größer als deiner! Und dann zogen sie alle ihre Dildos aus dem Hosenschlitz und stellten sich um den Typen auf. Er flippte total aus.

... Medien & Politik

Bands wie Tribe 8 und die Lunachicks, deren Existenz grundlegend auf Politik gegründet ist, müssen von möglichst vielen Leuten gehört und gesehen werden. Sie können auf die Presse nicht verzichten. Allein der Umstand, daß Bands wie diese im Scheinwerferlicht auf der Bühne stehen, ein Mikrophon in der Hand, ihre Instrumente an den Verstärker gesteckt, gibt ihnen so viel mehr Macht als der Rest von uns hat. Es ist eine große Aufgabe, damit bewußt und verantwortungsvoll umzugehen.

"Sechs oder sechzig Zentimeter"
Zur Zensur sexueller Artikulation schwarzer Frauen
Tricia Rose

Kulturelle Zensur ist heutzutage eine ernste Angelegenheit. PolitikerInnen aller Rassen, Geschlechter und Weltanschauungen ist es gelungen, gegen den sog. „Werteverlust" in der Populärkultur, der sich in vulgärem Sexismus und nichtstaatlich sanktionierter Gewalt konstatieren lasse, zu mobilisieren und dies medial zu unterstützen. Senator Bob Dole, der Geistliche Calvin Butts, die Aktivistin C. Delores Tucker, Senatorin Carol Moseley-Braun, die R&B-Sängerin Dionne Warwick und viele andere forderten variierende Formen und Grade der Zensurierung von Popmusik und -kultur, die in erster Linie den allgegenwärtigen Sound schwarzer Jugendlicher – die Rapmusik – betreffen.

Obwohl ich die Reaktion prominenter PolitikerInnen auf die zornigen und ausfälligen Artikulationen schwarzer Jugendlicher ablehne, kann ich die ihrer fehlgeleiteten Kritik manchmal zugrunde liegende Bestürzung über die Herabsetzung von Frauen nachempfinden. Verwirrung stiften hier auch öffentliche Diskussionen um den Zusammenhang von Image und Verhalten, die wenig über die Wurzeln von Sexismus und Gewalt aussagen und wichtige Unterscheidungen zwischen Positionen von PolitikerInnen und WortführerInnen der Community verwischen. Insgesamt vermeiden die schreienden, extrem vereinfachten Attacken auf schwarze Populärkultur die übergeordnete Frage nach der strukturellen Verankerung des Patriarchats und unterstützen dieses in subtiler Form unter dem Vorwand, schwarze Frauen zu schützen. Anstatt den Zusammenhang zwischen „zivilisiertem" und „vulgärem" Patriarchat aufzuzeigen, beziehen sie sich meist auf die transgressivsten und oft beunruhigenden Images und Erzählungen, um breitere Angriffe auf populäre Ausdrucksformen zu ermöglichen.

Diese Strategie leugnet nicht nur das Vergnügen an der Transgression, sondern – was noch schlimmer ist – sie fördert zwei repressive, nichtdialogische Antworten: die abstrakte Verteidigung der Redefreiheit und/oder den Ruf leidenschaftlicher Protektionisten nach dem Respekt der Frauen und ihrem Schutz. Häufig entgeht den Verteidigern der Redefreiheit das komplexe System kultureller Mitschuld, und sie reproduzieren die sexuelle Unterdrückung von Frauen innerhalb legaler Parameter, während die Protektionisten durch die Verfechtung restriktiver und oppressiver Vorstellungen von sexueller Reinheit, Bescheidenheit und weiblicher Verletzbarkeit den Frauen ihre sexuelle Eigenständigkeit nehmen. Keine der beiden Parteien betont das Recht schwarzer Frauen auf ihren eigenständigen Ausdruck, obwohl beide vorgeben, direkt oder indirekt für sie einzutreten. Vielmehr fokussieren beide Positionen auf die Aktionen und Verhaltensweisen von Männern (was deren Autorität verstärkt und sie ins Zentrum rückt), anstatt die kulturelle, ideologische und ökonomische Unterdrückung schwarzer Frauen bzw. die Art und Weise zu hinterfragen, wie die sexuelle Artikulation schwarzer Frauen zensuriert wird.

Als Antwort auf diesen Mangel in der öffentlichen Debatte möchte ich einen nicht weit zurückliegenden, aber wichtigen Fall von sexueller Zensur an offensichtlich progressiven, jungen schwarzen Frauen untersuchen. Mein Interesse gilt der profilierten und sehr populären, schwarzen und Latino-R&B/Hip-Hop-Gruppe TLC, die 1992 mit dem Hit „Ain't 2 Proud 2 Beg"[1] in der schwarzen Musikszene auftauchte. Die Art, wie diese Gruppe unter Druck gesetzt wurde, zeigt, wie die scheinbar für Frauen eintretende Zensurkampagne eine Einschränkung der Eigenständigkeit und Selbstbestimmtheit weiblicher Sexualität bewirkte und speziell im Bereich schwarzer Populärkultur – etwa durch moralische Anti-Rap-Kreuzfahrten – ein Klima gefördert hat, in dem seltene und möglicherweise befreiende Momente von feministischer sexueller Selbstbestimmung schwarzer Frauen und Widerstand mit dem allgegenwärtigen, traditionell männlichen Akt der sexuellen Erniedrigung von Frauen gleichgesetzt werden.

In „Ain't 2 Proud 2 Beg" stellten sich TLC der amerikanischen Jugend als witzige, verspielt-aggressive Frauen Anfang 20 vor, die in surrealer, übergroßer B-Boy-Kleidung steckten; ein Stil, der vielleicht als die Rap/R&B-Version des Komikers Pee Wee Herman bezeichnet werden könnte. „Ain't 2 Proud 2 Beg" handelt vom schamlosen weiblichen Verlangen nach sexueller Befriedigung durch einen männlichen Liebhaber („Ob ich's am morgen brauche oder mitten in der Nacht, ich bin nie zu stolz, darum zu betteln"), und sie tanzten und sangen den Refrain in bunten, weiten Hosen, mit Hosenträgern, Tops und unter Riesenhüten mit auffallenden Kondomen in verschiedenen Größen.

Die Kondome waren mit Sicherheitsnadeln auch auf den Kleidern und auf dem linken Brillenglas von Lisa „Left Eye" Lopes angebracht. Als offene Pro-Sex-Gruppe rückte TLC – mit karnevaleskem Image, diesem Songtext, hymnenmäßigen Beats und Refrains – den sexuellen Ausdruck junger schwarzer Frauen und ihr Spiel mit dem Sex in den Mittelpunkt schwarzer Popkultur. Textzeilen wie „du schreist laut, hältst dich am Bettlaken fest, hast Angst, für verrückt erklärt zu werden, aber du mußt es eben rauslassen, solange es geht", bringen weibliches Verlangen und Vergnügen in den Vordergrund und entlarven das gesellschaftliche Stigma, das weiblicher Sexualität anhaftet.

Hier wird die sexuelle Erfüllung schwarzer weiblicher Heterosexualität dem männlichen Vergnügen gleichgestellt; und der Spaß des einen Partners geht nicht auf Kosten des anderen. Zugleich stellen TLC im Refrain das verbreitete Bild der Frau als Besitz des Mannes spielerisch auf den Kopf und bezeichnen den männlichen Körper und Penis (egal welchen Zustands, welcher Größe oder Form) als ihren „Besitz". Diese Passage dürfte die Zensur wohl am meisten gestört haben.

Für viele junge schwarze Frauen machte der Text, insbesondere die Refrainzeilen: „2 inches or a yard, rock hard or if it's saggin', I ain't 2 proud 2 beg" (ob sechs oder sechzig Zentimeter, steinhart oder schlapp, ich bin nicht zu stolz darum zu betteln), zusammen mit der offenen Safe-Sex-Einstellung und Kondomwerbung, diesen Song zu einer spannenden Hymne. Und zur Zielscheibe der Zensur. Anstatt den Text als eine großartige Möglichkeit für junge schwarze Frauen gegen sexuelle Passivität und die Degradierung zum Objekt zu verstehen, interpretierten TV-Zensoren die Hymne als potentiellen Schlachtruf zukünftiger Teenage-Mütter. Man verstand das jugendliche Auftreten und den sexuell orientierten Spaß von TLC als Aufruf zur sexuellen Verantwortungslosigkeit und zensurierte den Song daher in mindestens zwei Fällen.

Massivem Druck war die Stelle mit dem Penis-Verweis ausgesetzt. Als der Song bereits einigen Staub aufgewirbelt hatte, mußten TLC die Zeile „2 inches or a yard, rock hard or if it's saggin'" für die Radio- und Videoversion in „my hat's to the back and my pants are surely saggin' (meine Kappe sitzt verkehrt und meine Hosen hängen runter)" umändern, um den Ansprüchen von Musikvideo-Zensoren und MTV gerecht zu werden. Das zerstörte nicht nur die thematische Kontinuität, sondern löschte auch die bewußt transgressive (wenn auch textlich und optisch versteckte) Reklamation und Verspottung des Penis – des zentralen Gegenstands des Songs. Angesichts des ungedämpften Sexismus so vieler Musikvideos erscheint die Forderung einer solchen Textänderung unerhört heuchlerisch.

Nachdem der Song die R&B- und dann die Pop-Charts hinaufgeklettert war, wurden TLC in die beliebte, auf schwarze Jugendkultur ausgerichtete und hip-hop-lastige Comedy Show „In Living Color" eingeladen. Als die Zensoren der Sendung von den Texten und dem Safe-Sex-Markenzeichen der Gruppe Wind bekamen, verlangten sie von TLC, die Textstelle und die Ausstattung bei ihrem Auftritt wegzulassen. Ihre Begründung: diese Frauen sahen nicht alt genug aus für Sex. Der Pressebetreuer kommentierte die Situation folgendermaßen:

Der Auftritt von TLC in der bekannt derben Sendung „In Living Color" wurde wegen der Zensurforderungen des TV-Kanals Fox Networks abgesagt. Obwohl die jüngsten Folgen der Show dreckige Sex-Witze und einen Sketch über die phallische Familie „ButtMan" lieferten, gestatteten die Zensoren den für Januar geplanten Auftritt von TLC nur mit einer entschärften Version von „2 Proud 2 Beg". „Wir wollten entgegenkommend sein", kommentierten TLC, „aber diese Forderungen empfanden wir als zu extrem." Die Gruppe besteht aus drei 20- bis 21jährigen Mädchen, die viel jünger aussehen, aber

Erwachsenenthemen bearbeiten. TLC wären gerne mit einem anderen Song aufgetreten, wollten aber mit ihrem ersten Live-TV-Auftritt ihr Image betonen und nicht abschwächen.[2]

In ihren Verhandlungen machten TLC den Zensoren sogar den Vorschlag, große, mit ihrem Alter bedruckte T-Shirts zu tragen, um Bedenken über die sexuelle Aktivität Minderjähriger zu zerstreuen. Das Angebot wurde abgelehnt. Am Ende verweigerten TLC den Auftritt, waren aber ein paar Monate später mit einer sexuell weniger direkten Hit-Single bei Arsenio Hall zu Gast.[3]

Hier geht es um eine Reihe verwirrender Widersprüche: Erstens: Dem TV-Sender *Fox* gelang der finanzielle Aufstieg mit jugendorientiertem, sexuell aufgeladenem Material. Vorabendshows wie „Married with Children" und „In Living Color" sind gespickt mit gewagten Themen und Bildern. In „Married with Children", einer burlesquen Show, die von ausgesprochen sexistischen, männlich bestimmten Themen dominiert wird, tragen die Mutter und ihre adoleszente Tochter extrem sexy und freizügige Kleidung. Zweitens: Obwohl der Sender einen Großteil seiner Identität und Ausstrahlung aus der Hip-Hop-Kultur bezieht, bemühte er sich bisher wenig darum, den im Hip Hop vorhandenen Sexismus anzugreifen. Die Manager fühlten sich erst beim Anblick von weiblichem, schwarzem, nichtsexistischem Begehren im Hip-Hop-Stil moralisch unter Druck gesetzt und *Fox* – der erste Sender, der Kondomwerbung ausstrahlte – wurde in einem Moment von Safe-Sex-Popkultur schließlich zimperlich.

Wahrscheinlich reagierten die Zensoren ängstlich auf eine wachsende reaktionäre Lobby, die besonderes im Zusammenhang mit Geschichten über Sex und Gewalt in der schwarzen Jugendkultur Stimmung für Zensur machte. Diese Angst muß zugleich in einem breiteren Kontext gesehen werden. TLCs Markenzeichen einer jungen, schwarzen sexuellen Handlungsfähigkeit ist aus mindestens zwei Gründen verstörend: Erstens rührt sie an einem maskulinen Privileg – schwarz, weiß und mehr –, indem sie die Energie von einem männlich-bemächtigten sexuellen Ort abzieht und an einen weiblich-zentrierten lenkt. Zweitens hinterfrägt diese Haltung den Objektstatus schwarzer weiblicher Sexualität – ohne sie zu unterdrücken –, was wiederum die hartnäckig verbreitete Meinung verstört, explizites weibliches Begehren sei „an sich" vulgär. Diese Ansicht wurzelt in der viktorianischen Vorstellung von weiblicher Sexualität, aber auch in der mangelnden Verbreitung von explizit formuliertem weiblichen Begehren (und nicht den männlichen Fantasien davon), wodurch dieses schockierender wirkt als die allgegenwärtige männliche Ausbeutung der weiblichen Sexualität. In einer rassistischen Gesellschaft, die weiße weibliche Sexualität auf Kosten schwarzer weiblicher Sexualität verehrt (soweit sie von Frauen artikulierte Sexualität überhaupt verehren kann), verdrängen TLCs Äußerungen auch das weiße weibliche sexuelle Subjekt (und Objekt).

Was waren nun die Konsequenzen der der Absage von TLC an die Fernsehshow? Ist diese Form des Widerstands effektiv? Wie kann ein solcher strategischer Widerstand öffentlich und dadurch effizienter gemacht werden? Wären sie aufgetreten, hätten sie mit dem Inhalt ihres Albums vielleicht mehr Menschen beeinflussen können. Was sind die politischen Konsequenzen ihres Schachzuges? Hätten sie versucht, subversive Inhalte einzuschmuggeln, wären sie wahrscheinlich in letzter Minute zensuriert und ihnen weiterer Zugang zu den Medien versperrt worden. Zensuren solcher Art vollziehen sich häufig hinter verschlossenen Türen. Wie kann der Zugang zu trügerischen, aber entscheidenden Medien ausgehandelt werden? Wie können wir mächtige mediale Plattformen nutzen, ohne komplett ausgeschaltet oder bis zur Unkenntlichkeit verstümmelt zu werden? Und was sind die Konsequenzen, wenn wir uns dieser Arena politisch ganz verweigern?

* * *

Ich denke, daß der in der amerikanischen Kultur anhaltenden und weitverbreiteten Auslöschungstendenz bzw. Verzerrung schwarzer weiblicher Sexualität durch die Herstellung und mit Hilfe von sexuell ermächtigendem – bei Bedarf auch explizitem – Material begegnet werden muß, und zwar von schwarzen Frauen erzählt und kontrolliert. Schweigen und Klagen genügen angesichts dieser Geschichte nicht. Schwarze Frauen müssen ihr Image an genau jenen Orten wieder einschreiben, an denen ihnen der größte Schaden zugefügt wurde. Es ist mir schmerzhaft bewußt, daß die Bekämpfung von sexuellen Mythen, Stereotypen und der Überfülle an mißbräuchlichen, zum Objekt degradierenden Images und Geschichten durch feministische oder weibliche sexuelle Erzählungen und Versionen ein unsicheres Terrain darstellt, insbesondere für schwarze Frauen, deren angebliche „sexuelle Abweichung" von der Norm der Nation von Anfang an vermarktet wurde. Die bloße Artikulation der eigenen sexuellen Wahrheit/Politik hat weiterhin schwerwiegende Folgen für schwarze Frauen aller Altersgruppen, Klassenzugehörigkeit und politischer Orientierung (siehe Tawana Brawley, Anita Hill und in geringerem Ausmaß die ehemalige Gesundheitsministerin Jocelyn Elders). Wer sexuell explizite und dennoch schwarze feministische, antisexistische Images und Geschichten fabriziert und veröffentlicht, ist größeren Gefahren ausgesetzt. Noch problematischer wird diese Angelegenheit angesichts der Tatsache, daß schwarze Frauen in unserer medial vermittelten Umgebung nur begrenzt Zugang zu den Medien haben und deshalb wenig Kontrolle über deren Macht, unsere Sichtweise und Interpretation der Welt neu zu formulieren, umzulenken und zu dirigieren.

Als Antwort auf die Geschichte der sexuellen Unterdrückung (und unterstützt durch die sexualfeindliche Konditionierung der Frauen selbst) reagieren schwarze Frauen manchmal stark zurückhaltend und kontrolliert. Sie führen dabei die sexuelle und moralische „reine" schwarze Frau wieder ein, die das rassistische und sexistische Amerika nicht anerkennen will. Ich glaube, viele *Sisters* hoffen, daß sexuelle Konformität und Restriktion das historische Vermächtnis ihrer sogenannten „sexuellen Abweichung" zerstreuen und vielleicht zum Verschwinden bringen kann. Strategisches Schweigen kann ein machtvoller Akt sein; es kann uns kurzfristig helfen, Geschossen auszuweichen und die Aufmerksamkeit von ausbeuterischen Themen abzulenken. Aber gleichzeitig muß ein Raum für politisch informierte, offene sexuelle Artikulation zur Transformation dieser mächtigen, zum Objekt machenden Arena geschaffen und verteidigt werden. In einer patriarchalen Gesellschaft kann Schweigen allein der systemischen sexuellen Herrschaft nicht entgegenwirken. Genauer: Wenn wir uns weigern, unser Begehren, unsere Lust und die Bedingungen unserer Intimität bekannt zu machen, werden sexuell erniedrigende, die Männlichkeit stärkende Repräsentationen und Behandlungen nicht weniger werden.

Leider ist es unwahrscheinlich, daß es allein durch die Veröffentlichungen selbstbestimmter schwarzer weiblicher Erzählungen möglich sein wird, ausbeuterische Beziehungen und Gewaltanwendungen von Männern an Frauen zu verhindern. Ein Faktum, durch das Privatleben von TLC-Mitglied Lisa „Left Eye" Lopes pointiert illustriert wird. Etwa zwei Jahre nach ihrem Debut in der Popkultur-Szene machte Lopes, die viele der Songtexte schrieb, Schlagzeilen, weil sie das Haus ihres Freundes, eines Football-Stars, angezündet hatte. Man gab sich wenig Mühe, für diesen Zornausbruch andere Erklärungen als „Wildheit" zu finden, obwohl sie angab, Beweise für seine Mißhandlungen zu haben.[4]

Eine ganze Palette liebevoller, respektloser, konfliktreicher und zorniger sexueller Artikulationen und Gefühle schwarzer Frauen – besonders wenn sie auf die komplexe Geschichte der sexuellen und rassistischen Unterdrückung reagieren –, öffentlich anzuerkennen ist eine gefährliche, aber lebenswichtige Aufgabe in unserer rassistischen und patriarchalen Gesellschaft. Wir sollten unbedingt auch weniger komplexe, jugendliche Versuche, wie den hier vorgebrachten, unterstützen, denn sie könnten zur Schärfung der Ausdrucksformen führen.

All diese Artikulationen werden so widersprüchlich, manipuliert und konkurrierend sein wie schwarze Frauen in ihrer Gesamtheit. Aber vielleicht können die Erzählungen von sexueller Selbstbestimmung und Selbstachtung uns genauso stärken wie das Geschehen im intimen Kontext. Ohne den anhaltenden Versuch, den gesamten Bereich der Ausdrucksmöglichkeiten schwarzer Frauen und ihr Bedürfnis nach Selbstdefinition zu unterstützen, wird das Schweigen und die Prüderie schwarzer Frauen – besonders in der Welt, wie wir sie kennen – dem Patriarchat dienen und nicht der sexuellen Gleichberechtigung und Gegenseitigkeit.

---

1 „Ain't 2 Proud 2 Beg" Oooooooohh ... On the TLC Tip (Arista, 1992).
2 Presseerklärung der Plattenfirma Arista nach dem Zwischenfall.
3 Wie der Ton der Presseerklärung verdeutlicht, nutzte die um Fragen der Zensur wenig besorgte Plattenfirma diese Gelegenheit zur Werbung für die Gruppe.
4 Morgan, Joan. *Vibe* Nov. 94.

Ein Film über Mädchen bleibt ein Film über Mädchen
Interview mit Filmemacherin Alex Sichel von Alexandra Seibel

„All Over Me", der erste Feature-Film der US-Regisseurin Alex Sichel, handelt von der Freundschaft zweier New Yorker Mädchen, die sich mit den klassischen Problemen heranwachsender Jugendlicher herumschlagen. Die üblichen Ingredienzien solcher Teenager-Filme – Sex, Drogen, Rock 'n' Roll – erfahren in „All Over Me" eine entscheidende, feministische Abänderung: Eine der beiden Protagonistinnen, Claude, verliebt sich in ihre beste Freundin Ellen, die sich in (drogensüchtiger) Abhängigkeit zum gewalttätigen Boyfriend befindet.

Claude leidet an schwerem Liebeskummer, verfolgt aber trotz allem beharrlich ihren großen Traum von einer eigenen Band. Sie findet Rückhalt in der (erotischen) Freundschaft zu einem anderen Mädchen, das bereits in einer Riot-Grrrl-Band spielt und regelmäßig in einem Club auftritt.

„All Over Me" konzentriert sich ausschließlich auf die Freundschaft der beiden Mädchen und deren Konfrontation mit dem Erwachsenwerden: während Ellen von ihrer heterosexuellen Umgebung in Form ihres Freundes in erster Linie mißbraucht wird, findet Claude eine positive Alternative in der Grrrl-Kultur.

Die 34jährige New Yorkerin Alex Sichel schrieb das Drehbuch gemeinsam mit ihrer Schwester Sylvia und erregte damit beachtliches Medienaufsehen innerhalb der Independent-Filmszene. „All Over Me" lief im offiziellen Wettbewerb des prestigeträchtigen Sundance-Filmfestivals, Mekka des unabhängigen Films, und landete in einer Marktnische, die mit lesbischen Filmen wie „Go Fish" oder „The Incredibly True Adventure of Two Girls in Love" eröffnet worden war. Er wurde von seinem Verleiher als Crossover-Film vermarktet, der von einem lesbischen Publikum auf das heterosexuelle überspringen sollte – ein Vorhaben, das sich nicht realisieren ließ.

Alex Sichel: „All Over Me" ging aus meinen Kontakten zur Riot-Grrrl-Punkszene hervor, die um 1992 in Olympia, Washington aus Frustration über eine völlig männerdominierte Musikszene entstanden war. Ich selbst bin mit der ganzen Szene erst einige Jahre später in New York in Berührung gekommen. Wir organisierten damals in Anlehnung an Woodstock ein Konzert namens „Pussystock", wo Grrrl-Bands mit teilweise 15jährigen Teenagerinnen auftraten, die niemals zuvor auf einer Bühne gestanden hatten. Damals habe ich beschlossen, einen Film über dieses Phänomen zu machen.

Hast du deine eigenen Jugenderfahrungen mit den „neuen" der Grrrls-Szene zusammengebracht?

Meine Schwester wollte immer eine Geschichte über die Beziehung zweier „bester" Freundinnen schreiben. So gesehen war der Film ein Produkt unserer Erfahrung mit der Riot-Grrrl-Musikszene und dem Interesse an Mädchenfreundschaften. „All Over Me" ist unsere eigene Geschichte – aber es ist unheimlich, sich selbst so zu exponieren, und diesbezüglich war die Grrrl-Musik sehr stimulierend. Speziell für Sylvia, die beim Schreiben immer diese Musik gehört hat und sich dadurch viel besser in die Teenagerwelt hineinversetzen konnte.

Wie stellt sich für dich das Verhältnis zwischen Independent-Musikszene und Independent-Filmszene dar?

Film hinkt, popkulturell gesehen, den Entwicklungen immer ein paar Jahre hinterher. Deswegen war es auch so schwierig, für „All Over Me" einen Verleiher zu finden. Das Grrrl-Ding hatte schon vor vielen Jahren stattgefunden, während in der Filmwelt die Leute nicht einmal jetzt so richtig dafür bereit sind. Außerdem hatten wir beide das Gefühl, daß wir noch nie einen Film über das Thema Mädchenfreundschaft gesehen hatten, der uns aufrichtig erschienen wäre. Zu meiner Zeit gab es die typischen John-Hughes-Filme à la „Breakfastclub" mit Molly Ringwald. Die Mädchen waren darin immer zu perfekt, nie so wie du selbst, und deshalb konnte man sich nie wirklich mit ihnen identifizieren.

Ihr habt „All Over Me" im Winter 1996 auf dem Sundance-Filmfestival gezeigt. Schuf Sundance einen gewissen Kontext bzw. vielleicht sogar Hype für Grrrl-Filme?

Natürlich war Sundance für unseren Film von großer Bedeutung, keine Frage. Ich fühlte mich großartig, als mein Film im Wettbewerb lief, aber trotzdem war klar: Du bist ein Girl, und dein Film handelt von Girls. So ein Film hat es schwer, weil Filme über Jungs insgesamt mehr Aufmerksamkeit bekommen. Das große Problem von Grrrls-Filmen liegt im Marketing: Wie werden Leute dazu gebracht, solche Filme anzuschauen? In der Industrie herrscht die verbreitete Auffassung, daß sich das Publikum nicht für Frauenfilme interessiert. Und wenn man die BesucherInnenzahlen betrachtet, scheint das auch zu stimmen – mit Ausnahme von großen Filmen mit Starbesetzung wie „Waiting to Exhale" oder „The First Wives Club". Aber kleine Filme wie „Girlstown" sind kommerziell gesehen überhaupt nicht erfolgreich.

Wird das Problem der Distribution erschwert, wenn es sich um einen Girl-Film mit lesbischem Inhalt handelt?

Eigentlich nicht. Durch den Erfolg von Filmen wie „Go Fish" oder „The Incredibly True Adventure of Two Girls in Love" ist tatsächlich ein kleiner Markt entstanden. Es gibt ein bestimmtes Konzept der Lesben-Filmnische. Wenn ein Film billig genug produziert wurde, dann zahlt er sich auch aus, weil es ein berechenbares Publikum dafür gibt. „The Incredibly True Adventures of Two Girls in Love" war der kommerziell erfolgreichste Film der Produktionsfirma Fine-Line in seinem Erscheinungsjahr, und das ist unserem Film zugute gekommen. Die Sache mit den Lesbenfilmen ist recht vertrackt. Einerseits hat die Mainstream-Presse ein Problem mit diesen Filmen, andererseits kennen die Verleiher ihren Markt. Daher ist es fast schwieriger, einen Film zu drehen, der „nur" von Mädchen handelt und nicht von lesbischen Mädchen.

Wie ist es eurem Film ergangen?

Im Zentrum unseres Films steht weibliche Erfahrung. Natürlich verliebt sich nicht jede Frau in ihre beste Freundin und natürlich schläft nicht jede Frau mit einer anderen Frau. Aber ob hetero oder lesbisch, es gibt Erfahrungen, die alle teilen, und so wollten wir den Film auch verkaufen. Aber das war für den Markt zu kompliziert. Kommerziell gesehen war der Film kein Erfolg.

Wurde euch zum Vorwurf gemacht, daß in „All Over Me" keine positive heterosexuelle Figur vorkommt?

Ununterbrochen. Das einzige, was zum Beispiel den Eltern einer meiner Freundinnen, typische Liberale aus der New Yorker Kunstszene, zu dem Film eingefallen ist, war genau das: es gibt keine positiven, heterosexuellen Figuren, und speziell keine positiven heterosexuellen Männer. Ich frage mich, warum soll gerade mein Film positive heterosexuelle Vorbilder aufzeigen? Zugegeben, wir hatten den gewalttätigen Boyfriend Mark komplexer konzipiert und sind ihm im Film nicht gerecht geworden. Aber trotzdem finde ich den Vorwurf lachhaft. Niemand regt sich darüber auf, wenn in einem heterosexuellen Film die schwulen Charaktere schlecht wegkommen.

Ein weiteres Problem war wohl auch, daß „All Over Me" mit „Jugendverbot" belegt wurde. Damit war eure Zielgruppe zumindest offiziell aus dem Kino ausgeschlossen.

Das war eine herbe Enttäuschung, weil natürlich unser Film für ein junges Publikum gedacht war, das ohnehin nicht viel Gelegenheit hat, einen Film über diese Art von Erfahrung zu sehen. In dem Augenblick, wo sich zwei Mädchen küssen, wird das Jugendverbot verhängt. Das ist etwas, was die Gesellschaft kontrollieren möchte. Dabei ist es ohnehin schon schwierig genug, Teenager in einen Independent-Film wie diesen zu locken.

In welcher filmischen Tradition siehst du dich selbst?

Unter Regisseusen schätze ich vor allem Kathryn Bigelow und Jane Campion. Aber wenn du mich nach meinen Lieblingsregisseuren fragst, kann ich nur sagen, daß ich mich mit diesem Problem lange herumgeschlagen habe – die sind nämlich alle unglaublich sexistisch und frauenfeindlich. Besonders signifikant erschien mir in diesem Zusammenhang die Reaktion straighter Männer auf unseren Film: sie kamen zu Sylvia und mir und meinten, sie hätten sich tatsächlich mit den Mädchen identifizieren können. Sie dachten wohl, daß wir vor lauter Schreck ohnmächtig zu Boden sinken würden. Mir erscheint das aber völlig normal. Natürlich können sich auch straighte Männer mit „All Over Me" identifizieren. Warum auch nicht? Ich habe mich mein ganzes Leben lang mit Filmen von Männern über Männer identifiziert – warum sollte das umgekehrt nicht genauso möglich sein? Besonders frustrierend finde ich, daß Männern im Film immer eine universelle Dimension zugesprochen wird, daß sie für menschliche Erfahrungen wie Liebe, Verlust und Wahrheit stehen. Ein Film über Jungs wird immer als ein Film über das Leben gehandelt. Ein Film über Mädchen hingegen bleibt immer nur ein Film über Mädchen.

Die Verwegenen und die Schönen
MTV läßt Frauen alles zeigen
Marcia Zellers

31. Dezember, Jahrtausendwende. Frisch gestriegelt und herausgeputzt schlendert Dick Clark zur Bühnenmitte. Sein Dauergrinsen auf den Tumult am Times Square gerichtet, begrüßt er die Menge bei „Dick Clark's Rockin' Millenial Eve". Dann schiebt er Nina, der Lead-Sängerin der Girl-Group Chokers, das Mikro unter die Nase. Deren Single „I Shadow" ist Nummer 20 in den American Hot 100. „Hättet ihr Mädchen je gedacht, daß ihr nach einem High-School-Wettbewerb bei einem der wichtigsten Musikereignisse der Geschichte landen werdet?" fragt Dick das herumhüpfende, leicht wackelige Quartett steif: „Für uns ist es eine Ehre, mit den Größten zusammenzuspielen" antwortet Nina. Prince ist für den Abend auferstanden und die Chokers tragen die perfekten Pumps zur heißesten Performance von „1999".

Genau da wären wir ohne MTV. Keine Madonna. Keine Salt-n-Pepa. Keine Courtney Love. Keine auf die aufnahmebereiten Hirne einer Generation eintrommelnden Infernos weiblicher Stärke. Nur der ewiggleiche musikalische Status quo: ein paar hübsche, talentierte Mädchen, die sich von den Rändern eines mächtigen Testosteron-Strudels nähren.

MTV hat das alles verändert – oder zumindest den Zyklus um einige Dekaden beschleunigt. Man bezichtigt MTV der Ausbeutung von Frauen und der Schuld am allgemeinen Niedergang der westlichen Zivilisation. Dabei stellte der Musikvideosender Frauen ein Forum zur Verfügung, das sie zum Musikmachen inspirierte und dabei auch noch die Einstellung der Gesellschaft gegenüber Frauen veränderte. Mit einem kaleidoskopischen Schwall an menschlichen Charakteren in ihrer femininen Erscheinung – Talent, Macht, Selbstzweifel, Selbstvertrauen, Fragilität, Lust, Groll, Neid, Wut, Unterwürfigkeit, Ehrgeiz, Klugheit, Sensibilität, Gefühl – präsentierte MTV ein realistischeres und vollständigeres Bild von Frauen. Mit Hilfe von MTV wurde, eine neue Botschaft vermittelt: Mädchen sind nicht nur süß, scharf und lieb. Wir sind mehr als das, sowohl in unserer Musik als auch bei Arbeit und Spiel.

Video ist ein Mädchenspiel

Als MTV 1981 loslegte, ging es in der Musik nur um Rock. Solange sich die Präsenz der Rockstars auf Live-Konzerte und gelegentliche Film- oder Fernsehauftritte reduzierte, waren sie schwer faßbar und übermächtig. Zudem zelebrierte Rock traditionelle Männereigenschaften wie Kraft, Sexualität und Prahlerei, die das Patriarchat unterstützen und sich natürlich auf das Musikgeschäft ausdehnten. Wenn wir Rockstars mal zu Gesicht bekamen, waren es in der Regel Männer. Ein paar Frauen gelang es, in die Liga einzubrechen, aber die weiblichen Stars waren entweder tot oder nicht mehr aktiv, und die zukunftsträchtigen Punkprinzessinnen für den Massenkonsum einfach nicht vornehm genug. Musik war generell weniger präsent als heute und Frauen nur ein kleines Echo auf dem Radarschirm.

Mit dem Einzug von MTV leisteten uns MusikerInnen plötzlich beim Rumhängen, Hausaufgabe-Machen, Kochen, Liebe-Machen Gesellschaft. Für einige von ihnen war es schwer, nun auch als Schauspielerin und Model agieren zu müssen, aber dennoch funktionierte das Medium für Frauen sehr gut. Sich zu schminken und zu frisieren, sich auf- oder abzutakeln und damit zu brüsten – all das wird Frauen von klein auf beigebracht. Und unsere Gesellschaft ist besessen davon, schöne oder interessante Frauen anzuglotzen.

Das Video hatte für Musikerinnen sogar einen großen Vorteil gegenüber dem Film, dem bis dahin einzigen populärkulturellen Bereich, in dem Frauen den Männern als Stars ebenbürtig waren. Im Film spielen Schauspielerinnen Rollen, die nicht ihre realen Persönlichkeiten repräsentieren. Ihre Charaktere müssen ein gewisses Maß an weiblichem Benehmen zeigen, um glaubwürdig zu sein. Im Video zeigen uns KünstlerInnen in einem drei- oder vierminütigen Schnappschuß das, was sie wollen. Anders als der langsam Charaktere aufbauende Film aktiviert Musik in wenigen Augenblicken Gefühle. Wir kaufen die Verpackung genauso wie die Musik als Teil der Persönlichkeit. Während vor MTV von Musikerinnen lediglich gutes Aussehen oder Talent erwartet wurde, haben diese inzwischen eine Palette von Fähigkeiten entwickelt und ihre Persönlichkeiten herausgebildet.

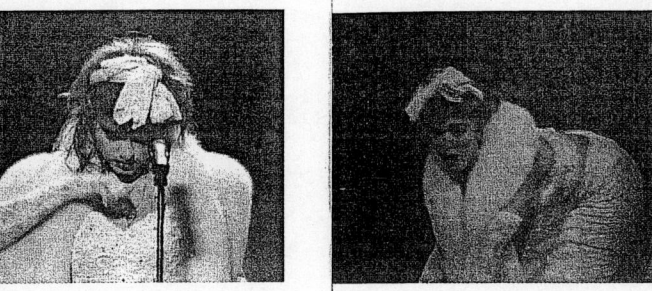

Frauen, die wir lieben
Der Anfang: Madonna spielt das nette Mädchen

MTV begann am Höhepunkt von New Wave, dem verdaulicheren Abkömmling von Punk. Die erfolgreichen Girl-Bands waren auch zahmer. Sie hatten modebesessene Namen wie Go-Go's und Bangles und stopften Elektrogitarren und eine gehörige Dosis Punk-Gegröle in traditionelle Girl-Pop-Harmonien. Wie bei den meisten Bands jener Zeit waren die konzertartigen Videos nur Anhängsel. Als die Künstlerinnen aber verstanden, daß sie kleine Filme machen konnten, arbeiteten Frauen an ihren Geschichten: Pat Benatar haute von zu Hause ab und wurde Tänzerin („Love Is A Battlefield", 1983); Cyndi Lauper wollte ihren Spaß haben („Girls Just Wanna Have Fun", 1983), und wollte daß ihr Freund sie auch mit einer verrückten Frisur liebt („Time After Time", 1984).

Dann kam Madonna. Der Name allein machte klar, daß sie eine Ketzerin ist. Ihre Karriere verlief parallel zu der von MTV, und keine Frau dieser Generation hat mehr für die Abschaffung von Stereotypen weiblichen Verhaltens getan als sie. Von Anfang an hatte sie eine aufreizende und verwirrende Video-Präsenz: sie vermittelte die sexgeladene Atmosphäre der Tanzfläche und wirkte mit ihren schwarzen Militärstiefeln und punk-inspirierten Lederarmbändern gleichzeitig, als ob sie keinen Moment zögern würde, jemanden zu verprügeln. Beginnend mit „Like A Virgin" (1984) erfand sich Madonna in jedem ihrer Videos neu: Spielzeug für Jungs, geldgeil, sanfte Liebhaberin, Abtreibungsaktivistin, verschmähte Nutte, Kontrollfreak, Domina, erotische Abenteurerin. Alle amerikanischen Mädchen wollten so sein wie sie ... wie sie, wie sie, wie sie. Madonna führte mehr Kostüme und Charaktere vor als Sybille und stachelte als ständige Videobegleiterin alle Mädchen dazu an, sich an unseren multiplen Dimensionen zu ergötzen und selbst unsere innere Hure zu akzeptieren – ein starker Mann, schien sie zu sagen, läßt sich davon nicht einschüchtern. Ihre ständig neuen Outfits – abwechselnd girlie, männlich oder androgyn – zeigten den Girls buchstäblich, wie sie verschiedene Teile ihrer Persönlichkeit erproben konnte, und die direkte Erotik des Material-Girls pries die Anziehungskraft weiblicher Sexualität als Macht und nicht als Schwäche.

Um 1986 herum passierte etwas Eigenartiges: Nachdem New

Wave und Punk verwässert waren, suchten die Kids nach neuer Musik, um ihre Unruhe loszuwerden. MTV richtete die Aufmerksamkeit auf Metal, und die hübschen Jungs von Bon Jovi und Whitesnake begannen mit ihrem Glamour die Videogirls auszustechen.

Die Metal-Jahre: Mädchen kriegen den Stiefel

Die Metal-Typen stahlen den Frauen die Video-Show. Gerade als die Musikerinnen die Macht der sexuellen Bilderwelt perfektioniert hatten, kapierten es auch die Typen. Mit aufgeplusterten Frisuren, rasierter Brust und engen, sexy Hosen legten sie einen Schwall von Power-Akkorden hin. Das Publikum reagierte auf das traditionell von weiblichen Stars gebotene, sexuelle Gefackel, und die aggressive Musik traf den Nerv der Zeit. Mädchen-Metalheads wie Vixen, die ehemalige Runaways-Gitarristin Lita Ford genauso wie Heart nahmen die Herausforderung an, kriegten die Aggression aber einfach nicht richtig hin. Als hübsches Paket verpackt, wirkte der Angriff unseriös. Tja, die Leute waren einfach noch nicht bereit für eine wüste, wütende Frau.

Bis auf jene unterwürfigen Superbabes, die in den comicmäßigen Fantasievideos der Metal-Typen herumhingen, verschwanden Frauen aus MTV. Zwischen 1986 und 1991 landeten nur 20 (von insgesamt 120) Frauenvideos in MTVs jährlichem Top-20-Countdown – und davon waren sieben von Madonna.

Der Aufstieg von Rap: Salt-N-Pepa geben Gas

Metal regierte Amerikas Shopping Malls, aber Rap füllte zusehends die Inhaltslosigkeit städtischer Kids; und MTV begann ihn zu spielen. Wenn Frauen allgemein Diskriminierungen ausgesetzt sind, so ist ihre Position in Minderheiten-Communities noch problematischer; Rap als Ausdruck der Hoffnungen und Ängste jener Communities war erwartungsgemäß männlich dominiert.

1986, gerade als Metal den Rock-Girl-Elan in Suburbia wegradierte, platzten Salt-N-Pepa mit ihrer Partyhymne „Push It" in die Rap-Szene. Sie trugen den damals auf den Straßen zelebrierten Sportlook und präsentierten in ihren Videos ein sexy, aber starkes, standfestes und selbstbewußtes Image, das in den umkämpften Innenstadt-Communities Anklang fand.

Nach ein paar weiteren fröhlichen Hits begannen Salt-N-Pepa ihre (zuvor hauptsächlich von Männern geschriebenen) eigenen Raps zu kreieren und fanden so ihre Tonlage. Sie sprachen Frauen an, speziell schwarze Amerikanerinnen, und forderten die Girls auf, sich selbst zu respektieren, Respekt von Männern einzufordern, nicht auf den Straßen rumzuhängen, sondern in die Schule zu gehen und Safe-Sex zu praktizieren. Ihre Videos hinterließen einen derartigen Eindruck, daß ABC (jener nette, von alten Männern kontrollierte Repräsentant der Mainstream-Medien) sie 1989 bat, ihren Hit „Let's Talk About Sex" unter dem Titel „Let's Talk About AIDS" in einen Werbeclip umzuschreiben. Auch MTV spielte den Clip, der zu einer der einflußreichsten, jugendorientierten Kampagnen der letzten Dekade wurde.

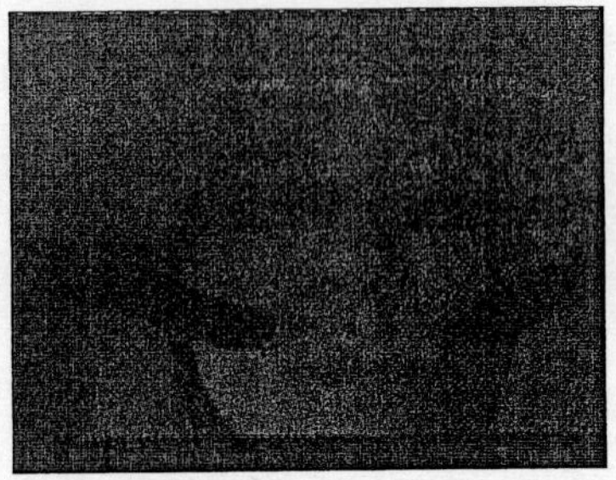

Salt-N-Pepa inspirierten zusammen mit Queen Latifah und anderen Rap-Queens Girls dazu, das Mikro in die Hand zu nehmen, ihre eigene Raphegemonie durchzusetzen und jüngeren erfolgreichen Video-Größen wie En Vogue und TLC den Weg zu weisen.

Jenseits von Grunge: Courtney Love benimmt sich daneben

1990 wurden Rap und Metal zu Parodien ihrer selbst. Umgeben von Pophits à la Slaughter, MC Hammer und Paula Abdul zog eine Frau die Masse von VideokonsumentInnen in ihren Bann: eine ungezähmte irische Rebellin names Sinead O'Connor und ihr Video für „Nothing Compares 2 U". Ihre Songs über ein gebrochenes Herz waren nicht revolutionär, ihr Image sehr wohl. Sinead versteckte ihre Kurven im losen Unterhemd und rasierte sich den Kopf kahl wie eine Billardkugel. Es war zwar nicht zu ihrem Nachteil, daß sie eine verblüffend originelle Stimme und ein wunderschönes Gesicht hatte, aber die wagemutige Zurückweisung fast aller ihrer femininen Aspekte zwang die Stubenhocker, sie als Künstlerin zu sehen – und nicht als Frau. Sinead streute Landminen für die kommende Revolution, Grrrl Style.

1991, als wieder einmal ein musikalischer Zyklus zu Ende ging, ließen Nirvana und Pearl Jam eine Bombe namens Grunge explodieren. Wenn Grunge auch nur wenige Jahre dominierte, veränderte er (hoffentlich) für immer den Status von musikmachenden Frauen. Als Reaktion auf den Metal-Exzeß reduzierte der Sound aus Seattle den Rock auf seine bluesigen Ursprünge und, was wichtiger ist, praktizierte die wütende Do-it-yourself-Ethik von Punk. Die Jede/r-kann-das-Bewegung Punk war immer frauenfreundlich, und einige der größten PunkheldInnen waren Frauen: Patti Smith, Kim Gordon, Deborah Harry, Exene Cervenka. Nach 20jährigem Köcheln im Untergrund wurde Punk via Seattle wieder lebendig.

Musikerinnen kamen damit zu neuem Leben und machten kein Geheimnis aus ihrer Wut darüber, wie lange es gedauert hatte, bis sie wahrgenommen wurden. 1992 schlich sich die befreite, lästige Weiblichkeit PJ Harveys durch das Video für „Sheela-Na-Gig". 1993 war Liz Phair mit *Exile in Guyville* an der Spitze aller Kritikerlisten und porträtierte in ihrem Video für „Never Said" eine sonnig-eiskalte Sexualität. Bikini Kill gewannen zusehends Einfluß mit einer Bewegung, die sie Riot Grrrl nannten und in der sie Punkauftritte als Katalysator für manifestartige Vorträge zu weiblicher Selbstbestimmung, Lesbentum, Bisexualität und Girl-Zentrismus nutzten. Bikini Kill wurden damals auf MTV nicht gespielt, aber die Explosion von Musikerinnen auf und außerhalb von MTV sowie in den MTV-News war zentral für die Erfolge von Künstlerinnen wie Alanis Morissette und Ani DiFranco.

Aber, wenn wir Rockstars mögen, weil sie wild und unbeherrscht sind und auf Konventionen spucken, dann gebührt niemandem mehr Dank dafür, daß Frauen diesen Status haben können, als Courtney Love. Ihre Ehe mit Kurt Cobain erregte Aufsehen, aber sie ließ sich nicht beirren, machte eine großartige Platte und benahm sich weiterhin wie ein Elefant im Porzellanladen. Courtney ist der einzige weibliche „Rockstar" im alten Sinn des Wortes: Sie verkörpert die Prahlerei von Mick Jagger, die schlüpfrige Herausforderung von Jim Morrison, die sexuelle Gefräßigkeit von Jimmy Page und den Scharfsinn von John

Lennon in einer Person. Mit anderen Worten, das genaue Gegenteil dessen, was eine Frau sein sollte.

Auf Video spielte Courtney den Part der auf Fuck-me-Pumps daherwankenden, wasserstoffblonden Kinderhure in Puppenkleidern und mit verschmiertem Lippenstift. Sie ist nicht schön im herkömmlichen Sinn und auch keine großartige Gitarristin. Aber sie steht aufrecht und imposant, und alles an ihr schreit nach Aufmerksamkeit. Ihre Texte attackieren all jene, die sie nicht ernst nehmen, beschimpfen Männer, die sie manipuliert haben, und kotzen die Frustration über ein konventionelles Frausein aus. Sie übertrifft die unerhörtesten männlichen Rockstars beim *Stage-diving* dadurch, daß sie ihrem Publikum erlaubt, an ihren Kleidern zu zerren, es attackiert oder ihre Gitarre zerschmettert. All das wurde in unzähligen Videos, MTV-Berichten und Spezialsendungen vorgeführt. Junge Mädchen schauten fasziniert zu und realsierten – wie vor zehn Jahren bei Madonna –, daß sie sexy und stark sein können, imposant und girliemäßig, schwärmend, aber vor Wut kochend. Diesmal mußten sie auch nicht perfekt choreographiert und makellos angezogen sein. Courtney war ein prachtvolles Durcheinander, und was sie konnte, konnten andere Mädchen auch: Niemand und nichts hatte jemals zuvor mehr Mädchen dazu inspiriert, eine Gitarre in die Hand zu nehmen, als eine ordentliche Dosis Courtney auf MTV.

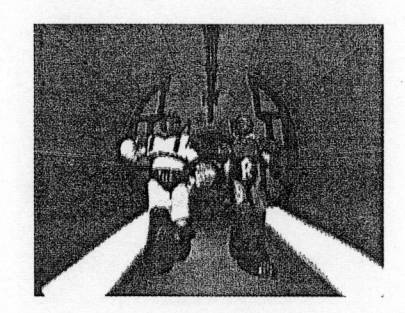

Wo wir heute stehen

Im Moment zumindest regieren Girls den Äther auf MTV. Wütende Frauen, natürlich. Aber sie teilen das Scheinwerferlicht mit soliden Frauen, beschaulichen Frauen, sexy Frauen, verquerten Frauen ... Künstlerinnen aller Überzeugungen; sie machen Rock, Hip Hop, Pop, Dance – fast alles, außer rein elektronischer Musik, und auch der Tag wird kommen. Wenn wieder ein musikalischer Stil auf den Markt geworfen wird, weiß man nicht, welche Genres als siegreich hervorgehen, sicher ist nur, daß mehr Musikerinnen dabei sein werden als je zuvor. Und nach 15 Jahren können Frauen endlich agieren und aussehen, wie sie wollen, solange sie Musik machen, die den Leuten gefällt.

Was aber nicht heißt, daß ein schönes Gesicht nicht von Vorteil ist – die subversive, bisexuelle Indie-Heldin Ani DiFranco war, bevor sie ein Ballkleid anzog und Lippenstift auftrug, kaum am Bildschirm zu sehen. Aber Typen sind denselben Regeln unterworfen: die Gutaussehenden werden immer die größten Stars sein. Nichts wird das je ändern.

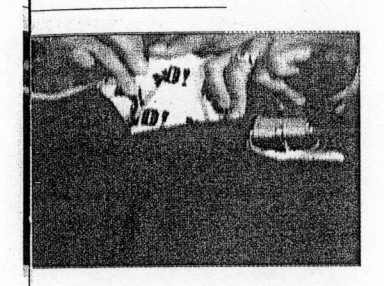

MTV hat schlicht die Vorstellung davon, was eine Frau anziehend macht, vom rein physischen zum kompletten Paket hin erweitert – wie im wirklichen Leben.

Performance und Image
Kathleen Hanna im Dia Center for the Arts, 1997

Ich bin mit enorm viel Verdrängung und Taubheit in den Suburbs von Maryland aufgewachsen. Als weiße Lady der Mittelschicht habe ich viele Fragen nicht gestellt, z. B. über meine Hautfarbe, meine Klassenzugehörigkeit und darüber was die mit dem Zugang zu Jobs oder Wohnmöglichkeiten zu tun haben, oder welchen Zusammenhang es zwischen meinem Geschlecht und den vielen sexuellen und verbalen Mißbrauchserfahrungen meiner Kindheit gibt. Aber ich bin älter geworden und frage mich, welche Rolle der Kapitalismus hier spielt, wie der Kapitalismus von dieser Verdrängung und Taubheit profitiert, warum Menschen, die taub und irgendwie tot sind, gute Chefs abgeben und meistens auch sehr gute ArbeiterInnen.

Da ich nicht als langweilige Gurke versauern will, sondern eigentlich jeden Moment leben und genießen möchte, muß ich den Kapitalismus hassen, weil er Hierarchien perpetuiert, die mich daran hindern, Spaß zu haben. Als Performerin interessiert es mich, wie Live-Konzerte in das kapitalistische Muster integriert werden, wie ich der Idee des Images zuliefere, meinen Objektstatus akzeptiere, meine Arbeit und mich zur Ware mache, die einfach konsumiert, verdaut und wieder ausgeschissen wird.

Kids, die viel MTV sehen, kommen manchmal zum Konzert und erwarten, daß ich die Songs ohne viel zu reden in der richtigen Reihenfolge abspule, ohne Abweichungen und Fehler. Sie wollen nur das platte Image, das sie einfach konsumieren können. Dennoch glaube ich, daß die Behauptung, heutzutage seien alle von MTV beeinflußt, eine Fehleinschätzung ist. Viele Kids haben keinen Zugang dazu, sie können es sich nicht leisten, oder es ist ihnen egal. Viele sehen einfach, wie öde und pathetisch es ist, und schaffen selbst was Kreatives, das in ihrem Umfeld Sinn macht. Irgendwie bin ich MTV also dankbar, weil damit das, was ich mache, noch wichtiger ist, als es ohne MTV wäre.

Wir wollen mit diesen Gewohnheiten im Kapitalismus brechen und arbeiten deshalb nicht mit großen Labels und Unterhaltungskonzernen. Dies ist eine politische und künstlerische Entscheidung, weil durch die Unterhaltungsindustrie ganz andere Leute um einen herum sind und dich von der Gruppe entfremden, mit der du eigentlich kommunizieren willst. Wir stellen unsere Shows und Tourneen selbst zusammen, fahren mit dem eigenen Bus und bleiben so nah wie möglich bei unserem Produkt. Wir sind bei einem community-orientierten Independent-Label, das mit einem Teil des eingespielten Geldes andere kritische KünstlerInnen unterstützt.

Ich erledige meine Post mit der Hand, was vielleicht altmodisch erscheinen mag. Ich beantworte alle Briefe, wenn auch nur, um den VerfasserInnen zu sagen, daß sie total beschissen sind. Ich versuche in reale Situationen involviert zu sein, weil ich glaube, daß es für PerformerInnen, die den Kapitalismus in Frage stellen wollen, wichtig ist, unser Publikum nicht so zu behandeln, als wären du, ich, sie totale Idioten, sondern wie Menschen, die auch etwas zu sagen haben.

Ein anderes Thema ist es, die Einmischung der offiziellen Presse zu verhindern. Wenn auch manchmal keine andere Wahl bleibt, als uns mit der Mainstream-Presse auseinanderzusetzen, so versuchen wir doch soweit wie möglich (...) Leute zu unterstützen, die im Underground produzierte und lokal vertriebene Zines machen und die Kontrolle der Konzerne hinterfragen.

Die Verweigerung des Produkt/Konsum-Schemas, das MTV und der Kapitalismus für ihr Wachstum brauchen, bedingt manchmal, daß ich mit einer gewissen Verwirrung, manchmal Wut konfrontiert bin, wenn ich nicht dieses flache, langweilige TV-Show-Image liefere. So schreien mich manchmal Jungs an, wenn ich zwischen den Songs spreche. Wenn du da die Kommunikationsschleuse öffnest, dann kommen seltsame Dinge an die Oberfläche, beschissene, aber auch produktive.

Wenn ich 13jährige Mädchen bei einer Show auffordere, nach vorne zu kommen, und die dann meine Texte singen, als wären es ihre eigenen, dann berührt mich das sehr. Auch wenn ich in eine Stadt komme, in der ich schon mal aufgetreten bin und wo Mädchen eine Band gründen wollen, obwohl ihre Brüder ihnen jahrelang erzählt hatten, daß sie beim Berühren der Verstärker einen elektrischen Schlag kriegen und sterben würden – wenn ich dann vielleicht zwei Jahre später mit diesen jungen Girl-Bands auftrete, dann kriege ich viel zurück. Es zirkuliert.

Wirklich rasend macht es mich, wenn Typen zu unseren Shows kommen und „zeig deine Titten", „zieh dich aus" rufen, mich *cunt* oder andere beschissene Dinge nennen. Aber auch wenn das total bekackt ist, hat es den Vorteil, daß es zumindest ausgesprochen wird und ich von der Bühne aus mit dem Mikrophon in der Hand direkt darauf reagieren kann.

Um die Muster des Kapitalismus anzufechten, brauchen wir nicht nur PerformerInnen, die sich nicht als Ware vermarkten lassen, sondern auch ein Publikum, das zur aktiven Teilnahme bereit ist und nicht nur blind konsumieren will. Ich weiß, es ist möglich, ich hab's gesehen. Es gibt viele freakige Kids da draußen.

Live-Konzerte sind wichtig, sie gehören zu den wenigen Orten, an denen wir öffentlich Vergnügen empfinden und verbreiten können. Dabei werden Communities geschaffen, die den Selbstwert erhöhen, den Menschen brauchen, um gegen Unterdrückung anzukämpfen.

MÄDCHENPENSION
Sandra Grether

Neulich träumte ich, ich würde gemeinsam mit Heike Makatsch in einer WG wohnen. Ob da, außer uns, noch mehr Leute wohnten, träumte ich nicht. (Sie fielen jedenfalls nicht weiter ins Gewicht, das war gewiß.) Genaugenommen, so mein Gefühl im Traum, spielte auch ich keine Rolle in unserer gemeinsamen WG. Manchmal hatte ich das Gefühl, sie nimmt mich gar nicht richtig wahr, wenn sie, selten genug, einmal da war. Denn war sie einmal da, frühmorgens meist, sie hatte wohl die halbe Nacht durchgearbeitet, danach noch ein bißchen gefeiert, war dann in den ersten Flieger gestiegen, von München aus, dann saß sie in der Küche, ohne Blick für etwas anderes als den Stoff, den sie mitgebracht hatte (und den sie nun, sehr bedächtig, sehr in sich versunken, in sich hinein versinken ließ). Im Traum dachte ich an einen von den herrisch selbstherrlichen Kulturkritikervampiren, den ich noch aus meinem früheren Leben als Popkritikerin kannte. Ja, ganz plötzlich sah ich, im Traum, wieder seine herrischherzlose Kulturkritikervampiristenfratze sehr überdeutlich vor mir (und das, obwohl er bei weitem nicht das gräßlichste Exemplar seiner Gattung war) – wohl weil er, in echt, immer wieder so gern betont hatte, er habe in den 70ern zusammen mit Joschka Fischer in einer WG gewohnt. Im Traum fiel mir plötzlich wieder ein, daß der besagte Arsch, der betagte, seine gekränkte Eitelkeit darüber, daß so viele 68er seiner Generation so viel Karriere gemacht hatten, er aber nicht, immer mit denen ihrem Bauch kompensieren gemußt hatte. Ein Glück, dachte ich im Traum, daß wir hier in unserer WG solche Probleme nicht haben. Ich dachte, Bauchprobleme gibts bei uns nicht. Keine Bauchprobleme, dachte ich im Traum, und beobachtete still, wie Heike, ganz genußvoll, ganz ohne Hast (das bewunderte ich sehr) eine unendliche Menge mitgebrachter Pralinen aß. Auf dem Teller, der vor ihr auf dem Tisch stand, lag das schiere Paradies: eine ungeheure Pracht Pralinen, eine ungeheure Macht Pralinen, die sie, eine nach der andern, vom Teller nahm und in ein Schüsselchen tunkte, das voller Schokoladencreme war. Heike war so tief versunken in diese Pralinen (es war sehr sinnlich), daß sie kaum wahrnahm, daß sie doch gerade ein Interview zu geben hatte.

Er wollte eigentlich einfach sagen: komm, wir ficken.

Armes Mädchen, dachte ich im Traum, macht sie mal nicht selber ein Interview, muß sie eins geben. Und natürlich war der männliche Interviewer so ein emotionsarmer, brunzdummer Volltrottel, der es überhaupt nicht schaffte, Heike Makatsch in Fahrt zu bringen. Denn der männliche Interviewer, der war einer von den Typen, die sich selbst nicht leiden können. Heike schien das zu spüren, antwortete einsilbig, hatte keine Lust, auch noch privat für leidenschaftslose großkotzige Trottelvampire wie diesen zu strahlen (Energieverschwendung!). Kein Wunder, diese Zurückhaltung, dachte ich; kaum hat sie mal ihre Ruhe, da hockt schon wieder irgendein untalentierter Karrierismusnimmersatt mit am Tisch; einer von denen, die sich selbst nicht leiden können (und deshalb immer so skeptisch tun müssen). Skeptisch sind solche oft und immer skeptisch sinds in Gegenwart von jungen Frauen, schlauen, die sich was trauen. So einer ist immer auch noch da. Da wiegt man sich in Ruhe, aber EIN Vampir ist immer mindestens noch da. Einer stellt immer gerade noch Fragen, die nichts mit dem Tisch zu tun haben. Aber von Hilfe kann wahrlich nicht die Rede sein, denn ein Vampir machts so: andere aussaugen, bis nix mehr da ist, sich selber damit vollsaugen, als tät was von ihm was taugen, als hätt er was in sich, was nich von andern ist, denen das dann absprechen, von ihm wars angeblich vorher da, Geist- & Energiediebstahl, wenn die so Ausgesaugten dann, welch Qual, zusammenbrechen, ohne Verantwortung die Zeche prellen.

Steh Dein Mann!

Sicher denkt sie gerade an ihre eigene Art, Interviews zu machen, dachte ich im Traum: so lebhaft, intelligent, so bewandert, wenns darum geht, andere aus Dauerreserviertheiten zu locken. Vielleicht denkt sie, dachte ich im Traum, bei mir ist das ja selbstverständlich, dafür werde ich bezahlt. Ich MUSS so super drauf sein, andauernd, mich in jeden Typen hineindenken, minutiös, einfallsreich und informiert (wofür werde ich schließlich bezahlt).

Im Traum dachte ich plötzlich an das Interview, das sie mit Blur gemacht hatte, eine ganz schöne Leistung, dieses Blur-Interview! Infantile Pop-Jungs aus der Reserve locken (mit Humor), sehr beweglich sein, wenn es darum geht, die scheingelangweilten Größenwahnsinnigen sehr ernst zu nehmen, gar nicht so lustig sowas. Oh nein, diese Blur, wie man ihnen ansah: sie fühlen sich zu Höherem berufen, sie schauen gerne in die Luft, statt in die Augen eines Interviewers. Oh nein, diese Jungs-wie-du-und-ich, die so gerne davon reden, daß sie sich überall wie auf einem fremden Planeten fühlen, diese Krieger (geschlaucht von der schlimmsten Britpop-Schlacht in der Geschichte ...): Sie haben keinen Respekt (nicht nur vor der feindlichen Brigade Oasis nicht), nein, schon gar nicht vor einer jungen Frau (Frauen sind dafür da, für Duweißtschon, höhö ...) haben sie Respekt. Keinen Respekt hat diese Brigade, wenn eine junge Frau kommt und Fragen stellt, die auf Respekt schließen lassen. Lieber machen sie auf gelangweilt. (Jeder soll sehen, wie gelangweilt sie vom Erfolg sind, damit keiner merkt, daß sie längst ihre Mutter verkaufen würden, für den Erfolg.) Jeder soll denken, sie hängen halt so ab, backstage, die harmlosen Boys von Blur, sie wollen von allem nichts mehr wissen. Sie hingen da so ab, beim Hausbesuch von Heike, der ein Besuch backstage war, denn sie waren die Opfer ihres Ruhms (ihr Zuhause waren die Musikweeklies und die Backstage-Räume), es wäre ihnen nie eingefallen, daß Interviewsmachen auch Arbeit ist. (Sehr nervös ist die Interviewerin oft davor, überprüft alle Fragen nochmal und weiß doch, daß alles nur von ihrer eigenen Spontaneität abhängt.) Und nun, im Traum, war ich mit einem Male unbeschreiblich erleichtert, denn ich dachte: Nie mehr Interviews machen! Nie mehr einen Redakteur auch nur von hinten sehen! Nienienienienie mehr will ich mit solchen asozialen Geiern reden, mit so zugepanzerten gewissenlosen Deppen wie diesem Küchentisch-Interviewer will ich nie mehr was zu tun haben, dachte ich im Traum, und dachte: die arme Heike, tagelang denkt sie an die Pralinen, und dann ist nicht einmal dann Ruhe.

Rast in Frieden

Da habe ich es gut dagegen, dachte ich, wenigstens interessiert sich kein Mensch mehr für mich. Ich hab sie alle abgehängt, keiner ruft mich mehr an, und wenn, dann geh ich einfach nicht mehr ran ans Telefon. Nienienienie mehr diese brunzdummen, herrischherzlosen Machtkranken, dieses Kulturkritiker-vampiristen- und so Gesocks, hatte ich ganz schön erleichtert gedacht, im Traum, zugegebenermaßen ziemlich erleichtert. So erleichtert, daß ich jetzt langsam aufstand, um nach oben zu gehen, den neuen Stoff zu inspizieren, den Heike so mitgebracht hatte. Ohne Kraft quälte ich mich auf der Treppe nach oben, nach oben, wo die Toiletten waren und unsere beiden Zimmer. Auf der Ablage, die neben der Treppe war, sah ich bereits ein Glasschüsselchen mit Duplos und Hanutas drin, einfallslose Kost, dachte ich. Ich dachte, wie einfallslos, diese Kindheitssüßigkeiten, die billigen von früher; wie billig und unverdächtig diese Kost doch ist, und daß in England die Süßigkeiten teurer sind, dachte ich auch noch, im Traum. In Deutschland ist aber die Hauptsache, daß es unverdächtig ist. Unverdächtig ist gut, wenn man unter Beobachtung steht, andauernd.

Ich schritt langsam, weil mit viel Begierde, an dem billigen Glück vorbei, war aber nicht in Versuchung, denn eher noch hätte ich es irgendwie organisiert gekriegt, per Twen-Ticket auf den Mond zu fliegen, als auch nur einen Bissen davon abzubeißen. Meine Begierde war unermeßlich, denn seit Monaten aß ich pro Tag einen halben Spinat und einen Apfel, der täglich kleiner wurde; ja, meine Berechnungen bezüglich des Apfels hatten den Apfel bereits unter die 100-g-Grenze sinken lassen – und das, wo ich doch mit 150-g-Äpfeln angefangen hatte, ganz zu schweigen von der Paprika, die gar nicht mehr vorhanden war, denn täglich war von der eh schon unter 100 g liegenden Paprika ein Bissen weniger erlaubt gewesen, was nach Monaten des Paprikakonsums die Paprika ins Nirwana hatte laufen lassen – und, wie hätte ich also, da ich akribisch den Apfel stets so kaufte, daß er bloß nicht mehr als 100 g wog und selbst von den 100 g jeden Tag ein bißchen weniger abbiß, wie hätte ich da, nicht zu vergessen die gar nicht mehr vorhandene Paprika und die 200-g-Spinat-Sünde täglich (die ich mit eineinhalbstündigem Schwimmen pro Tag – wobei die Sportleistungen, anders als die Eßleistungen, täglich mehr wurden, einer mittlerweile dreistündigen Fahrradtour und nicht mehr in Uhrzeiten meßbaren

Gymnastikleistungen, sofort wieder abtranierte) – auch nur einen Bissen in das billige Glück des Hanutas oder des Duplos tun sollen?

Also quälte ich mich mit letzter Kraft die Treppe wieder hinab, wo ich mit Erleichterung registrierte, daß das Scheusal von einem Interviewer jetzt Gnade hatte und sich verabschiedete. Er müsse noch weiter, noch mehr Interviews machen. Klar, dachte ich, Leute, die bei dem, was sie gerade machen, nie was sehn, müssen immer weiter immer noch mehr machen, wo sie dann auch wieder nix sehn, weil sie nie was sehn undsoweiter, denn sie haben von allem nichts gewußt.

Hungry like the wolf

Heike beachtete mich immer noch nicht. Sie tunkte, wie in Trance, die Pralinen weiter in die Soße. Ich war gar nicht mehr auf eine Unterhaltug eingestellt. Doch plötzlich wollte sie wissen, was irgendein Wort auf rückwärts heißt. Mit einem Mal wußte sie sogar, daß ich rückwärts sprechen kann! (Das war nett.) Wie nett, mich so geschickt daran zu erinnern, daß auch ich einmal eine Begabung, eine Vision und ein Leben gehabt hatte. Das war sehr taktvoll von ihr, mich auf die Begabungen meines früheren Lebens aufmerksam zu machen. Noch taktvoller aber wäre es gewesen, sie hätte mir den Anblick der Pralinen erspart. Und es wäre auch sehr taktvoll gewesen, sie hätte die zahlreichen Duplos und Hanutas endlich angefangen aufzuessen, auf daß ihre Anwesenheit in unserem Haushalt mich nicht weiter in den Wahnsinn triebt! (Ich konnte das nicht zugeben, aber diese Pausenfüller beherrschten mich total.) Sie fand es ein Trauerspiel, daß ich kein wirkliches Interesse mehr dafür aufbrachte, immer noch mehr Worte auf rückwärts zu sagen; es sei ein Trauerspiel, daß ich es nicht mehr weiter machen wolle, wo ich es doch so gut könne, wie schade. Ich wurde wütend (denn sie hatte recht). Sie hatte recht – und ich wollte die Pralinen. Meine Antwort wirkte hyperinteressiert-emphatisch, und dabei hatte ich doch nichts als die Pralinen im Kopf (und das, obwohl ich doch eigentlich Pralinen nie gemocht hatte, früher: igitt igitt Pralinen, die Schokolade von den Erwachsenen). Ich sagte: Jetzt mal langsam (ich hatte es langsam nie gemocht); denn ich taute jetzt ein bißchen auf; ohne jedoch aufzuhören, jede Handlung, die mit den Pralinen in Verbindung stand, mit dem gesamten Körper zu registrieren: Wie Heike diese Pralinen in die Schokocremefüllung hineintauchte, war die unendliche Geschichte! Es wollten einfach nicht weniger werden, es gab immer Nachschub. Ich dachte, seit Stunden ißt sie nun die Pralinen, und noch immer sind es nicht weniger geworden, wie macht sie das? Wie sie das nur macht, was stellt sie an mit den Pralinen, fragte ich mich. Wenn ich die Pralinen, die so wie vorhin, häufchenweise aufeinandergetürmt, auf ihrem Teller herumlagen, essen würde, wenn ICH diese Pralinenhäufchen seit Stunden essen würde, dann wären sie längst gegessen, ganz bestimmt, wären sie längst schon aufgegessen. Heike hingegen hatte immer noch den ganzen Teller voller Pralinen (das war beinahe ungerecht). Es wäre beinahe ein Unrecht gewesen, aber es war ja keins. Es war nicht ungerecht, denn es stand mir offen, ebenfalls so viele Pralinen zu essen, wie ich wollte. (Niemand konnte mir das verbieten, ich tat aber nichts dergleichen.) Statt dessen sagte ich jetzt mal was, mit nichts im Kopf als den Pralinen zwar, aber immerhin antwortete ich überhaupt. Ich antwortete und versuchte dabei, nicht auch noch an die Schokocreme zu denken, die ich sowieso übertrieben fand (denn dafür hätte man noch viel mehr Pralinen essen können, fand ich): so eine Verschwendung überhaupt. Die guten Pralinen, brauchen die jetzt auch noch einen Schokocremeguß, in den getunkt, sie, ganz von Schokocreme triefend, aus der Schokocremegußschüssel heraus direkt in den Mund wandern, in diesen sagenhaften Mund. Das ging aber nicht, ohne daß dann immer wieder ein bißchen Schokocreme zurücktropfte in die Schokocremegußschüssel. Vielleicht war das der Trick? Der Trick, warum das alles nie ausging? Die süßen Illusionen, Träume und Religionen, sie gingen einfach nie aus und blieben so erhalten und erhaltend. Ich mochte jetzt also wirklich nicht auch noch an die Schokocreme denken, an diese Schokocreme, die ich übertrieben fand, die sogar ICH übertrieben fand (und ich hatte ein Faible für Übertreibungen!): Eine Verschwendung war das, um genau zu sein. Mit nichts mehr im Kopf als den Pralinen, sagte ich jetzt mal was (während ich langsam auftaute):

Der goldene Käfig

Ich würde mir hier gar nichts sagen lassen, vorwärts nicht und rückwärts nicht und überhaupt nicht. Schließlich hätte ich immerhin nie etwas versprochen. Schon gar nicht hätte ich jungen Frauen Hoffnungen gemacht, wie sie nämlich. Sie hätte Mädchen nämlich durchaus Hoffnung gemacht mir ihrer tollen frischen Art, mit ihrer Leidenschaftlichkeit, für die ich sie echt total gern mochte, mit ihrer gar nicht peinlichen Peinlichkeit (daß sie mal in John Lennon verliebt war, daß sie wußte, wie sich so ein Ex-Take-That-Fan fühlt, wenn Robbie jetzt auch noch solo Zicken macht, daß sie den ganzen Scheiß im Herzen trägt und daß man ihr das anmerkt). Ich sagte: Ich mag Dich gern, Heike, denn Du tust nicht gespielt mitspielen bei diesem Spiel, egal, was sie Dir vorwerfen; die Hauptsache ist doch, Du mußt Dich nicht gekünstelt in die Mädchen hineinversetzen, Du mußt nicht so nett tun als ob, und in Wahrheit verachtest Du die Mädchen (so wie nicht wenig männliche Journalisten und Popbands ein weibliches Publikum verachten, diese Säcke). Du bist in all dem falschen Mist irgendwie ehrlich, das spürt man, jedenfalls wenn Männerbesuch da ist im BRAVO-TV. Aber (und jetzt kam endlich meine Kritik): Zwischen Tic Tac und Toe habe sie eine einigermaßen blöde Figur abgegeben, da spürte man, sie fühlte sich wohler, wenn Männer da waren. Nicht, weil sie was gegen Mädchen hätte, nicht weil sie eine von den gestörten unsolidarischen Weibern war, eine von denen, die, statt solidarisch zu sein, unsolidarisch waren (und das nicht zu knapp, weswegen ich jetzt mittlerweile auch mal so an der einen oder anderen Stelle mein Solidaritäts-Abo gekündigt hatte): Nein, eine von den unsolidarischen, die auch meistens noch so streng waren (igittigitt!), war sie nicht. Aber als sie Tic Tac und Toe interviewte, hatte ich plötzlich gemerkt, daß sie plötzlich gemerkt hatte, was für eine Figur sie da machte; hatte registriert, daß sie's registriert, plötzlich. Es war beim Tic-Tac-und-Toe-Interview gewesen (als einmal auch andere Mädchen da waren), wo es plötzlich so auffiel, auch ihr wieder auffiel, offensichtlich (daß es vielleicht ein bißchen übertrieben war). Sie fühlte, daß es vielleicht übertrieben war (und gar nicht so normal), wie sie diese drei jungen Frauen interviewte, da fiel ihr offensichtlich wieder ein, daß es auch noch ganz andere Maßstäbe geben könnte als die, die sie hier andauernd selbst repräsentierte. Ausgerechnet, wo sie Tic Tac und Toe im BRAVO-Studio da gehabt habe, sagte ich zu Heike im Traum, habe man als Zuschauer mit einem Male sofort gespürt, daß da plötzlich etwas, was die ganze Zeit über stimmte, eigentlich überhaupt nicht stimmte. Und ich sagte, im Traum, in diesem Traum, sagte ich zu Heike Makatsch: Wenn ich jetzt noch mal zwölf wäre, Dich da stehen sehen würde, in diesen superengen Cordjeans, dann würd, glaub ich, Dein Anblick ausreichen, um zu spüren, daß diese ganze Welt der Musik irgendwie unerreichbar ist. Nichts für den Mädchenalltag, ganz und gar nicht aus einem Mädchenalltag, einem lebbaren, kommst Du. Ja, Du hättest, glaub ich, irgendwie ausgestrahlt für mich, daß der Mädchenalltag, das heißt die Zukunft als Frau in diesem fucking Land, weiterhin aus langweiligen Jobs zu bestehen habe. Eine furchtbare Zukunft; so ganz ohne eigene Interviews mit den tollen saublöden Jungsbands (Spontaneität ist nicht gefragt hinter Aktendeckeln), schon gar keine Mädchenbands. Nein, eine lebbare Zukunft für wütende euphorische Mädchen verkörpertest Du nicht, wie Du da so standst, neben diesen irgendwie auch trostlosen Mädchenrapperinnen, da kam kein Hoffnungsschimmer auf: Keine Aussicht auf lustige Jobs, nix mit freier Kreativität, keine Definitionsmacht von Machtverhältnissen, die an die Öffentlichkeit geht, weil das alles mal gesagt gehört. Mit anderen Worten: Keine „Revolution-Girl-Style-Now"-Revolution, kein selbstbestimmter lustiger Musikbizwahn, nix mit Frauen und Gitarre oder Frauen und geile Artikel, keine aufgedrehten, alleine lebenden jungen Mädchen, die auf Männerwerte scheißen und sich statt dessen lieber einen Drumcomputer kaufen, rumfreestylen oder selbstgefärbt zu VIVA gehn. Das alles verkörpertest Du nicht gerade, wie Du da diese eigentlich auch ganz schön trostlosen Mädchenrapperinnen interviewt hast ... –

Ich wurde immer wütender im Traum, denn schon ein kurzer Augenblick genügte, ein Moment nur, in dem ich auch nur entfernt an diese durch-und-durch furchtbare Heike-Makatsch-Welt dachte, er reichte aus, mich total depressiv zu machen. Weil diese Welt, die ich hilfsweise manchmal die „Overground-Welt" nannte, ein Alptraum war, eine Welt, an der ich doch sowieso nie nie nie

nie nie nie NIEMALS teilnehmen wollte (denn es war ein Alptraum), und weswegen mir der ganze Traum auch ein bißchen suspekt irreal erschien, haßte ich doch die Welt der Heike Makatsch sowieso, so oder so!!! So tief deprimierte mich jedesmal nur die Ahnung von der Existenz dieses HeikeMakatschLands, daß ich nicht dran denken durfte jetzt, an die Millionen von Fernsehzuschauern; nein ... – Der Gedanke an eine Girl-Revolution, er war natürlich lächerlich. WAS ÄNDERN! – lächerlich, und doch dachte ich, andauernd, wie ich sie da so stehen sah, die Heike, in ihren superengen Cordjeans, nur den einen, den Veränderungsgedanken. Und dachte, während ich „Veränderung" dachte, doch nichts als „krank-muß-man-werden", sie verkörpert die Krankheit und nicht die Veränderung. Denn womöglich spürt so ein junges Mädchen doch: Nur über die Krankheit gilt das Verlockende, was die Heike da frohlockt, vielleicht auch für mich. Nur über die Krankheit ist sie zu erreichen. Und wer die Krankheit erst einmal hat, den beschäftigen fortan ganz andere Zicken als die Zicken von Robbie. Der träumt von anderen Unerreichbarkeiten, die gibts an jeder Tankstelle (billig). Heike schaut mich im Traum jetzt sehr mitleidig an. Diese Naivität, ist es zu fassen, sagt der Blick. Der Blick sagt, die Frau ist so naiv, und der Mund sagt: Ich hab doch nie was versprochen, was kann ich dafür, daß Du immer so euphorisch an die befreiende Kraft von Rock 'n' Roll geglaubt hast. Nein, mit meiner Naivität sei wahrlich nicht gut Pralinen essen, sagt der Mund. Was für eine geschmacklose Formulierung, entgegne ich. Im Traum sage ich zur Heike, völlig entsetzt, daß ich die Formulierung geschmacklos finde und daß ich darüber echt nicht lachen kann. (Seit etlichen Monaten kann ich jetzt schon echt nicht mehr lachen.) Heike spricht einfach weiter, sagt: Du bist so naiv, glaubst von der Musik aus könnte sich die Gesellschaft nochmal zugunsten der Mädchen ... – Ha, unterbreche ich, so ein Quatsch! ICH und Musik! Ich glaube doch nicht im Ernst, daß da noch was zu verändern ist, seit etlichen Monaten habe ich da überhaupt keine Hoffnung mehr, sage ich, im Traum, Punk, der Rock-Club, die passende Überschrift, ha ha ha, die ganze Bohème-Scheiße, ha ha ha, da hab ich längst keine Hoffnung mehr. Der gute Ort, er ist mir egal, denn es gibt ihn nicht, und wie soll er mir, da es ihn nicht gibt, nicht egal sein. Nachdem er mir, zugegebenermaßen, jahrelang ganz und gar nicht egal war, ist er mir jetzt ganz schön scheißegal ... Ja, sagt sie, ich weiß, seit Dir alles egal ist, ist Dir auch Deine letzte Utopie egal. Mir aber ist immer auch klar, daß ich in Deutschland vor einem Millionenpublikum ein Programm mache, das ist Kapitalismus, Baby ...

Sauerkraut

Ich will entgegnen: das ist Patriarchats-Sadismus, Baby, und ich arbeit doch nicht fürs Patriarchat, aber ich krieg die Worte nicht raus, denn ich muß schlucken. Wie immer, wenn ich die Zahl Million in Verbindung mit Deutschland höre, muß ich schlucken. Ich erkläre mein Zögern, ich sage, da kann ich kaum was dagegen machen, sage ich, daß mir da immer ganz schluckübel wird, wenn ich die Zahl Million in Verbindung mit Deutschland höre. Ich kann gar nicht so wenig essen, wie ich da kotzen könnt, wenn ich könnt. Heike ist jetzt vom Stuhl aufgesprungen, hat ganz plötzlich den Türgriff in der Hand. Sie ist ja auf dem Sprung, denke ich, sie ist die ganze Zeit auf dem Sprung (ich habe das vergessen, sie ist so busy). Ich denke im Traum, ach so, sie hört mich gar nicht mehr, sie hört darüber hinweg. Wenn es darum geht, hören immer alle grad weg, es wirkt auf sie so absurd, so fiktiv, dies Gerede. (Es ist nicht IHR Ding!)

Nur geträumt?

Die herzliche Stimmung zwischen uns ist mit einem Male wie weg. Heike ist jetzt aus dem Takt, sie ist aus dem Takt gekommen. Sie steht bereits an der Tür. Ihre Hand umklammert bereits den Türgriff, als sie sagt, bittersüß (und ein bißchen ohne Takt): Keinem Mensch wird übel von meinem Tic-Tac-und-Toe-Interview. Die Mädchen, die das schauen, sind alle zufrieden damit, daß ihnen da so eine aufregende Welt frei ins Haus kommt. Sie sind froh, daß sie noch träumen dürfen, sie haben ihre Träume. Sie haben ihre Träume noch nicht verraten. Sie brauchen keine eigenen Gitarren, keine eigenen Wortorte. Sie träumen noch ein bißchen, bis der Traum aus ist. Sie träumen ihre Träume, und sie haben ihre Träume noch nicht so verraten wie Du. Weil eins ist doch wohl klar: Die einzige, die an der „Revolution-Girl-Style-Now"-Revolution gescheitert ist, bist Du selber.

V.

Divas, Bitches, Chicks and Dykes ...

Rückeroberung, Umdeutung und Geschlechterkonfusion

I'm Talkin'
Missy Misdemeanor Elliott

Nigga what's up
You think you're rough
I'm high as a bitch
Dope as fuck
Sho' 'nuff
No diggity
I'll fight you
Like the fuckin' enemy
You would think there were fuckin' ten of me
Blows, blows
Hoes wanna' role like hydra
When they suck Timbaland's bone
Like he's fido
I go
Scoop Lil' Kim
Me, she
Her, them
and him
Get's high in the tunnel
They see my Lexus comin'
They hear the base rumblin'
They come quick
Quick like a dick
I make myself sick
I'm so mothafuckin' bad to the bone
Like my titties
I'm full blown

I'm talking square biz to you baby
Square, square biz
I'm talking biz that is

You beg to put me on like pants
Nigga know who I am
Now you wanna sing and dance
Shake your stanky ass
I'm sorry Sam
God-damn
You ain't family
You're houndin' me
Stop pounding me
With the same ol' story
You bore me
Man, have mercy
On all these groupies
Sorry cutie
...

I Am One Bad Bitch ...
Interview mit Roxanne Shanté

Wie war es denn, als Mädchen eine Karriere in einem gänzlich von Männern dominierten Genre wie Old-School-Hip-Hop zu starten?

Am Anfang sagten alle, gut, sie ist eben ein Mädchen, sie kann's nicht schaffen. Ich kompensierte solche Sprüche mit heftigen Flüchen: Motherfucker, blablabla ... Also wurde ich als das kleine Mädchen bekannt, das sich alles zu sagen getraute. Letztendlich verdanke ich dem meine Karriere. Ich fluche, um mir Gehör zu verschaffen. Denn wenn ein kleines Mädchen nette Sprüche von sich gibt, ist es ein nettes kleines Mädchen. Wenn es aber dreckig daherredet, ist es ein heißes Eisen: „Wow, hast du gehört, was die gesagt hat?" Außerdem versuchte ich nie, wie eine Lady aufzutreten, denn ich hatte nicht die Art von Körper, mit dem die Typen ins Bett gehen wollten. Weil ich für die Produzenten keine Attraktion war, mußte ich mich auf mein Talent verlassen. Und meine Texte waren immer aus der Frauenperspektive geschrieben, hatten einen femininen Touch. Meine Songs waren Girl-Stories.

Wann hast du begonnen, dich selbst als „Bitch", als Hure zu bezeichnen?

Ich kann mich noch genau erinnern, wann und wo das war: 1984 in Philadelphia, im Spectrum. Ich ging auf die Bühne und sagte: „Stellt die Musik ab, macht die Lichter aus ... 'cause ... I ... am ... one ... bad ... bitch ... so throw your hands up, throw your hands up!" Die Leute haben getobt. Eine *bitch* kann eine starke Frau sein, die bewundert und beneidet wird. Sie ist selbständig und erhält sich selbst und einen gewissen Lebensstil, ohne dafür mit einem Mann ins Bett zu gehen. So eine Art *bitch* bin ich. Das Wort für sich selbst neu zu bestimmen, ihm eine neue Bedeutung zu geben, heißt, ihm seine vorgefertigte negative Zuschreibung zu nehmen. Wenn sie dich beschimpfen, spürst du den Schmerz nicht mehr. Und wenn das Wort nicht mehr funktioniert, müssen sie ein neues suchen. Eine Hure war ich von Anfang an. Das Wort „Nigger" dagegen hat eine tragischere Bedeutung, der Schmerz dahinter ist größer. *Bitches* gibt's nämlich in jeder Hautfarbe, reiche, arme, solche und solche. Aber Nigger, die gibt's nur in Schwarz. Mit dem *bitch* kann ich daher fertigwerden, mit dem Nigger schaff ich's persönlich nicht. Im Hip Hop arbeiten sie aber an beiden Begriffen, und die Leute, die früher Schwarze so nannten, wundern sich, warum diese nicht mehr beleidigt sind und den Schmerz nicht mehr spüren. Mittlerweile sind ihnen die Schimpfworte ausgegangen.

Bad Girls im Hip Hop
Joan Morgan

Leichter wäre das alles gewesen, wenn die Auszeichnung an Girls wie Lyte, Latifah, Salt-N-Pepa oder Yo Yo gegangen wäre. Dann könnten wir jetzt überzeugend vom Stolz schwarzer Frauen, von Sensibilität und weiblicher Stärke quatschen. Aber so kam es leider nicht. Furore machten Da Brat, die erste weibliche Rapperin, deren Debutalbum Platin erreichte, Foxy Brown und Lil' Kim, die beide ihre Karriere an der Spitze der Billboard Charts starteten. Alles Sistas, die mit dem poetischen Material jugendlicher Straftäter und hypersexualisierter (wenngleich in Couture gewickelter) Hoochie Mamas ausgestattet waren. Während ich darin nur schwer einen feministischen Sieg erkennen kann, spricht der Erfolg dieser Baby-Girls Bände über die Mythen, die Feminismus, Sex und schwarze weibliche Identität umranken.

Beim Thema Hip Hop war ich immer etwas bestürzt, wie rasch sich selbst feministische Frauen auf lahme Opfertheorien zurückziehen. So zu tun, als ob diese Sistas die Beute sexistischer Angestellter von Plattenfirmen wären, widerspricht jeder Vernunft. Diese Girlfriends marschierten mit mehr Freiheiten in der Szene auf als jeder andere weibliche MC der Rap-Geschichte – und zwar zu einem Zeitpunkt, als Frauen im Hip Hop längst keine Neuheit mehr waren. Sie profitierten von der musikalischen Vermischung von Hip Hop und R&B (und ihren Gastauftritten bei Größen wie Toni Braxton, LL Cool J und The Notorious BIG lange vor ihren eigenen Debüts). Im Gegensatz zu *Bad-Girl*-Vorgängerinnen, wie Bitches With Problems oder Hoez With Attitude, sind Da Brat, Lil' Kim und Foxy Brown nicht die fantastischen Kreationen geldgeiler männlicher Produzenten, sondern – ob's uns paßt oder nicht – das Erzeugnis ihrer eigenen Vorstellungen und kreativen Entscheidungsrechte, die denen ihrer männlichen Gegenüber in nichts nachstehen; eine Kombination aus materialistischen, gewalttätigen und geilen Personen mit herrlich ansteckenden Rhythmen und Reimen.

Ihr Erfolg bringt ein paar unangenehme Wahrheiten ans Licht. Die im feministischen Kampf erreichten Freiheiten sind oft ein zweischneidiges Schwert. Nicht länger von strikten Geschlechterrollen eingeengte Frauen haben die Möglichkeit, mehr oder weniger feministische Zugänge zur Macht zu wählen. Entgegen der populären Meinung garantiert die Abwesenheit des Y-Chromosoms nicht die Immunität vor gesellschaftlichen Einflüssen. Wenn Da Brat in ihrer Single meint „Sitting on Top of the World", „With 50 grand in my hand, steady puffin' on a blunt, sippin' Henessy and Coke, give ya what ya want", wird offensichtlich, daß die gnadenlose Jagd nach Status, Macht und Dukaten nicht geschlechtsspezifisch ist. Die Rapperinnen und die vielen spärlich bekleideten Video-Tänzerinnen, Backstage-Groupies und geldgeilen

Anmacherinnen sind Komplizinnen der männlichen Hip-Hop-Variante – Sistas, die um jeden noch so skandalösen Preis ihre Ernte einfahren wollen. Anstatt ihnen allen den Opferstatus zuzugestehen, schlage ich vor, sie zur Veranwortung zu ziehen.

Doch bevor wir den Stab über sie brechen, sollten wir als Community unsere eigene Schuld eingestehen. Aus jungen schwarzen Frauen wurden Da Brat, Foxy und Kim, während die Brothers damit beschäftigt waren, den gefährdeten schwarzen Mann zu retten. Aber die wenigsten wollten glauben, daß schwarze Mädchen, die im selben gewalttätigen, materialistischen, ökonomisch und geistig vernachlässigten Umfeld wie die schwarzen Jungs aufwuchsen, ihre eigenen Pathologien entwickeln würden. Unverhältnismäßig viele schwarze Frauen sterben an Aids, Krebs und Drogenmißbrauch, und der explodierende Anteil an Gefängnisinsassinnen und die vielen Teenage-Schwangerschaften markieren eine neue soziokulturelle Grenze. Überrascht es also wirklich, wenn weibliche MCs (wie deren männliche Konterparts) ihr Geld machen, indem sie diese Realitäten verherrlichen?

Die Last fällt nicht allein auf afroamerikanische Männer. Der Pussy-for-sale-Materialismus, der Lil' Kims Album dominiert, ist unter jungen Frauen weit verbreitet. Unter dem Deckmantel „Sex" glauben sie zu Sicherheit, Wohlstand und Macht zu kommen. In der schwarzen Community, wo Frauen erschwert Zugang zu diesen Dingen haben, kann *Trickin'* zur Möglichkeit werden, das Spielfeld zu ebnen. Ironischerweise bangen die gleichen Frauen, die in den 80ern zu Gwen Guthries „Ain't Nothing Going On But The Rent" den Boogie tanzten, nun um ihre Töchter, die mit Lil' Kim singen: „No money, money, no licky licky, fuck you dicky dicky". Oder „Takin' it all from the stash to the keys" mit Foxy Brown. Beide reduzieren den Wert der Brothers auf den Inhalt ihrer Brieftaschen. Beide wollen schwarzen Frauen weismachen, ihr größter Wert liege in ihrer *Punanny*.

Der Erfolg von Foxy Brown und Lil' Kim zeigt, wieviel wir unsere jüngeren Sistas über Sex, Feminismus und Macht noch lehren müssen. Feminismus besteht nicht einfach nur darin, das tun zu dürfen, was die Jungs machen – high sein, endlos über ihre Schwänze zu quatschen oder was auch immer. Schließlich bedeutet es, durch richtige Entscheidungen mehr Macht über die eigenen Möglichkeiten zu erlangen. Diese Girls haben zweifellos Talent, aber Langlebigkeit hängt bei Rappern von einem sicheren, beständigen kommerziellen Appeal ab. Diva-Huren bekommen keine Rollenangebote in Sitcoms oder Mega-Action-Filmen, sie besitzen auch keine Plattenfirmen.

So lange wir keine feministische Revolution haben, bleibt die Vermarktung als „I'm-a-nasty-little-freak-brave-enough-to-talk-about-it" sehr riskant für schwarze Frauen. Unsere Macht liegt in dem, was unsere Großmütter uns lehrten. Ob im Schlafzimmer oder im Konferenzraum: an die Spitze gelangen nur jene *Sisters*, die ihre erotische Kraft selektiv einsetzen. Auch Madonna – noch dazu ein weißes, blondes Marketing-Genie – wußte das. Das Girlfriend neckte alle lang genug, bevor es endlich mit ihrem Sexbuch rauskam.

Als Feministin, die mit Hip Hop aufgewachsen ist, bin ich unseren reimenden *bad girls* nicht böse. Wirklich bedeutender Hip Hop reflektiert ein Image von *blackness*, das wir meist nicht sehen wollen. Vielleicht werden wir eines Tages wütend genug sein, um etwas zu unternehmen.

Who's That Girl?
Maskerade und Herrschaft
Joy Press & Simon Reynolds

Wenn du in einem Spiegelbild gefangen bist, kannst du nur eines tun: das Bild umkehren.
— Juliet Mitchell, *Psychoanalysis & Feminism*

Sängerinnen und Songschreiberinnen, die Seelenstriptease betreiben, finden in kompromißloser Ehrlichkeit Halt, während Mystikerinnen, Hexen und Hysterikerinnen sich auf eine weibliche Macht beziehen, die jenseits der Kultur in der Wildnis der Natur angesiedelt ist. Es gibt aber noch eine andere Tradition im weiblichen Pop, die sich eher innerhalb der Kultur bewegt, als daß sie diese zu überschreiten oder ihr zu entkommen versucht. Statt sich Schicht für Schicht zu entblößen und sich um ein authentisches Ich zu bemühen, spielen die Protagonistinnen dieser Richtung mit kulturellen Bildern des Weiblichen. Maskerade ist für Künstlerinnen wie Siouxsie Sioux, Madonna, Annie Lennox, Kate Bush und Grace Jones ein Mittel der Provokation und Verstörung des männlichen Blicks. Das banale, traditionell Frauen zugeschriebene Interesse, sich modisch herzurichten und zu schmücken, ist ein Mittel zur *Neugestaltung der Identität*. Lange Zeit wurden Frauen beschuldigt, oberflächlich, launisch, äußerlich und verlogen zu sein; die Maskerade macht diese negativen Klischees zu einer Waffe.

In feministischen Kreisen wurden die Möglichkeiten und Gefahren einer solchen Strategie heftig diskutiert. Kritisiert wurde der weitverbreitete „essentialistische" Glaube an immanente biologische weibliche Eigenschaften. Ausgehend von der postmodernen Zurückweisung eines starren Identitätsbegriffs, zielte die Kritik auf die Möglichkeit eines Feminismus ab, der auf einem beweglicheren, veränderbaren Geschlechterverständnis beruht. Dieser eher spielerische Zugang ebnete den Weg für den ironischen Einsatz einer archetypischen/stereotypen weiblichen Bildsprache.

Die feministische Filmtheoretikerin Teresa de Lauretis beschreibt diese Verschiebung im feministischen Diskurs als Entwicklung des „Konzepts einer vielschichtigen, veränderlichen, oft sich selbst widersprechenden Identität [...], einer Identität, auf die man sich [...] als Strategie beziehen kann". De Lauretis unterscheidet zwischen „den Begriffen *Maske* und *Maskerade*, die in diesem Zusammenhang wieder auftauchen und als Überlebensstrategien

verstanden werden. Steht der erste Begriff für eine Bürde, die den Ausdruck der wahren Identität verhindert, wird die Maskerade frech zur Schau gestellt oder zumindest wie ein neues Kleid übergestülpt, was – wenn auch gezwungenermaßen – der Person, die es trägt, ein gewisses Vergnügen bereitet". Auf der Ebene des Pop entspricht dem der Unterschied zwischen Janis Joplins ungeordnetem Angriff auf die „Maske" herkömmlicher Weiblichkeit und Madonnas überaus kontrollierter Entwicklung von „Maskenspielen" als Strategie der Selbstermächtigung.

De Lauretis' Unterscheidung zwischen Bürde der Maske und Freiheit der Maskerade zeigt sich in zwei Songs von Suzanne Vega auf dem Album „99.9° F" von 1992. In „Private Goes Public" heißt es, daß „das Gesicht der Ort ist", an dem Innerlichkeit öffentlich wird: Das Gesicht verrät, etwa durch eine willkürliche Grimasse oder sein Erröten, diejenige, der es gehört, und ist zugleich Schild oder Schleier, hinter dem diese sich verbergen kann. Vega weiß nicht so recht, ob sie ihre Reserviertheit aufgeben und sich in den gesellschaftlichen Trubel stürzen oder im privaten Raum ihres Innenlebens verbleiben soll.

In ihrer Besprechung von Joan Rivieres Aufsatz „Womanliness as a Masquerade" hebt Marjorie Garber hervor, daß „die von der Kultur konstruierte Frau [...] Riviere zufolge bereits eine Verkörperung darstellt. Frausein *ist* Mimikry, ist *Maskerade*". Der Popkultur-Theoretiker Lawrence Grossberg prägte den scheinbar paradoxen Begriff der „authentischen Inauthentizität", um die Strategien von Menschen wie Madonna zu erklären, die sich selbst zur Ikone gemacht haben. Im Gegensatz zur trügerischen Pose der Ehrlichkeit – Grossberg spricht in diesem Zusammenhang ironischerweise von „inauthentischer Authentizität" und verweist etwa auf Bruce Springsteen und Tracy Chapman – akzeptiert dieser Zugang die konstruierte Natur der auftretenden Person. „Auch wenn [die authentische Inauthentizität] das Fehlen eines Zentrums oder einer Identität zu zelebrieren scheint, macht sie dieses Fehlen im Grunde genommen als einen neuen Mittelpunkt fest, feiert also das Fragmentarische, Widersprüchliche, Vorübergehende." Die Einsicht in den fiktiven Charakter der sexuellen Identität eröffnet eine existentielle Freiheit: Jemand wie Madonna oder RuPaul „kann sein/ihr Geschlecht dekonstruieren, während er/sie es feiert (und es nur feiern, weil er/sie es dekonstruiert)". Doch – würde eine traditionelle Feministin skeptisch einwerfen – steckt da nicht die Illusion dahinter, mit dem Feuer spielen zu können, ohne sich dabei zu verbrennen?

Rock pendelte immer zwischen ungeschminkter Offenheit und glamouröser Neugestaltung der Identität. Punk hat diese Verworrenheit verschärft, indem er sich gleichzeitig auf sozialen Realismus und Protestmusik sowie auf Glamrock bezog. Poly Styrene und ihre Band X-Ray Spex loteten eine Seite von Punk aus; ihre Songs waren eine verzweifelte Antwort auf Verhältnisse, in denen Authentizität aufgrund medialer Gehirnwäsche und sozialer Konditionierung unmöglich geworden war. „Art-I-Ficial" (*Germfree Adolescents*, 1978) ist eine Tirade gegen geschönte Weiblichkeit: Schreiend besteht Styrene darauf, daß diese Maske nicht sie selbst ist. „Identity" wütet gegen eine Welt, in der die Rebellion im Handumdrehen zu einer vermarktbaren Massenware wird. Auch wenn Poly Styrene sich nach einem authentischen Ich sehnt, hat sie sich dennoch für die Inauthentizität entschieden: Ihr Name und Songs wie „I Am A Cliché" unterstreichen die Künstlichkeit ihrer Identität.

Siouxsie Sioux, die zweite großartige weibliche Punkfigur, hatte eine weniger widersprüchliche Beziehung zur Künstlichkeit. Sie ist in vielerei Hinsicht eine Art weiblicher Bowie: Ihre Karriere setzte sich aus einer endlosen Abfolge von Kostümwechseln und sexuellen Rollen zusammen. (Als gelangweilter Teenager zog sie tatsächlich mit *Bowie boys*, gestylten, geschlechtslosen Jungs, durch das vorstädtische London.)

Ungefähr zur selben Zeit als die Glam-Terroristin Siouxsie bei *Top of the Pops* „die Fremde spielte", versuchte sich auch Kate Bush in den verschiedensten Identitäten. Bush war nie so hip wie Siouxsie: Sie kam weniger von Bowie und Bolan als vom Art-Rock der frühen siebziger Jahre her. In ihren Videos und Live-Auftritten wechselte Bush oftmals die Kostüme, um die verschiedenen Charaktere in ihren Songs darzustellen: die Verführerin in „Babooshka", die romantische Heldin in „Wuthering Heights", den loyalen Sohn des verrückten Erfinders in „Cloudbusting", die rachedurstige Braut in „Wedding List", den Vietcong-Soldaten in „Pull Out the Pin". Bush meinte diesbezüglich einmal: „Wenn ich auftrete, bin ich zweifellos eine andere, und diese andere Person ist viel stärker. Ich würde mich nie soviel trauen."

Siouxsies bedrohlichem, eisigem Gesang und ihrer scharfkantigen Androgynität verwandter ist Grace Jones. Nachdem sie als Discodiva zu einer Kultfigur geworden war, nahm Jones *Warm Leatherette* (1980) und *Nightclubbing* (1981) auf. Auf diesen Alben wird die *campe* Disco-Künstlichkeit zu einem ausgewachsenen postmodernen Rollentheater weiterentwickelt. Die ausgefeilt inszenierte und mit zahlreichen Kostümwechseln arbeitende Performance trug den Titel „One Man Show", der sowohl auf Jones' androgynes Äußeres als auch auf die Tatsache anspielte, daß es nicht nur eine und schon gar keine reale Grace Jones gibt. Hier wird die Innerlichkeit undurchdringlichen, aber faszinierenden Fassaden geopfert.

„Demolition Man", ein Song, den Sting für sie schrieb, ist pure Metamorphose: Jones wird zu einer/m dämonischen Liebhaber/in und Todesmaschine, die/der eine Spur der Verwüstung hinterläßt. Wie Iggys Atombombenkind in „Search and Destroy" ist Jones „ein wandelnder Alptraum", eine Katastrophe, die darauf wartet, Wirklichkeit zu werden, und die ihre Opfer mit einem tödlichen Reiz magnetisch anzieht wie Licht die Motten.

Warm Leatherette und *Nightclubbing* sind weniger Produkt eines künstlichen Ausdrucks als vielmehr Mittelpunkt eines Teams von Spezialisten und deren Erfindung: Grace Jones als Schöpfung ihres Designers/Mentors Jean-Paul Goude, der Produzenten Chris Blackwell und Alex Sadkin sowie einer Gruppe von Musikexperten wie der Dub-Funk-Rhythmusband Sly & Robbie. Auf beiden Alben finden sich, was im Disco-Bereich nicht unüblich ist, nur drei Songs, für die Jones als Koautorin zeichnet, und ein Song von ihr selbst: „Feel Up", in dem sie als 32jährige einen jamaikanischen *rude boy* verführt.

Eine auffällige Parallele zeigt sich hier zu der vom Produzenten Giorgio Moroder und Songschreiber Pete Bellote geförderten Donna Summer. Auch Summer verkörperte eine Serie von Figuren: eine pornotopische Sirene aus dem Zeitalter des Orgasmatron („I Feel Love"), eine Nutte („Bad Girls"), eine sentimentale Sängerin („Macarthur Park") und ein gewöhnliches Arbeitermädchen als Märchenprinzessin (auf dem Konzeptalbum *Once Upon A Time*). Nachdem Summer die Kontrolle über ihre Karriere wieder selbst in die Hand genommen und sich dem Christentum zugewandt hatte, enthüllte sie in der Coverversion des new-age-lastigen „State of Independence" ihr wahres Ich.

Grace Jones' Weg wirft viele Fragen zur Strategie der Maskerade auf: Ist sie deren Subjekt oder eine Schauspielerin, die einem von anderen verfaßten Drehbuch folgt? Inwieweit entfernte sie sich durch das Image der Außerirdischen von sich selbst, ja ließ sich in ihrer Domina-Rolle durch dieses Image gar beherrschen? Ein Großteil von Jones' Ästhetik scheint mit der Erotisierung der Entfremdung verbunden: Man denke etwa an den Fetischismus von „Warm Leatherette", ihrer Version des Daniel-Miller-Songs, der von J. G. Ballards „Crash" inspiriert war, oder an die Femme fatale von „Private Life" (geschrieben von Chrissie Hynde), die einen weichlichen Mann wegen dessen Vorstellungen von Zuneigung und Intimität verachtet und mit ihrer Oberflächlichkeit prahlt. Ian Penman feiert Jones in seinem Artikel über *Nightclubbing* dafür, „wie sie, im Gegensatz zur üblichen Umkehrung, die Ware in einen Körper verwandelt hat". Die Werbekampagne für eine Automarke, die einige Jahre danach entstand, nahm Penmans Paradoxon wörtlich und strickte daraus eine Art verschlungenen Widerspruch. Die Clips, die sich der androgyn-roboterhaften Aura von Grace Jones bedienten, richteten die Metaphern von Frau-als-Auto- und Auto-als-Frau übel zu und ließen einen daran zweifeln, wer nun wen verkaufte.

Im Mainstream-Bereich hat sich neben Madonna wohl Annie Lennox am meisten der Mittel der Maskerade bedient. Auch sie wollte als eine Art weiblicher Bowie ernst genommen werden. Zur Zeit von *Sweet Dreams (Are Made of This)* war Lennox' Image – kurzer, scharf geschnittener, unnatürlich wirkender oranger Haarschopf, giftig roter Lippenstift, schnittig-kantige Figur und großschultrige Männeranzüge – eine perfekte Mischung von Bowies „Thin White Duke" und der eisigen, androgynen Figur von Grace Jones. In dem Song „Sweet Dreams" spielt sie eine Domina, der grausame Weisheiten entschlüpfen, sobald sie auf die Tricks der Männer zu sprechen kommt: Die einen wollen jemanden mißhandeln, die anderen wollen mißhandelt werden. Wie Madonna versuchte sich Lennox als menschliches Fragezeichen zu profilieren, als bezauberndes, aber verwirrendes Rätsel. Wie Madonna schrieb sie einen Song mit dem Titel „Who's That Girl?". Für den Videoclip entschied sich Lennox für eine Neuauflage des *Cross-dressing*-Durcheinanders von Bowies „Boys Keep Swinging" und übernahm die Rolle beider Geschlechter in dem Liebesdreieck, das dem Video als geheimnisvolle Geschichte zugrunde liegt.

In „I Need A Man" (*Savage*, 1987) nimmt Annie Lennox ihre einzig wirklich verwirrende (Betrüger-)Pose ein. In einer makellosen Imitation der von Disco-Elementen geprägten Geilheit, die für die Stones Mitte der siebziger Jahre kennzeichnend war, stolziert Lennox hin und her wie Mick Jagger und parodiert dessen Karikatur verkommener bluesartiger Raubtierhaftigkeit. Die weibliche Protagonistin des Songs behandelt Männer so, wie diese Frauen behandeln: als Objekt, als Beute und Spielzeug. Ihre Verachtung ist genauso offensichtlich wie ihre Lust, die wiederholte Verwendung des Wortes „Baby" wunderbar erniedrigend. Der Videoclip zeigt Lennox so aufgetakelt und mit Make-up zugeschmiert, daß sie für einen männlichen Transvestiten gehalten werden könnte. Sie erinnert an die *Cross-Dressing*-Eskapaden der Stones in der Werbung für „Have You Seen Your Mother, Baby, Standing in the Shadow?". „I Need A Man" ist ein Moebiussches Band der Geschlechterverwirrung: Spielt Lennox einen Mann in Frauenkleidung, der einen männerfressenden Vamp darstellt, einen „wirklich" weiblichen Vamp oder ganz etwas anderes? Annie Lennox' weiblichere Charaktere erinnern oft an *Drag*-Figuren. Für Marjorie Garber stellt *Drag* „die ‚Natürlichkeit' von Geschlechterrollen durch einen Diskurs über Kleidung und Körperteile in Frage". Was wird vermittelt, wenn Künstlerinnen wie Lennox oder Madonna als Männer in Frauenkleidern weibliche Rollen darstellen? Wie unterscheidet sich das Hinterfragen von Vorurteilen und Klischees von einer angepaßten Weiterschreibung dieser Klischees?

me, myself, i

Annie Lennox wird nicht nur als videogene Maskenträgerin, sondern auch als Modell der starken Frau gesehen. Wir sollten wohl zugeben, daß mir Darstellungen von „starken Frauen" im Pop nicht besonders gefragt sind. Die Autonomie von Figuren wie Lennox und Joan Armatrading hat etwas von geistiger Hygiene, Gesundheit und Effizienz. Simon Frith und Angela McRobbie schrieben über den Soft-Core-Feminismus von Helen Reddys „I Am Woman": „Wenn die in diesem Fall für den Verzehr bestimmte Ware eine fertig abgepackte Version der Frauenbefreiung darstellt, ist hier die Stimme einer idealisierten Konsumentin zu hören." Die Pose tyrannischer, plündernder Omnipotenz ist purer Rock 'n' Roll, die brave Selbstermächtigung nicht.

Dennoch scheint die „starke Frau" bei vielen Pop-Fans anzukommen, und das besonders, wenn es um die Musik schwarzer Gruppen und um Songs geht, die von Stolz und Würde des Soulethos bestimmt sind. Die Songs und das Image der schwarzen britischen Sängerin und Songschreiberin Joan Armatrading vermitteln eine unabhängige, sich selbst genügende Unverwüstlichkeit: In „Willow" (*Show Some Emotion*, 1977) prahlt sie leise damit, für Schwächere eine „Zuflucht" zu bieten, wenn „es stürmt". Und das gilt auch für ihren Markenzeichen-Song, die Titelnummer ihres Albums „Me, Myself, I" von 1980. Grell unterstreicht das Stakkato der Melodie den anmaßenden, aber nicht aggressiven Tenor des Texts – ja, sie will einen Freund, aber nur für einen Tag in der Woche; die restlichen sechs genießt sie für sich allein. In der für sie charakteristischen Art weist sie den Vorwurf des Narzißmus zurück; sie will eben einfach „keine Gesellschaft". Auch wenn DJs und KritikerInnen sie spöttisch als „Joan Armour-plating" bezeichnet haben, enthält ihr Repertoire doch weit mehr zärtliche als harte Songs.

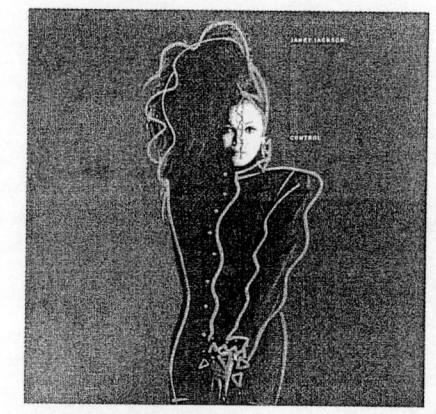

Janet Jackson wurde in den späten achtziger Jahren mit dem makellos designten Soft-Core-Feminismus von *Control* (1986) zum Superstar. Unklar ist, inwiefern es sich dabei um ein *Kontrollspektaktel* handelte: Susan McClary hebt hervor, daß die Produzenten Jimmy Jam und Terry Lewis die Musik für das Album bereits fertig hatten, als Janet Jackson sich mit ihnen zusammentat, und sie (und die Zeilen über ihr Leben) sozusagen nur mehr einsetzten. McClary weist darauf hin, daß „die Instrumentierung durchgehend den ausgeprägten Rhythmus hervorhebt und Jackson dadurch ständig aus dem Gleichgewicht geworfen wird". Wenn der perfekte Sound das Werk ihrer Produzenten war, dürfte Miss Jackson, wie sie in einem Song genannt werden will, ihre bis dahin nicht besonders glückliche Karriere durch eben die Zusammenarbeit mit Jam und Lewis in den Griff bekommen haben. Der Text vermittelt jedenfalls den Eindruck einer jungen Frau, die bekommt, was sie will.

„Control" ist Janet Jacksons Manifest für die junge Frau von heute, die im Liebesleben wie im Job das Sagen hat. Jam und Lewis bastelten einen stotternden Stakkato-Elektrofunk, der die Selbstbehauptung perfekt zum Ausdruck bringt. „Nasty", eine Cyber-Funk-Version von „Respect", in der Jackson die *rude boys* entschieden auf ihren Platz verweist, ist sogar noch kämpferischer. Die meisten Nummern von *Control* sind allerdings eher traditionell weiblich und verführerisch.

Vor dem Hintergrund der Geschlechterpolitik in der Hip-Hop-Kultur und der von Nutten, *gold diggers*, *backstabbers* und *ballbreakers* geprägten Bildwelt des Gangster-Rap ist Respekt vor den Künstlerinnen ein zentrales Thema. Queen Latifah etwa meint, daß sich Frauen selbst respektieren müssen, wenn sie respektiert werden wollen. In einem Interview für die Zeitschrift *Ear* betonte sie, daß Frauen, die sich wie *bitches* verhalten, „keine Achtung vor sich selbst haben, und das ist so offensichtlich, daß die Typen sie auch nicht respektieren. Die Rapper behandeln ihre Mütter und Schwestern nicht so ... mir würde keiner so kommen". Queen Latifah kultivierte ihr Image einer Person, die Würde und Fassung zeigt. Trotz ihres frühen Songs „Wrath of My Madness" kennzeichnet ihre Version der Souveränität eher ein gütiger Despotismus als die Tyrannei und der Terror des Gangster-Rap. Sie ist zu würdevoll, zu sehr positives Vorbild, um *baaad* zu sein.

(Künstlerisch) viel beeindruckender als Latifahs und Monie Loves wenig bedrohliche Selbstermächtigung im Rahmen ihrer Zusammenarbeit „Ladys First" sind die Rapperinnen, die in die Rolle von *bitches* schlüpfen und deren rachedurstige Verderbtheit an den Tag legen – wie etwa die fiese Roxanne Shanté, die in „Fatal Attraction" einem Mann, der seine Frau wegen ihr nicht verlassen will, mit Kastration droht. Die Rapperin begann ihre Karriere mit „Roxanne's Revenge", einer ätzenden Antwort auf „Roxanne, Roxanne" von U.T.F.O. Daß sie für die Frau Partei ergreift, der in dem Song von U.T.F.O. kein Respekt entgegengebracht wird, löste eine Welle von empört aufeinander reagierenden Songs aus.

Salt-N-Pepas erste LP *Hot, Cool & Vicious* (1986) machte den Versuchen der zeitgeistigen Kritik, sie als feministisch einzustufen, einen Strich durch die Rechnung. Was sollte die alles andere als solidarische Bösartigkeit von „I'll Take Your Man" oder der rachsüchtig finstere Blick von „It's Alright"? Die von den Songs umrissene Stellung ist beinahe ein exaktes Spiegelbild der gladiatorenhaften Aggression und tödlichen Rivalität der männlichen Rapper. „Tramp" stellte Männer zwar als schleimige, treulose Hunde dar, die Tatsache, daß es sich um eine Neubearbeitung des klassischen Duetts von Carla Thomas und Otis Redding handelte, unterstrich allerdings den Traditionalismus der Geschlechterstrategie der Gruppe: Der Song knüpft an die lange Soultradition (z. B. an Aretha Franklins „Do Right Woman – Do Right Man") an, in der Frauen *innerhalb* der Bedingungen konventioneller geschlechtlicher Beziehungen gleich behandelt werden wollen. Auf späteren Alben schwanken Salt-n-Pepa zwischen der Haltung von „Let's Talk About Sex" (*Blacks' Magic*, 1990) – einem Song, bei dem sie wie Sozialhelferinnen wirken, die positives Denken vermitteln wollen – und der raubtierhaften Geilheit von „Shoop" (*Very Necessary*, 1993). Diesem Song gelang ein ideologischer Coup: Er schafft es, Männer zum Gegenstand zu machen und gleichzeitig männlich sexuelle Aggression und Härte abzufeiern: „Wenn Blicke töten könnten, wärst du eine Uzi."

cool as ice

Was den Rock angeht, kommt wahrscheinlich die Figur der eisigen Königin den überlebensgroßen *bitches* der Rapperinnen am nächsten. Sie verkörpert das Gegenteil all dessen, was von Frauen erwartet wird: Wärme, Offenheit, Großzügigkeit, Entgegenkommen. Wie Lady Macbeth hat sie sich ihrer Sexualität entledigt, ihre Tränendrüsen und Brüste abgeschottet. Sie bietet Kälte an, keinen Trost, und ihre harte Oberfläche ist undurchdringlich. Sie ist eine Insel, ein Eisberg.

Vermutlich war Grace Slick die erste Rocksängerin dieser Art. In „White Rabbit" und „Somebody to Love", ihren berühmtesten Songs, die sie für Jefferson Airplane schrieb und sang, beschwört ihr unheilvoll deklamatorischer Gesang den Eindruck einer Person herauf, die über allem steht und auf die Torheit der Menschen und deren vergängliche Urteilskraft hinunterschaut. Ihre durchdringende Stimme scheint einen wie eine Lanze zu durchbohren. Slicks Aura war bedrohlich. In einem Interview für Katherine Orloffs Buch *Rock 'n' Roll Woman* meinte Grace Slick 1974: „Manchmal richte ich mich gern seltsam her. [...] Ich habe mich einmal wie Hitler angezogen. [...] Ich glaube, daß [die Presse] mich für etwas eisig hält, für jemanden, der gern Krawall macht, und ein wenig sarkastisch ist. Im Grunde genommen bin ich auch so."

An der Ostküste entwickelte Nico diese Figur noch einen Schritt weiter. Stellt sie schon auf *The Velvet Underground and Nico* (1967) einen teutonischen Hochmut zur Schau, dringt sie auf ihren Soloalben noch tiefer in die Öde des dürren, asketischen, arischen Sounds vor. *Chelsea Girl* (1967) bietet zerbrechlich traurigen Folk; ein Song, „It Was A Pleasure Then", nimmt aber bereits die trostlosen, winterlichen Soundlandschaften von *The Marble Index* (1969), einem der qualvollsten und todesfixiertesten Alben der Rockgeschichte, vorweg.

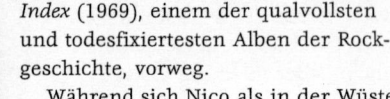

Während sich Nico als in der Wüste gestrandet sah, war Siouxsie Siouxs Absage an ozeanische Gefühle ein Mittel der Macht. Das erste Banshees-Album, *The Scream* (1978), enthält einige der starrsten und fleischlosesten Rocksongs, die je gemacht wurden. „Regal Zone" (*Join Hands*, 1979) ist sicher das kälteste Lied überhaupt: Aufrecht und furchterregend behauptet Siouxsie ihr „Herrschaftsgebiet". Auch Siouxsies frühe Inszenierungen – Sadomaso- und Dominakleidung, durchsichtige BHs, die zwar ihre Brüste zeigten, aber keine Erotik zuließen – zogen den voyeuristischen Blick nur auf sich, um ihn zu bestrafen. Ihr Image, ihr tonloser Gesang und ihr kommandierendes Gehabe stehen für ein und dieselbe Botschaft: ‚Look, Don't Touch.' Siouxsie möchte nicht aus Fleisch, sondern aus Metall oder Eis sein, undurchdringlich und unverletzlich.

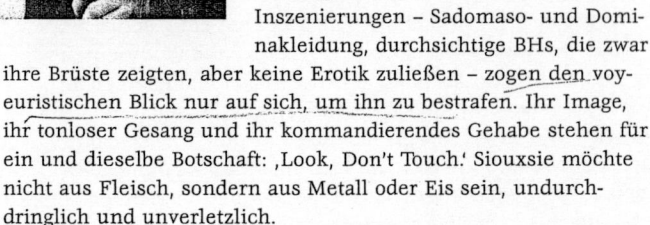

Im Lauf ihrer Karriere fand Siouxsie allerdings Zugang zu „weiblicheren" Bildern der Macht. Sicher nicht zufällig werden die Texte feuchter. Mit *A Kiss in the Dreamhouse* (1982) schmilzt die Eiskönigin; die faschistische Härte löst sich in eine luxuriöse, träge Dekadenz auf.

Durch sein Plädoyer für das Unnatürliche, für Zugeknöpftheit und Fetischismus revoltierte der Punk gegen die Pseudobefreiung der Nachhippiezeit. Die frühe Londoner Punkszene hatte viel mit Warhols Factory gemeinsam: die zahlreichen *Drag Queens,* das maskuline Auftreten von Frauen und das feminine Auftreten von Männern, den massiven Amphetaminkonsum, der sexuelles Verlangen unterdrückt und es durch einen narzißtischen Exhibitionismus ersetzt. Ein roter Faden zieht sich von Velvet Underground und Pop Art durch die Dekadenz, die Bisexualität und den Faschismusflirt des Glam-Rock bis hin zum Style-Terrorismus des Punk. Wenn Siouxsie zur Nico des Punkrock wurde, war Jordan, die in McLarens Boutique „Sex" Vivienne Westwoods Kleider vorführte, die Edie Sedgwick des Punk: ein Gesicht, eine Szenetigerin. Jordan genoß die Macht, die ihr die provozierende Kleidung gab: „Punk war nicht unbedingt eine sexuelle Geschichte. [...] Die Leute haben sich total vor mir gefürchtet."

Für Siouxsie und die Punkerinnen galt die Gleichung: Arroganz + Couture + Sex = Rebellion. Style-Terroristinnen wie Jordan und Sue Catwoman spielten mit ihrer Vamp-Domina-Mischung für die Schockeffekte des Punk eine entscheidende Rolle. Als auf einer Punkparty Anfang 1976 die eben flügge gewordenen Pistols gerade zu einem ihrer ersten Gigs ansetzten, brachte Malcolm McLaren die Anwesenheit eines Rockjournalisten derart auf Touren, daß er Jordan anflehte, der Publicity wegen etwas Empörendes zu tun. Jon Savages *England Dreaming* zufolge sagte McLaren zu Jordan: „Zieh dich aus, Mädchen!" Diese stimmte unter der Bedingung zu, daß die Aktion in den Auftritt der Band integriert würde. Die Fotos, auf denen Johnny Rotten ihr die Kleider vom Leib reißt, wurden dann „überall verwendet". Raus mit den Titten, Mädel – für die Revolution!

Literatur

de Lauretis, Teresa (Hg.): *Feminist Studies/Critical Studies.* Bloomington 1986.

Grossberg, Lawrence: *We Gotta Get Out of This Place: Popular Conservativism and Postmodern Culture,* London 1992.

Garber, Marjorie: *Vested Interests: Cross Dressing and Cultural Anxiety.* London 1992.

Frith, Simon und Angela McRobbie: Rock and Sexuality. In: Frith, Simon; *On Record: Rock, Pop and the Written Word.* London 1990.

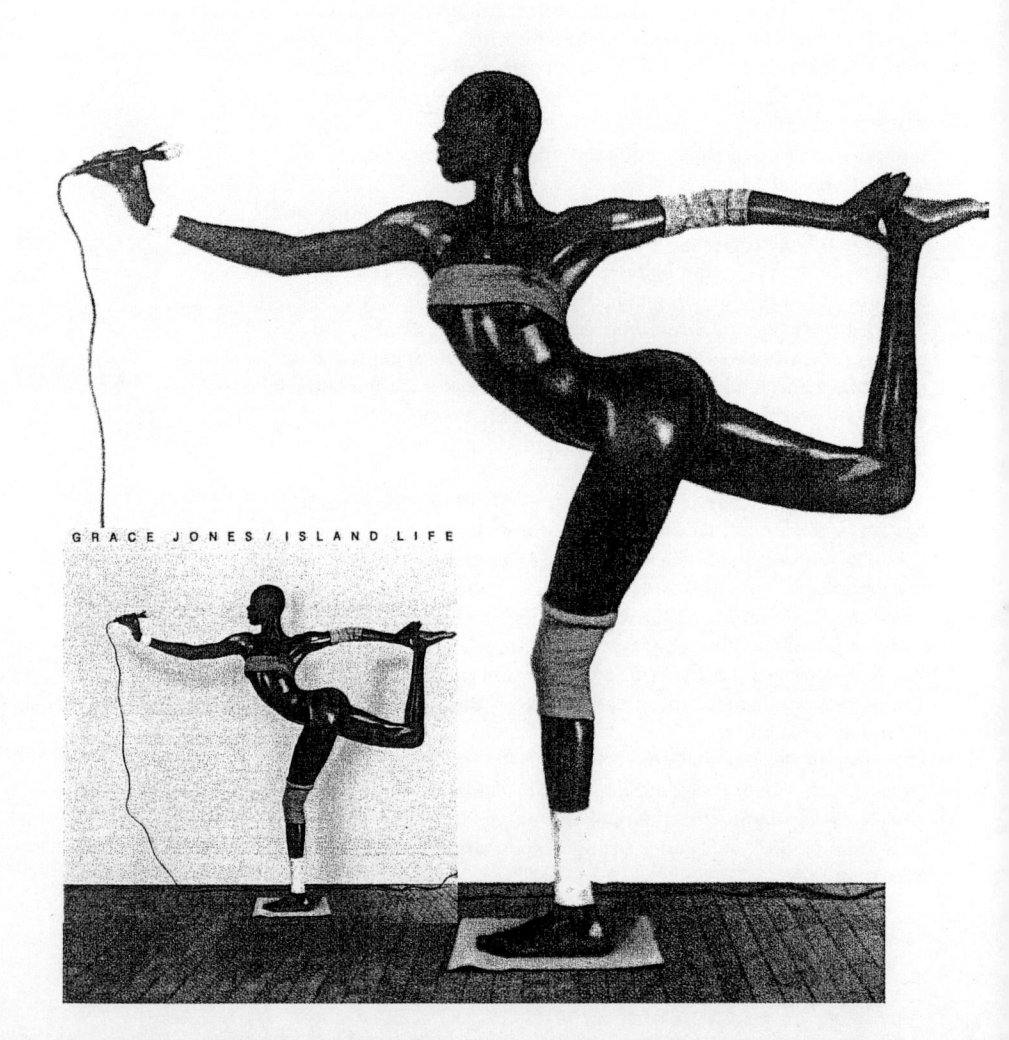

Love Letter
Debbie Stoller

Wo soll ich bloß anfangen mit meiner Geschichte über die große Love?

Zieh sie auf und schau ihr zu: Wie sie schreit, wie sie kämpft, wie sie rockt! Ihren ersten großen Auftritt in der Popszene hatte Courtney Love als eine Art Nancy-Spungeon-Braut von Grunge-Prinz Kurt Cobain. Erst nach seinem Selbstmord und der Veröffentlichung der Platte *Live Through This* mit ihrer Band Hole konnte sie sich als Medienpersönlichkeit etablieren. *Live Through This* untersuchte auf sehr poetische Weise den Stoff weiblicher Befindlichkeit und erhielt durchwegs gute Kritiken. Bewußt eigensinnig, selbstsüchtig-selbstzerstörerisch und unglaublich aggressiv forcierte sie den „Kinderhuren"-Look mit seinen zerknitterten Kleidchen und bunten Baby-Baretten. Damit etablierte sie sich schnell als Poster-Girl der neuen feministischen Punkrock-Generation.

Wie ein Komet schoß Courtney Love – eine geballte Ladung an weiblichen Begierden und Wünschen – durch das popkulturelle Universum und ließ eine Reihe erschöpfter Journalisten hinter sich. Ihr Foto erschien auf genügend Titelbildern – *Vanity Fair*, *Spin*, *Harper's Bazaar*, *Entertainment Weekly*, *Rolling Stone* –, um einen ganzen Kiosk zu füllen. Früher kursierte der Scherz, daß jedesmal, wenn Madonna sich die Haare färbte, die Medien eine Geschichte darüber brächten. Heute läßt sich dasselbe über Courtney sagen: Jedes neue Kleid ist den Magazinen eine Story wert.

Ich lernte Courtney Love auf einem Flug von New York nach Los Angeles kennen. Es war nicht so, wie man sich das vielleicht vorstellt: Sie saß nicht neben mir und quälte die Stewardessen mit extravaganten Wünschen. Nein, meine erste Begegnung mit Courtney im September 1992 war viel unspektakulärer. Wie so viele unglückliche Flugzeugpassagiere hatte ich mir einen Stapel von Magazinen und Zeitschriften gekauft, um meinen Fünfstundentrip zu überstehen. Auch *Vanity Fair*, die Zeitgeistbibel, befand sich darunter.

Zwischen Geschichten über Camille Paglia und Susan Sontag (weshalb ich *Vanity Fair* überhaupt gekauft hatte) befand sich eine Story von Lynn Hirschberg über eine ambitionierte Punkrock-Kanone, die Ehefrau des Grunge-Superstars Kurt Cobain – Courtney Love.

In diesem mittlerweile berüchtigten Artikel malte Hirschberg das Porträt einer charismatischen Erscheinung, die ausgesprochen faszinierend gewirkt haben mußte. Sie beschrieb eine Frau, die wußte, was sie wollte, und entschlossen war, es auch zu kriegen: ein Mädchen, ebenso smart wie egozentrisch, ebenso stark wie starrsinnig, ebenso selbstsicher wie selbstzerstörerisch.

Die Autorin schien geradezu Ehrfurcht vor ihrem Objekt zu empfinden und beschrieb Courtneys Songtexte als „kraftvoll". Darüber hinaus ließ sie ihrer Interviewpartnerin genügend Platz, um sich selbst auszubreiten: warum sie zerknitterte Kinderkleidchen trägt („weil sie sexy aussehen – und sich dennoch glaubhaft machen läßt, daß man Camille Paglia liest") und warum sie von der Idee besessen war, daß Madonna ihr diesen Stil klauen würde („Ich wette, daß Madonna in ihrem nächsten Video verschmierten Lippenstift trägt und aussieht wie ich!").

Tatsächlich gab es vor Madonna keine öffentliche Figur, die wie sie die unersättliche Sensationsgier der Medien befriedigen konnte. Courtney gab eine vielversprechende neue Medienhexe ab: Zum Beweis dafür lancierte Hirschberg in ihrem Artikel das Gerücht über Loves Heroinsucht. Darüber hinaus suggerierte sie nicht nur, daß Love ihren Mann Kurt angefixt, sondern – noch ärger! – daß sie auch während ihrer Schwangerschaft Heroin gespritzt haben soll. Um dem ganzen die Krone aufzusetzen, erschien der Artikel mit einem Foto der hochschwangeren Courtney, die nur mit einem Brautschleier posierte und aus deren Hand offensichtlich eine Zigarette wegretuschiert war. Amerika sah sich mit seinem ärgsten Alptraum konfrontiert – alles, was je an einer Frau zum Fürchten war, fand sich nun in einer Person vereint: eine geldgeile, verbissene Karrieristin, eine sexuell aggressive Narzißtin und – am allerschlimmsten: eine Rabenmutter! Und dabei war sie nicht einmal hübsch.

Der *Vanity-Fair*-Artikel sollte für mich sehr wichtig werden. In Los Angeles angekommen, war meine neue Ikone gefunden. Ich hatte eine smarte, kämpferische und witzige Frau entdeckt, ein Girl mit Punkrock-Wurzeln und akademischen Ansprüchen, eine Frau, die keine Angst davor hatte, sich selbst als Feministin zu bezeichnen; überhaupt schien sie sich vor kaum etwas zu fürchten. Ich hatte zu diesem Zeitpunkt zwar schon von ihr gehört, aber noch nie aus ihrem eigenen Mund. Die Lektüre dieses Artikels machte mir klar, daß Courtney das Sprachrohr für eine neue Form von Feminismus war. Nach zehn Jahren erfolgreicher postfeministischer Agitation konnte Madonna endlich in den Ruhestand geschickt werden und ihre Krone einer würdigen Nachfolgerin übergeben. Die Gerüchte über Courtneys Drogensucht waren mir egal. Seit wann kümmert es uns, ob unsere Rock-'n'-Roll-Heroen gesunde, cleane, verantwortungsbewußte Menschen sind? Hat je ein Hahn danach gekräht, ob jemand wie Keith Richards ein guter Vater ist oder nicht? Courtney war nicht zum Vorbild bestimmt, sondern zur Legende.

Wie zuvor Madonna hat auch Love uns gezeigt, wie eng die Grenzen für ein akzeptiertes weibliches Verhalten gesteckt sind. Madonnas Genie lag in der Fähigkeit, die Rolle des passiven Sexobjekts ins Gegenteil zu verkehren. Madonna demonstrierte, wie es möglich war, gleichzeitig sexy und souverän zu sein. Daß die Männer sie haßten, war nur ein Beweis für ihren Erfolg. Mit Seidenunterwäsche, Lippenstift und ständig wechselnder Frisur reklamierte sie Formen der Weiblichkeit, die zuvor von Feministinnen als reaktionär zurückgewiesen worden waren – nunmehr gefiel den Feministinnen Madonnas subversiver Umgang mit Stöckelschuhen, Seite an Seite mit den *Drag Queens*.

Courtney Love hingegen berührte einen völlig neuen Aspekt von Weiblichkeit. Sie tauchte zu einem Zeitpunkt in der kulturellen Landschaft auf, als eine Studie von Carol Gilligan die Gemüter erregte. Gilligan hatte herausgefunden, daß aus selbstbewußten, aufgeweckten jungen Mädchen in der Pubertät unsichere, stille Frauen werden. Courtney – mit ihrem Baby-Doll-Kleid, ihrem lippenstiftverschmierten Mund, ihren wilden, aggressiven Songs und durchgeknallten Aktionen – schien die absolute Verkörperung von Gilligans Beobachtung zu sein: Wer sich an sein inneres, kleines Mädchen erinnert, dies provozierte Courtneys Erscheinung, findet heraus, daß kleine Mädchen alles andere als süß und unschuldig sind. Im Gegenteil, sie sind zornig und laut und haben den typisch weiblichen Sozialisationsprozeß, der Frauen in adrette, sittsame, unterwürfige und stille Wesen verwandelt, noch nicht durchlitten. Courtney personifizierte eine Frau, die sich weigerte, ihre ursprünglichen Antriebskräfte aufzugeben. Sie war eine Ophelia, die nicht erst wiederbelebt werden mußte; sie war eine Göre in einem erwachsenen Körper.

Trotzdem war Courtney auf dieser Stufe ihrer Karriere nur eine Nebenfigur. Es wurde über sie geredet, aber das war auch schon alles. Zwar produzierte „cool girl" Kim Gordon die erste Hole-CD *Pretty On the Inside*, die Platte blieb aber aufgrund ihrer Kreischsongs schlicht unhörbar. In den darauffolgenden Jahren beschränkte sich Courtneys Berühmtheit auf ihre Rolle als Ehefrau von Kurt und Mutter von Frances Bean, die durchgeknallte, drogensüchtige Frau, von der *Vanity Fair* so geschwätzig zu berichten wußte.

Das änderte sich, als das neue Album von Hole – *Live Through This* – im April 1994 auf den Markt kam. Die von KritikerInnen hochgejubelte Platte schaffte es in die Jahresbestenliste und sicherte Courtney in der Musikindustrie einen Platz als talentierte, feministische Punk-Poetin. Ihre Songs waren kraftvoller, guter, melodiöser Grunge. Courtney sang über Körper, Körperflüssigkeiten, Mädchen, Frauen und Mütter. Dabei stellte sie sich selbst als die schlechteste Mutter aller Zeiten dar: „Ich wasch' das Geschirr nicht ab, sondern werfe es ins Kinderbett." Sie sang über die Entfremdung junger Mädchen von ihrem Körper („Ich komm' mir vor wie eine Puppe"), machte sich über ihre Verrufenheit als Königin der Fuck-ups lustig („Ich bin Miss World, jemand sollte mich umbringen") und reklamierte selbstsüchtig alles für sich, was die Welt so zu bieten hat („Ich möchte das Mädchen mit dem größten Stück Torte sein").

In dem Augenblick aber, in dem die Platte in die Verkaufsregale kam, erlangte Courtney aus ganz anderen Gründen Weltruhm: Ihr Mann beging Selbstmord. Kurt Cobains Tod verwandelte Courtney vom *bad girl* des Rock in ein neues Medienstereotyp, in das der trauernden Witwe. Plötzlich war Courtney Stoff für den Boulevard.

Und dem lieferte sie genügend Material. Nur wenige Monate nach dem Tod ihres Mannes schockierte Courtney die Welt mit der Entscheidung, für ihre neue Platte auf Tournee zu gehen. Sie lieferte emotionale und gewaltgeladene Konzerte, die jeden Zweifel darüber zerstreuten, ob Frauen genauso gute Rockstars sind wie Männer. Doch die brillanten Bühnenauftritte wurden von ihrer Neigung überschattet, allen Aggressionen freien Lauf zu lassen. Sie verprügelte Leute, wurde vor Gericht gezerrt und verbreitete Zoff im Internet. Was immer in ihrem Leben geschah, Courtney schien wild dazu entschlossen, alle Emotionen ungehemmt und unzensuriert auszuleben. Sie verweigerte sich dem heiligen Gesetz der Weiblichkeit, das lautet: „Du sollst selbstlos sein." Statt dessen war sie ein Bündel nackter Gefühle, ein bodenloser Abgrund an Bedürfnissen, eine Todesfee und Hysterikerin. Sie war das Gegenteil des kontrollierten *Cosmo*-Mädchens. Und dafür liebte ich sie.

In allen Interviews, die sie während dieser Zeit gab, bewies Courtney, daß sie wirklich etwas zu sagen hatte. Sie war eine *Out-of-the-closet*-Feministin oder „Femmeniste", wie sie sich mit Bezug auf ihren Kleidungsstil und ihre Leidenschaft für Männer nannte. Sie zitierte problemlos Simone de Beauvoir, Camille Paglia oder Susan Faludi. Im Gegenzug bezeichnete Faludi Courtney als „die wahre Schülerin und Soldatin für die Rechte der Frauen". Gleichzeitig aber gebärdete sich Courtney völlig unberechenbar. Im selben Artikel, in dem sie als die Frau mit dem Barbie-Puppen-Rucksack auftrat, machte sie sich über die Riot Grrrls her: „Unlängst sah ich dieses kleine Riot Grrrl in *Spin* ... Es ist erst 15, aber alles in der kleinen Riot-Grrrl-Welt sagt ihm, daß es sich wie eine Siebenjährige benehmen soll. Ich nenne das nicht Feminismus, sondern kulturelle Anorexie."

Sie war die perfekte postmoderne Berühmtheit: Alle waren sich einig darüber, daß alles, was sie machte, sagte oder trug, von Bedeutung war. Besonderen Wert legte sie auf ihre Attraktivität als Frau, die von der Öffentlichkeit aufgrund ihres Aussehens beurteilt wird: „Ich habe schon einmal mein Gesicht verändert", sagte sie mit Hinweis auf ihre Nasenoperation, „ich möchte, daß mein Zorn etwas wert ist. Und das ist er nur, wenn ich attraktiv bin." Schon damals war die verschönerte Courtney absehbar. „Ich habe mir überlegt, meine Brüste operieren zu lassen, aber ich bin noch unsicher," erzählte sie einem Journalisten. „Wenn mir irgendein Arschloch entgegenbrüllt, ‚Zeig uns deine Titten!', dann würde ich das gerne machen. Aber irgendwie hängen sie, und so hätte die ganze Aktion nicht mehr diese Fuck-You-Attitüde."

Eines Tages, wie eine brandneue Malibu-Barbie zu Weihnachten, wurde uns die Hollywood-Courtney ins Haus geliefert. Um eine Rolle in einem Milos-Forman-Film zu bekommen, ging sie jeden Tag zum Urintest und bewies, daß sie drogenfrei war. Sie nahm ab und ließ eine Unzahl kosmetischer Eingriffe über sich ergehen, Busenlifting inklusive. Plötzlich trug sie Designerklamotten von Versace, Prada, Sui und Armani. Fans wie ich sind irritiert. Hat sich Courtney letztendlich doch verkauft? Hat sie unsere Bewunderung nicht mehr verdient? Oder hat sie sich bloß von der Punkrock-Prophetin in eine Diva à la Norma Desmond verwandelt?

Die Antwort bleibt abzuwarten. Doch war diese Entwicklung vorhersehbar. Schließlich hat Courtney immer gesagt, daß sie das Mädchen mit dem größten Stück Torte sein wollte. Haben wir wirklich erwartet, sie würde das Gratis-Designerzeug ablehnen? Courtney war immer ausgesprochen stilbewußt, und ihre originellen Grrrl-Kleidchen inspirierten genau jene Modedesigner, von denen sie sich jetzt ausstatten läßt. In einem frühen Interview aus Zeiten ihrer Baby-Doll-Kleider hat sie diesen Stilwechsel schon vorweggenommen: „Ich beeinflusse die Mode, und das gefällt mir ... Aber was passiert, wenn mein Stil nicht mehr cool ist? Dann werde ich wahrscheinlich zur Frau und trage Frauenkleider. Das ist auch okay. Ich wünschte nur, es würden nicht alle immer so einen Rummel um mich machen."

Lips. Tits. Hits. Power?

Ihr neuer Ruhm, ihre neue Schönheit, ihr neuer gezähmter Haarstil scheinen jene Belohnung zu sein, die kleinen Mädchen versprochen wird, wenn sie sich nur genug dafür anstrengen. Kürzlich sagte sie in einem Interview mit Verweis auf ihr neues Aussehen: „Meine feministische Erziehung hat mich gelehrt, ‚hübsch' mit ‚passiv' gleichzusetzen. Aber manchmal macht es auch Spaß, als Engel ganz oben auf der Baumspitze zu sitzen." Gleichzeitig gibt sie zu, daß unser gesellschaftliches Schönheitsideal „eine Falle ist und Frauen total fertigmachen kann. Ich möchte nicht daran teilhaben." Zum Glück können wir sicher sein: Trotz aller Schönheitseingriffe wird sie wahrscheinlich niemals ihre Lippen behandeln lassen müssen. Courtney Loves Mund ist groß genug. Und solange sie ihn öffnet, wird sie uns nicht enttäuschen.

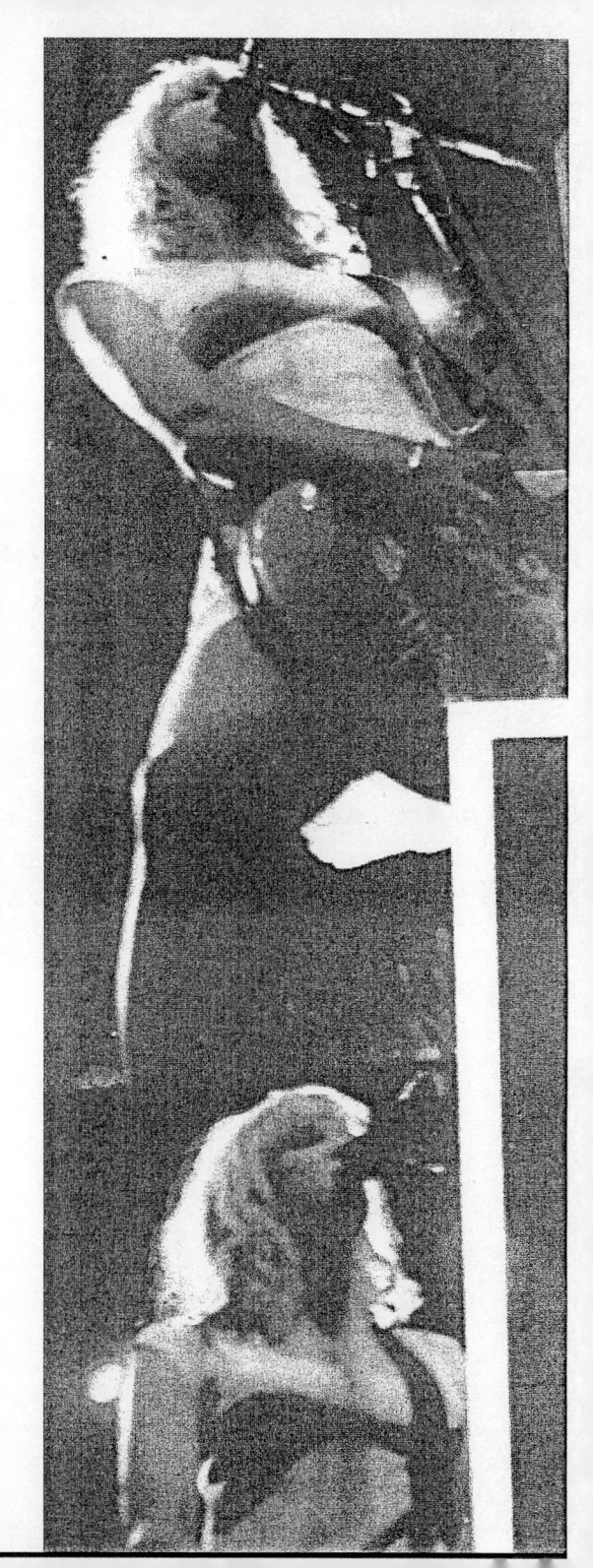

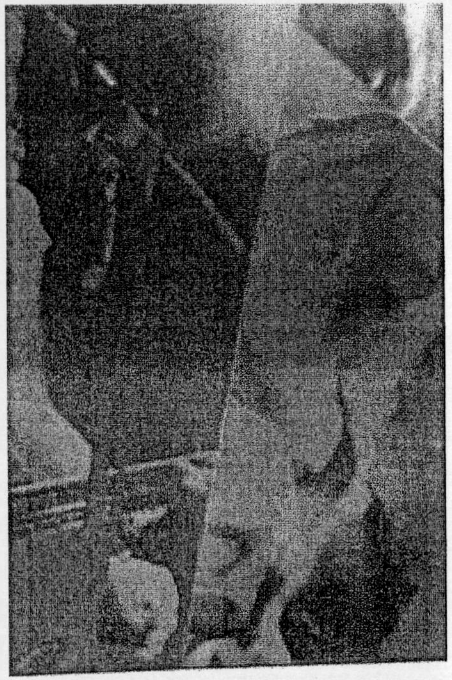

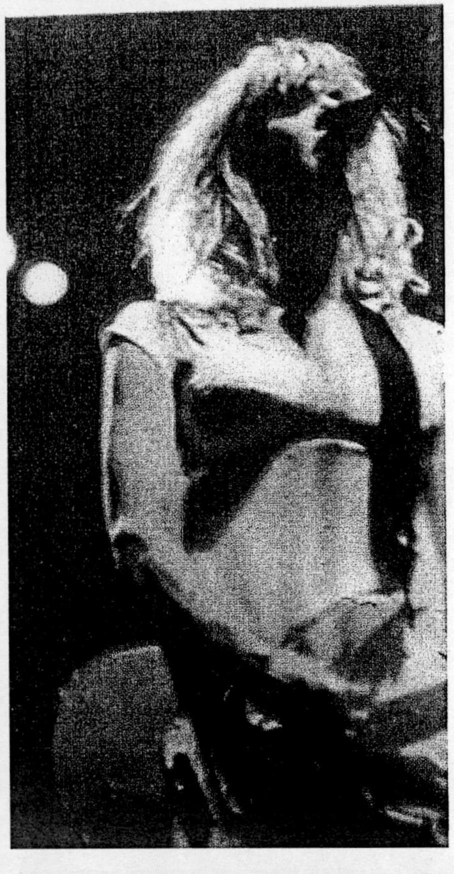

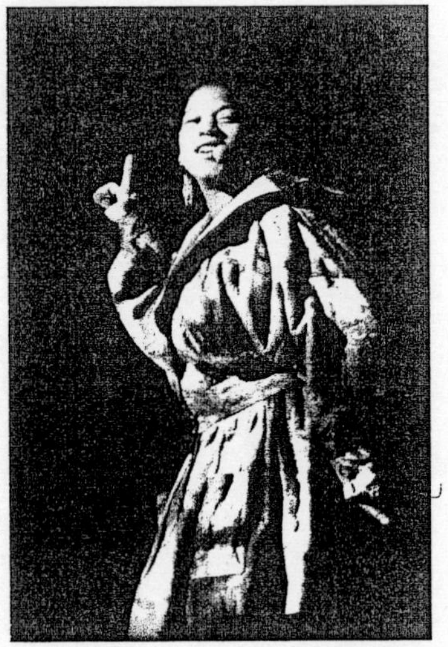

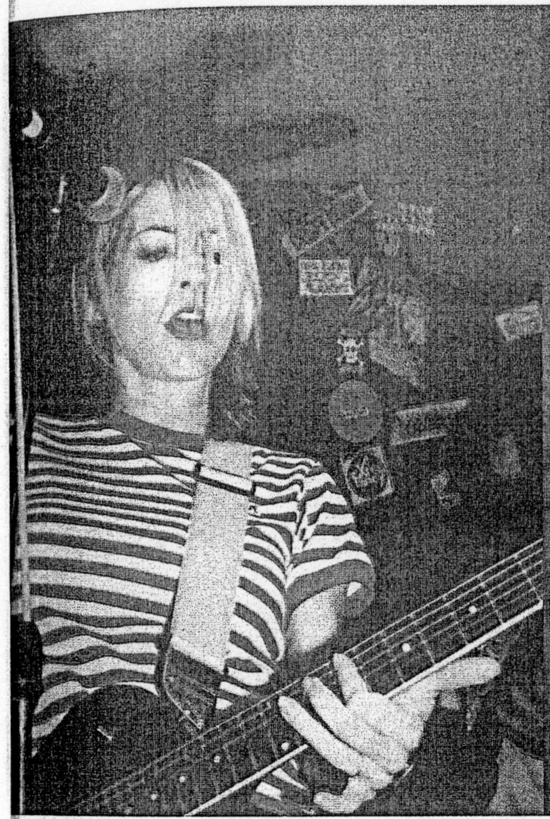

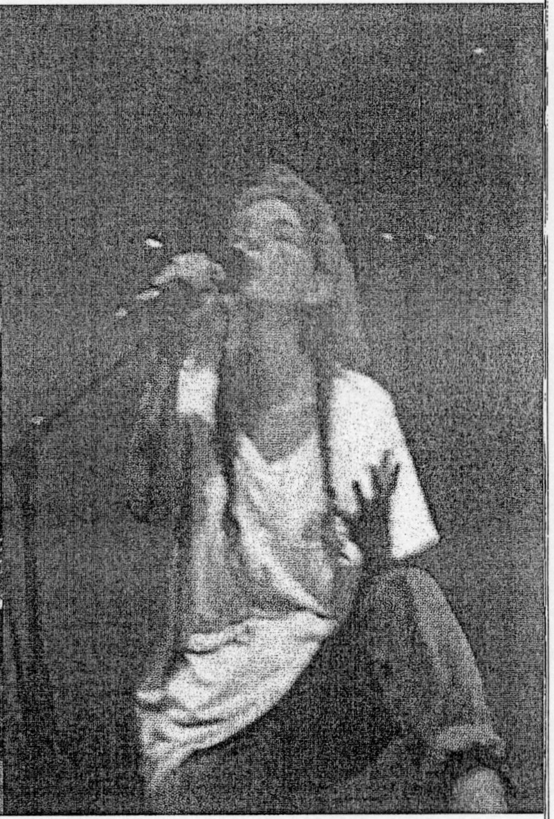

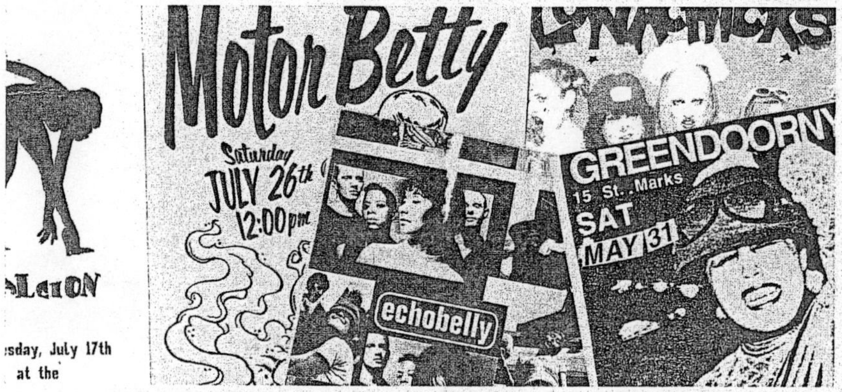
Motor Betty
Saturday
JULY 26th
12:00pm
GREENDOORNY
15 St. Marks
SAT
MAY 31
echobelly
sday, July 17th
at the

WHITE TRASH
WITH
THE
BLIND
SEXY PUMPIN' ROCK
Riot Grrrl
NYC
THE BROOKLYN
MEOW!
WED.
JULY
17

SHANTÉ THE BITCH IS BACK
JOAN JETT BAD REPUTATION
FOXY BROWN ILL NA NA
DEF JAM MUSIC GROUP
BITCH
VIVA ZAPATA!
COLD COLD HEARTS
Kill Rock Stars KRS 278
THE VERY BEST OF ARETHA FRANKLIN, THE '60s
Shonen Knife Brand New Knife
BIG DEAL 9035-2
BETTY WRIGHT LIVE
Mary J. Blige My Life
LADY SAW • GIVE ME THE REASON
VPCD 1470
TRIBE 8
HOLE ★ PRETTY ON THE INSIDE
CAROL 1710-2
CAROLINE
cake like
THE GOLD MIND, INC./EASTWEST
62095-2
BOSS
ERYKAH BADU LIVE
UD-53109
salt n' pepa
DANCEHALL DIVAS • Jamaican Man
MESA
BILLIE HOLIDAY Me Myself and I
MOTOWN LEGENDS
LIL' KIM NOT TONIGHT
UNDEAS/BIG BEAT/ATLANTIC
PRCD 8158
COMPACT JAZZ BETTY CARTER
843 274-2

Is it worth being
Boring
GAY MARRIAGE
You might as well be straight.
LESBIAN AVENGERS
DYKE
MARCH
LESBIANS SPEAK OUT
STRAIGHT TO HE

MIRROR
ESTROJET
Liz Phair
L7
FASHION
"FAGGOT" "LEZZIE"
JUST WORDS?
REPORT IT.
STOP
GET HOME ALIVE
HOME ALIVE
Hey you
DYKE ACTION MACHINE!
WHAT DOES SALLY WANT?
WHAT DOES SALLY WANT?
45% OF ALL SALLYS ARE LESBIANS
TEN MILLION SALLYS CAN'T BE WRONG.
HOME ALIVE
POWER
THE DYKE MANIFESTO
1,000s OF ANGRY DYKES CAN'T BE WRONG—AND WON'T GIVE IN. EVER.
it's a dyke thang!
THE DYKE MARCH
POP YOUR CHERRY
BUTCH
AIN'T GONNA TAKE THIS NO MORE
dyke
HARASSED FOR BEING A LESBIAN? REPORT IT!
212-807-0197
AVP
WHAM!
TRAMPS 20TH ANNIVERSARY
ALL AGES
MONDAY DECEMBER 11
7:30PM $7 ADV $8 DAY
SHONEN KNIFE
SPLENDORA
FLUFFER - PINKY
TRAMPS 51 WEST 21st STREET • INFO: 727-7788
Martha Byrne
Anything Boys Can Do...
March 22nd
CBGB
RIOT GRRRL
SPIN
COURTNEY LOVE
SUMMER OF LOVE
Hole
FaT GiRL
CONTINENTAL
NO COVER!
TANK
Survival of the Fittest

dollhouse
TG-170 TG-170
Do women have to
get into the
Republicans do believe
in a woman's right to
control her own body!
Why every woman in America
should beware of welfare cuts.
WAC Attacks Itself
theliplix
CHOICES
OBSESSION
KONSUMGEILE GÖRE
MARCH FOR
WOMEN'S RIGHTS
dyke

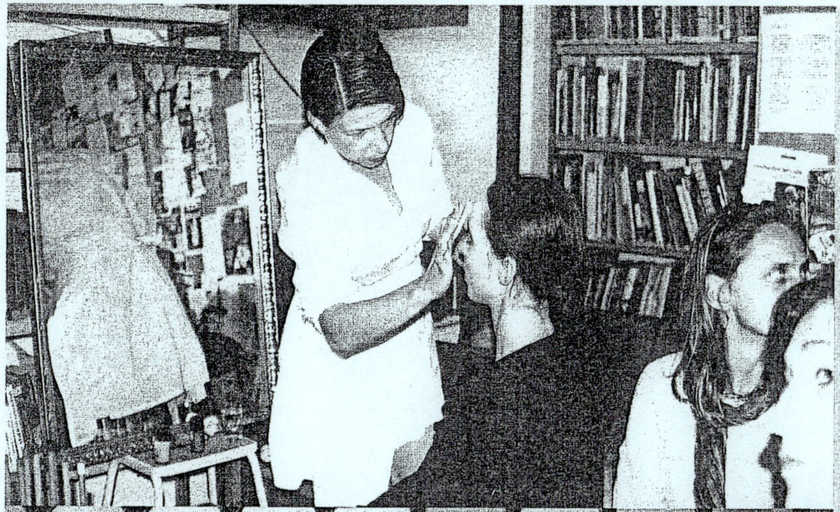
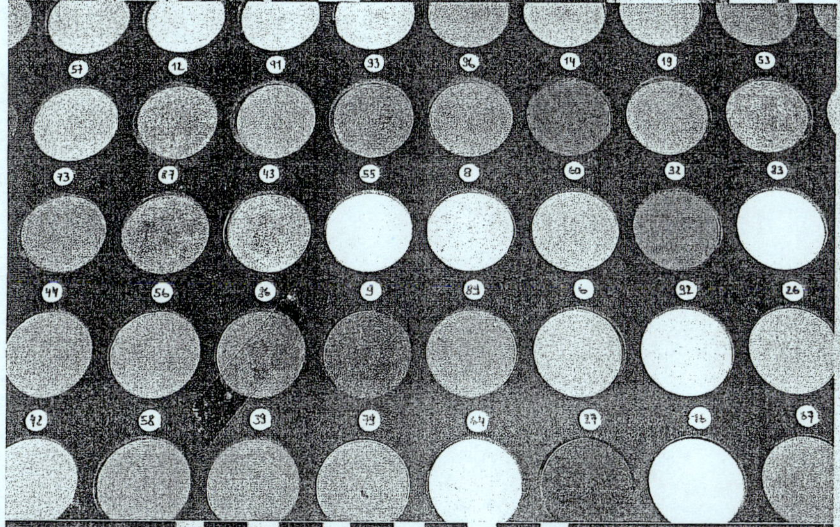
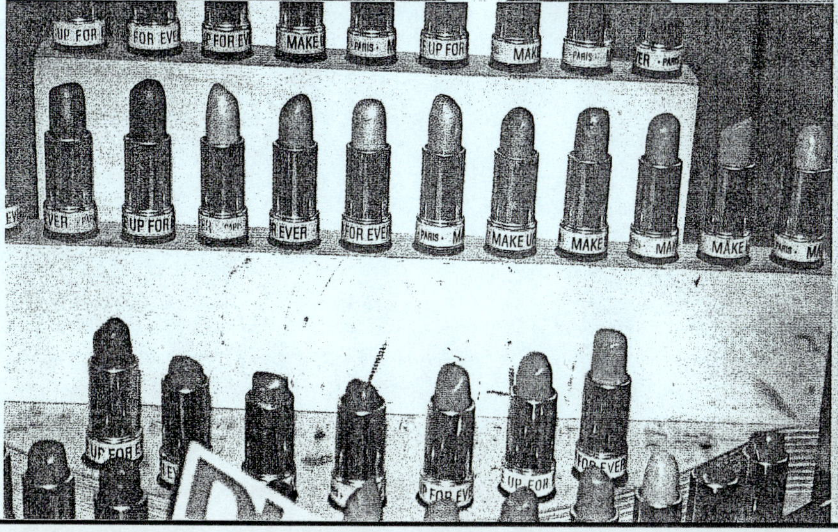
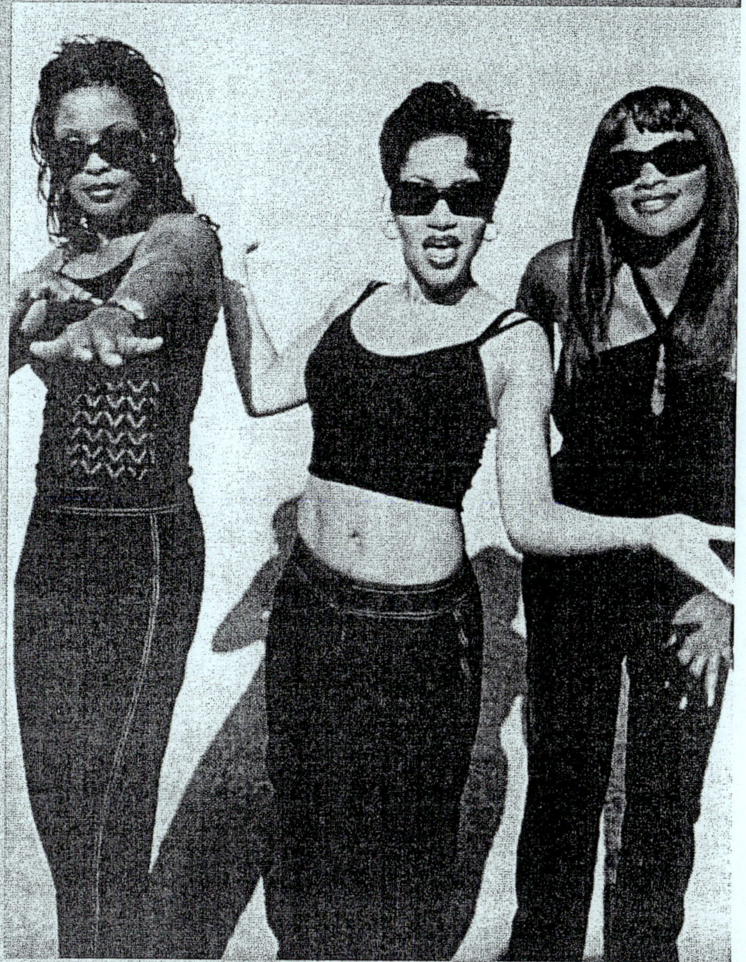

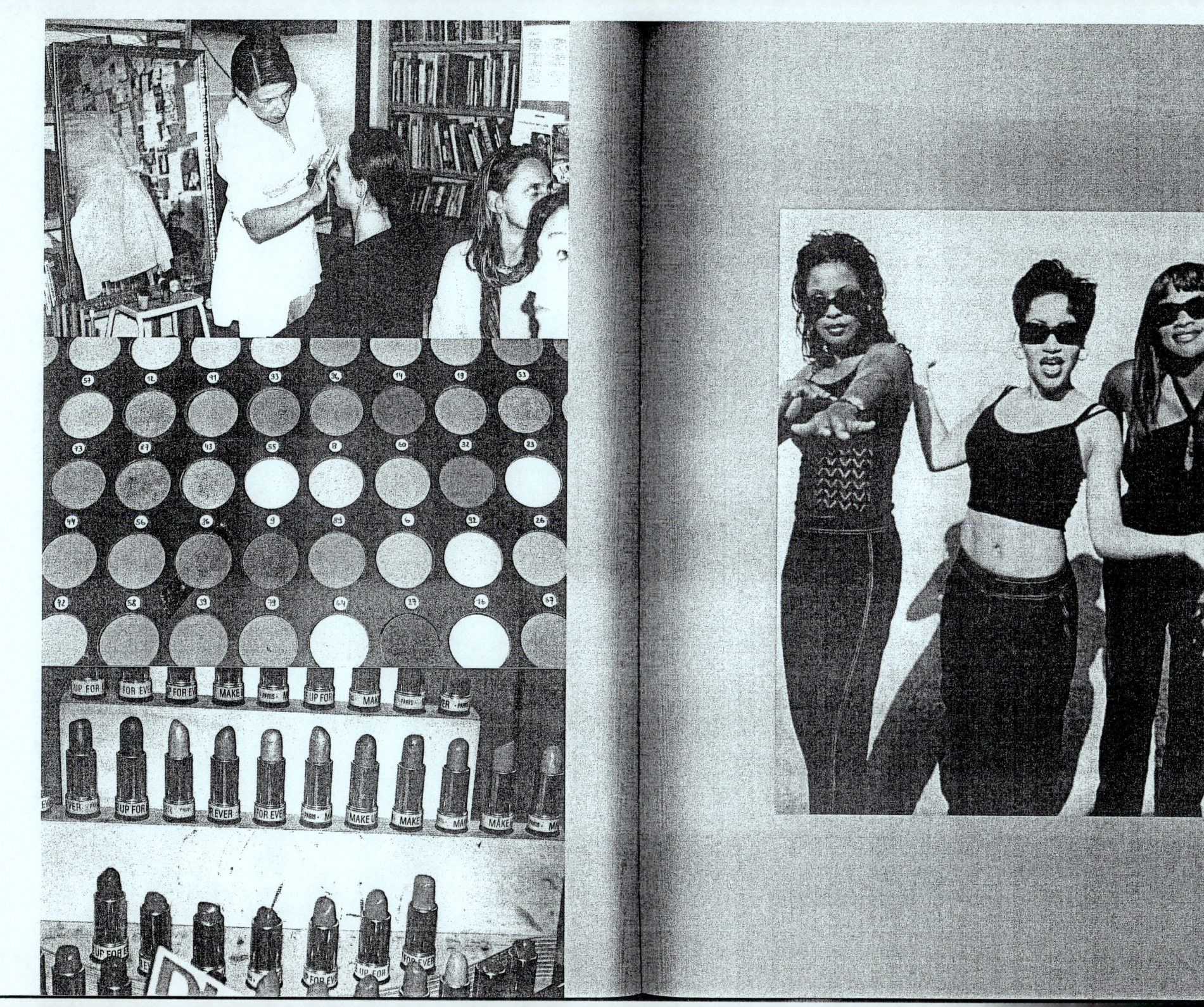

girls kick ass

Mi$$ America Said: Fuck You Very Much X

193

Asian FUCKING Stereotypes
Sabrina Margarita Sandata

Nimm die männliche Durchschnittsfantasie:
„Oh, ja!! Dann schlägt sie mir auf den Arsch und befiehlt mir, ihre Stiefel zu lecken, oder sie steckt das Ende ihrer Peitsche in meinen ..."
  Fuck dat shit! ...
  Fuck dat shit! ...

Wer hat noch nicht über die stereotype Darstellung asiatischer Frauen nachgedacht, war aber zu feig, Fragen zu stellen? Also hier ist deine Chance – in diesem Kurs widmen wir uns dem kranken, aber überaus gegenwärtigen Phänomen der Stereotypenbildung über Asiatinnen. Zur ständigen Bewußtseinserweiterung hier eine Auflistung, wie die Rassismen auch in der Popkultur fortgeschrieben werden:

1. Asiatische Domina oder Hure-Diva Extraordinaire
Sie muß nur den Raum betreten, und schon ist alle Aufmerksamkeit auf sie gerichtet. Sie trägt durchschnittliches Make-up, das ihre üppigen Lippen oder die Fick-mich-Augen betont. Die Hure-Diva Extraordinaire strotzt vor Sex, und jeder weiße Mann/jede Lesbe würde für eine Nacht mit ihr sein/ihr letztes Hemd spendieren.

2a. Die unterwürfige Steig-auf-mich-drauf-danke-schön-Asiatin
Meist versteckt sie ihre Mandelaugen hinter einer Brille, trägt kein Make-up und macht sich auch nichts draus, wenn ihre Kleidung nicht zusammenpaßt. Aber es würde ihr gewaltig viel ausmachen, wenn jemand ihre Arbeitsleistung als unzureichend bemängeln würde. Sie ist sehr besorgt um Anerkennung und wird alles machen (außer deine Stiefel sauber zu lecken), um diese von ihrem Boß oder den Älteren zu kriegen.

2b. Die unterwürfige Schlag-mich-noch-einmal-Sex-Sklavin
Diese Variation der unterwürfigen Asiatin spielt mit der populären Annahme, daß alle asiatischen Mädchen von Natur aus Spermabehälter sind. Sie unterscheidet sich von der Hure-Diva Extraordinaire insofern, als daß sie eher diejenige ist, auf der die Peitsche landet. Ein von Peitschenschnüren gezeichneter Rücken macht sie geil.

3. Miss Saigon Bitte-rette-mein-Kind-Vietcong
Sie ist eher Ausdruck als Persönlichkeit. Normalerweise hat sie lange, glatte, schwarze Haare und trägt kein Make-up. Sie kleidet sich schlicht und sieht so aus, als hätte sie gerade ihr Land verlassen und sei nun auf der Suche nach dem amerikanischen Traum. Sie hat einen verlorenen Blick, und Typen, die gerne Märtyrer spielen, fliegen natürlich auf sie.

4a. Das Zieh-nicht-an-der-Schlotterhose-oder-sie-fällt-runter-Flygirl
Der Flygirl-Typ trägt eine Schlotterhose, die ihr fast über den Po rutscht, Pumas und gigantische T-Shirts (am liebsten mit dem Gesicht von Tupac drauf), große, goldene Ohrringe, die ihre Ohrläppchen zum Bluten bringen, und Haar, das so straff zurückgekämmt ist, daß die Follikel aufstehen. Entweder identifiziert sie sich mit schwarzer Kultur oder glaubt, sie sei Afroamerikanerin.

4b. Die Nimm-nicht-meine-Eßstäbchen-oder-ich-bring-dich-um-Gangsta-Chick
Ihr kommst du besser nicht in die Quere. Sie färbt sich helle, kastanienbraune Strähnen ins Haar, schert den oberen Teil kurz und läßt den Rest lang. Sie könnte die kleine böse Schwester von Lilly in „Vanishing Son" sein. Die Typen in ihrer Gang sind ihr Aufgebot und beschützen sie vor den anderen Gangstas. Die neueste Ausgabe dieses Stereotyps hat wahrscheinlich ethnozentrische Tatoos auf dem Arm oder Hintern.

5. Die gebildete Der-Computer-ist-mein-Leben-Schrulle
Die hoffnungslos Antisoziale hat die natürliche Gabe, Präsidentin des Star-Trek-Clubs oder eine fanatische Verehrerin von Drachen und Burgverliesen zu werden. Sie fühlt sich unnatürlich stark von ihrem Computer angezogen und liebkost ihn in der Nacht. Sie macht sich nichts aus Menschen, liebt aber Sci-Fi-Programme.

6. Die Ich-muß-singen!-Asiatin
Der elegante Lea-Salonga-Typ ist komplett mit langen, fließenden Hosen, ärmellosen Westen, hochhackigen schwarzen Schuhen/Stiefeln, gepflegtem Haar und großem Mund ausgestattet. Sie übt Stücke von „The Little Mermaid" und „Aladdin" ein und ist überzeugt, daß sie irgendwann einmal ihre eigene Talkshow haben wird.

7. Das Ich-bin-nur-ein-Lotus-blühendes-Mädchenkind
Diese asiatische Frau spielt mit der Tatsache, daß die meisten Asiatinnen sehr jung aussehen. Ob sie nun einen Busen hat oder nicht, wichtig ist ihr kindlicher Blick auf die Welt. Sie liebt es, wenn ihr Freund (sie ist immer hetero) ihr Teddybären schenkt und würde niemals in einer Stadt leben. Sie spielt zu Hause mit ihren ausgestopften Tieren Verstecken, sitzt hinter ihrem vergitterten Fenster und träumt vom schönen Prinzen.

8. Die wertvollste Tochter des Sensei
Es ist die Aufgabe dieser unglücklichen Asiatin, das Image von „Karate Kid" zu reproduzieren: Sie ist meist die Tochter eines anerkannten Lehrers der Kriegskunst, die sich in einen der weißen, jungen Studenten ihres Vaters verliebt. Sie bringt ihm die Kunst ihres Landes bei, und er lehrt ihr, wie sie „Amerikanerin" wird. Ob sie die Erlaubnis ihres Vaters hat oder nicht, ist nicht wichtig (obwohl ein Verbot aufregender ist). Ihr Freund ist stolz, wenn sie bei seinem Wettkampf auftaucht und ihn zum Sieg anfeuert. Üblicherweise eine zuckersüße Beziehung.

Das war ein Schnellsiedekurs. Gerade genug um zu wissen, daß nicht alle Asiatinnen in diese Schablonen passen und auf einige Asiatinnen vielleicht mehrere Stereotypen zutreffen.

Als philippinische Mestize, die im Herzen des südwestlichen Pennsylvanias aufgewachsen ist, habe ich mich mit ausreichend ignoranten Rednecks herumgeschlagen. Sie nahmen immer an, ich sei Chinesin, weil für sie ALLE AsiatInnen Chinesen sind.

Als ich nach New York kam, stellte ich fest, daß ich von meiner Umgebung höchst unterschiedlich eingeschätzt und oft mit anderen Ethnien verwechselt wurde. Das hatte zum Teil mit meinem Make-up und meiner Kleidung zu tun, die so gar nicht in die typisch philippinische Jugendausstattung paßte (siehe 4a und 6).

Natürlich spreche ich wie eine zynische Nutte über das ganze Stereotypen-Ding – ich bin die erste, die sagt, daß es absolut bekackt ist. Das ist auch der Grund, weshalb ich auf Anzeigen, wie „Asiatische Damen warten nur darauf, Dich zu bedienen" oder „Anhängliche asiatische Damen suchen fürsorglichen Mann", wie von der Tarantel gestochen reagiere. Weil ich WEISS, wozu diese Listen gut sind: Da gibt's Bräute im Versandkatalog – eine auf den Philippinen weitverbreitete Sache, wo amerikanische (sprich: weiße) Männer ihre Kriegsbeute jagen und eine am Arbeitsplatz wohnende Hausmagd erwerben, die alles macht, was ihr verordnet wird. Manchmal suchen diese Frauen wirklich nur Brieffreundschaften; meistens wollen sie nur raus aus dem kleinen Dorf, in dem sie leben, um Geld für ihre Familie zu verdienen – das geht so weit, daß sie ihren Körper an Männer verkaufen, die sie nicht einmal kennen.

Stereotypen nähren Publikationen wie *Asian Girls Are Rad*, ein Zine, das von einem Typen namens David herausgegeben wird, der nur gelegt werden will, und seine Gedanken Jahr für Jahr den asiatischen Frauen widmet. Irgendwie ist es ja nett zu wissen, daß uns Menschen wie er so verlockend finden. Aber soll ich dir ein Geheimnis flüstern: Wenn du mit einer asiatischen Chick vögelst, wird dir das nicht – wie Ralph Maccio in „The Karate Kid" – das Geheimnis der Aufklärung im Orient lüften, kapiert? Manchmal gerät dieser Geisha-Komplex echt außer Kontrolle. Können wir bitte ein paar Filme sehen, die nicht in Chinatown spielen und wo wir ganz normale Dinge tun, wie z. B. gut Auto fahren, frustig auf unseren Computer eindreschen oder was zu lesbischem Lifestyle lesen?

Asia File ist ein Zine über Sex und Beziehungen mit südostasiatischen Frauen. Es liefert Insidertips über Bars, Puffs und die ganze Sexindustrie in Südostasien. Wie im Klappentext beschrieben, bietet es „dreiundvierzig Seiten vollgepackt mit Tips für den besten ‚Handel' auf den Philippinen, in Indien, Vietnam, Japan, Kambodscha und insbesondere Thailand".

Als Mischling, deren ethnisches Make-up sich über beide Elternteile, meist über Klosterbrüder und Priester, aus philippinischem, spanischem, irischem, schottischem, chinesischem, japanischem Blut zusammensetzt (ziemlich abgefuckt, nicht?), ist mir bewußt geworden, was es heißt, „fast", aber „nicht ganz" zu sein. Asiatisch, eben. Ich bin stolz auf meinen ethnischen Hintergrund, aber ich verstehe die Kämpfe der asiatischen Frauen nur zu gut, weil auch ich Zielscheibe von viel zu vielen rassistischen Beschimpfungen wurde.

Es ist mir – nicht nur einmal – passiert, daß ich gedankenversunken die Straße entlangging und Scheiße hörte wie „Ich möchte dich zwischen zwei Brote klemmen und dazwischen lecken!" oder „Ist es wahr, daß Asiatinnen eine quergestellte Vagina haben?"

Es gab Zeiten, da wurde ich physisch angegriffen, meist an meinen Schenkeln. Manchmal packten sie mich auch an meinen Armen, in erster Linie um mein Tatoo zu sehen und dann völlig grotesk mit „oooh, das ist so exotisch" zu reagieren. Nur weil ich asiatisches Blut in mir trage, fassen mich irgendwelche Fremde auf der Straße an, rufen mir Schimpfwörter nach, die sich auf mein asiatisches Erbe beziehen, unterbrechen mich, während ich rede, und verletzen hemmungslos meine Privatsphäre. Früher habe ich solche Leute auf der Straße verdroschen. Ehrlich! Das hab ich getan. In mir hat sich die Wut so angestaut, bis ich nicht mehr anders konnte, als sie ihnen an den Kopf zu knallen. Nun kanalisiere ich die Frustration anderswohin.

Seit meiner „allerersten" Beschimpfung hat mich meine Wut über die phallozentrierten Typen auf der Straße dazu angetrieben, mich in Verteidigungsstrategien zu üben. So verschränkte ich z. B. die Arme vorne und gab Bruce-Lee-Geräusche von mir. Es hat tatsächlich funktioniert. Damals hatte ich keine Ahnung von Kriegskunst, aber was auch immer ich tat, es hat bewirkt, daß sich die Arschlöcher verzogen. Zumindest einmal war das Stereotyp auf meiner Seite. Nun lerne ich tatsächlich Kampftechniken – und auf der Straße mag der Raum nicht immer der meine sein, aber wenn nötig, bin ich in der Lage, jedem ein schönes blaues Auge zu verpassen.

Dyke Action Machine! 7 Jahre lesbische Kunst im öffentlichen Raum
DAM! (Carrie Moyer, Sue Schaffner)

Dyke Action Machine! hat ihre Wurzeln in der 1990 eingerichteten lesbischen Arbeitsgemeinschaft der Aktionsgruppe „Queer Nation", die Lesben sichtbarer machen wollte. Bevorzugte Aktionen waren *Kiss-Ins* in Einkaufszentren, (heterosexuellen) Single Bars oder auf der Fähre nach Staten Island. Nach der ersten und einzigen „National Lesbian Conference" in Atlanta 1990 verlor die Arbeitsgruppe ihren Antrieb und löste sich auf. Aber was damals mit dem Plakatieren von Ankündigungen politischer Aktionen begonnen hatte, entwickelte sich zu einem weiterführenden Kunstprojekt im öffentlichen Raum, das Lesben das Vergnügen ermöglichte, eigene Images auf der Straße wiederzufinden. Dyke Action Machine! wurde dann 1991 von Carrie Moyer und Sue Schaffner gegründet, die seit nunmehr sieben Jahren Kunstaktionen im öffentlichen Raum durchführen, die lesbische Images sichtbar in den kommerziellen Kontext der Mainstream-Werbung einschmuggeln.

In unserer ersten Kampagne 1991 bearbeiteten wir eine GAP-Werbung, die dann in ganz New York City zu sehen war. Die Plakate zeigten Underground-Berühmtheiten in T-Shirts und Jeans. Die einzige deklariert lesbische Persönlichkeit dieser Serie war Tony Kushner. Die von DAM! veröffentlichten Poster wiesen darauf hin, daß – angesichts der Ausblendung von schicken Downtown Dykes – Lesben zu diesem Zeitpunkt in der Geschichte der Werbung (1991) weder als Berühmtheiten noch als potentielle Konsumentinnen in Betracht gezogen wurden. Bezeichnend ist, daß die lesbischen Werbeträgerinnen, die wenig später zur Vermarktung von diversen Produkten herangezogen wurden, z. B. L. A. Eyewear (Melissa Etheridge) oder die *New York Times* (Martina Navratilova), alles Frauen waren, die berühmt geworden waren, bevor sie sich als Lesben deklariert hatten, und erst nach ihrem Erfolg an die Öffentlichkeit gegangen waren. Die Titel unserer ersten Kampagne waren Slogans wie „Samantha von Pink Panther trillert auf einer Anti-Violence-Pfeife. Foto von Girl Ray". Unsere Arbeit gründete auf der Einsicht, daß eine der grundlegenden Voraussetzungen für die Anerkennung durch die amerikanische Kultur die Teilnahme an einer KonsumentInnengruppe ist – offensichtlich wußten wir damals noch nichts über die Gefahren des Nischenmarketings.

1992 startete die Zeitschrift *Family Circle* eine Kampagne zur Verteidigung der „Familienwerte" (ein netter Begriff, der zu dieser Zeit von der religiösen Rechten popularisiert wurde), die eine „hippere" Zielgruppe ansprechen sollte. Ihre Annoncen zeigten Bizeps mit Rasenmäher-Tatoos und kräftige Dreadlock-Typen, die mit ihren Babies schmusten. Unser Projekt hieß „Lesbische Familienwerte" und war ein Set aus drei Dyptichons, das auf die „Familien"-Tradition in der Lesbenkultur verwies und dabei die neu aufgeflammte Vermarktung der Kleinfamilie kritisierte. Die Integration der „homosexuellen Familie" – Lebensgemeinschaften, der lesbische Babyboom und Hochzeit – in den Mainstream vorwegnehmend, entlarvte die Arbeit konservative Konnotationen mit Slogans wie „Dykes waren Familien, verdammt noch mal, bevor Familien zum Trend wurden".

1993 inspirierte uns Calvin Kleins Unterwäschen-Kampagne mit dem homophoben Rapper Marky Mark. Die Klein-Werbung sprach gezielt homosexuelle KonsumentInnen an, indem ein heterosexuelles Model eingesetzt wurde, das deutlich nach *rough trade* roch. Die lesbischen Konsumentinnen spielten da gerne mit. Da wir stilistisch nahe an den Klein-Vorgaben blieben, funktionierte unsere Aussage nicht nur als lesbische Antwort, die auch an andere Lesben gerichtet war, sondern auch als unangenehme Frage an Heterosexuelle. Die Frage auf dem Poster „DO YOU LOVE THE DYKE IN YOUR LIFE?" setzte voraus, daß a) jede und jeder eine Lesbe in ihrem/seinem Leben hat und b) der alltägliche Umgang mit Lesben möglicherweise nicht unbedingt von Liebe gekennzeichnet ist. Darüber hinaus war das Poster auch ein Seitenhieb auf die homogenen, weißen, fitneßgestählten Körper, die von der hetero- und homosexuellen männlichen Kultur so vergöttert werden.

1995 plakatierte DAM! Manhattans Straßen mit einer Werbekampagne für einen inexistenten Film: „STRAIGHT TO HELL". Anläßlich des 25. Geburtstags der Stonewall Rebellion hing das Poster neben Ankündigungen für „Philadelphia" und „Sleepless in Seattle". Auf dem Plakat stand: „She came out. So the Army kicked her out. NOW SHE'S OUT FOR BLOOD." Mit Verweis auf die Probleme von Homosexuellen beim Militär wird hier eine Lesbe dargestellt, die von der Armee ausgestoßen wurde und nun mit ihrer *butch* im Schlepptau Rache schwört. Das Plakat war ein grafischer Hit, und DAM! wurde mit Anfragen überschwemmt, wann der „Film" erscheinen würde ... Lesben auf der ganzen Welt warten nicht auf „Independence Day" oder „Mission Impossible", sie wollen „Revenge". In der traditionellen Filmikonographie werden Rache suchende Frauen entweder wie in „Basic Instinct" als „Psycho" mit Eispickel oder wie in „Single White Female" als pirschende Hirsche dargestellt. „STRAIGHT TO HELL" war für uns ein Schritt weg von der reaktiven Kunst bzw. Kunst, die sich vorgegebene Images aneignet, hin zu der Taktik, jene unterschwelligen Konventionen anzusprechen, die allen Marketingstrategien zugrunde liegen, egal, ob hier Kleidung, Magazine oder Filme angepriesen werden. Das Filmposter bewirbt einen Film, den wir Lesben gerne sehen würden, aber niemals sehen werden.

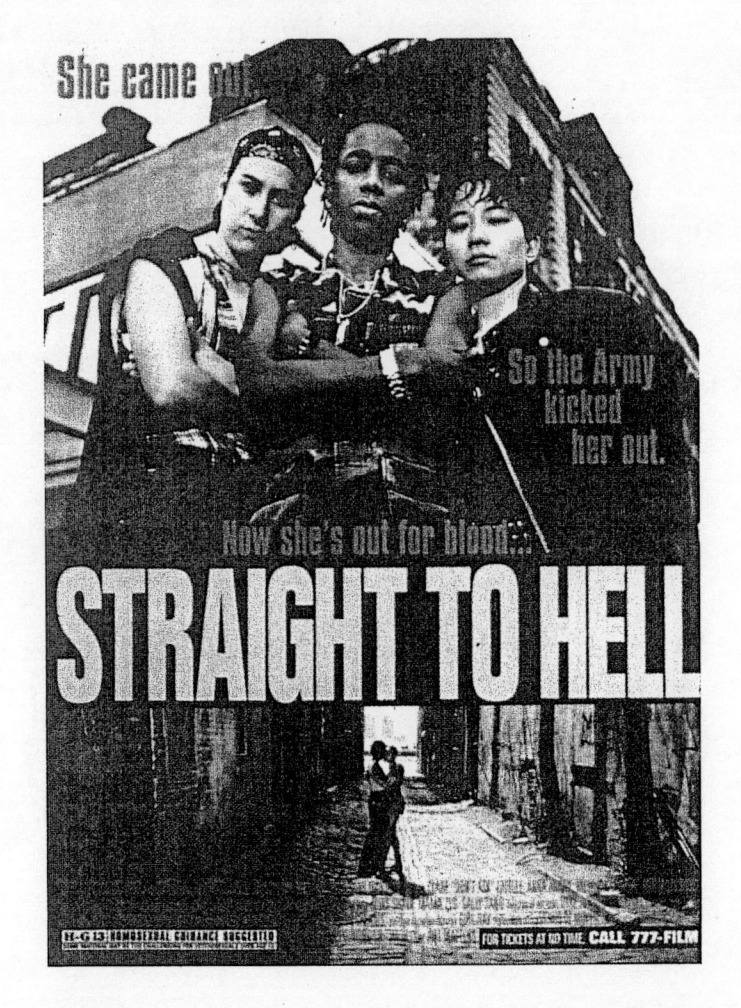

Dyke Action Machine!, immer auf der Suche nach neuen Interventionsorten für Agitprop, rückte auch ins Worldwide Web vor. Im Sommer 1995 gestaltete DAM! eine Webseite für eine fiktive lesbische TV-Station mit dem Namen *The Girlie Network*. Unsere Programmankündigung listete in der Hauptsendezeit sapphische Klassiker wie „Leave Us The Beaver" oder „The Snip Squad" und gewitzte Ankündigungen für vier weitere Shows auf. Die Website wird jeden Monat durchschnittlich 14.000 mal aufgesucht, Hunderte von Antworten sind bei uns eingetroffen. Das Projekt ist für uns (die Produzentinnen) sehr befriedigend, da wir erstmals einen direkten Kontakt mit unserer Zielgruppe haben, die sich nun nicht mehr auf New York City beschränkt, sondern über die ganze Welt ausdehnt. Das Problem der Kunstproduktion im öffentlichen Raum, das sich nur im Internet stellt, ist allerdings der inhärente Elitismus des Mediums. Während wir nun zwar mit Sicherheit wissen, daß eine bedeutende Anzahl von Menschen unsere Arbeit kennt, sind wir mit unserer neuen Zielgruppe nicht ganz glücklich. Die Gruppe ist viel homogener – mehr Männer, eher Mittelklasse – als die willkürliche Auswahl, die die Straße bietet.

1996 schlug Dyke Action Machine! mit dem Projekt D.A.M. S.C.U.M. zu, einem heißen Low-tech-Plan zur Einrichtung einer lesbischen Bürgerinnenwehr, auf den Valerie Solanas stolz gewesen wäre. In ganz Manhattan tauchten zehntausend brieftaschengroße Karten und Zündholzschachteln auf, die für eine interaktive Telefonnummer warben. Männliche Anrufer, die Lesben zur Heterosexualität „konvertieren" wollten, konnten hier Solanas S.C.U.M.-Manifest hören, weiblichen Anruferinnen bot DAM! auf ihrem Weg zum Separatismus diverse Selbstverteidigungsprodukte an. Der Magazin-Teil von D.A.M. S.C.U.M erschien später im *Art Journal*.

1997 warf Dyke Action Machine! einen kritischen Blick auf die Schwulen- und Lesbenehe und wies die Ehepropaganda, die unsere ambitionierten AnpassungsspezialistInnen gegenwärtig der Community aufzwingen, scharf zurück. Unser Kunstprojekt treibt Martha Stewarts glänzende Fantasie von Normalität an ihre psychotischen Grenzen: Es zeigt eine ekstatische Braut, die ihre unwillige Genossin durch die Landschaft ehelicher Kriegsbeute schleift – chinesisches Porzellan, Silber, Kristall und Küchengeräte bestätigen den üblichen ökonomischen Austausch, der den sogenannten Bund der Liebe kennzeichnet. Fünftausend Poster erschienen im Sommer 1997 auf den Straßen Manhattans, rechtzeitig zum Auftakt der „Gay Pride Parade". Damit bewarben wir weder ein Produkt noch ein Ereignis. Vielmehr versuchten wir einen konstruktiven Dialog voranzutreiben, der sich der Frage stellt, ob die Lesben- und Schwulenhochzeit tatsächlich das beste Mittel zur Durchsetzung homosexueller BürgerInnenrechte ist. Dyke Action Machine! meint: NEIN!

Unserer Erfahrung zufolge sind wir Lesben immer noch nicht gewohnt, Zielscheibe der Mainstream-Werbung zu sein. Wie scharfsinnige MarketingmanagerInnen bereits lange vor uns erkannt haben, projizieren wir uns unhinterfragt in jede sexuell ambitionierte oder möglicherweise „homosexuellen-freundliche" Anzeige. Wir versuchen, uns mit den von der Werbeindustrie neu entworfenen Repräsentationen zu identifizieren. Aufgrund der mangelnden und falschen öffentlichen Darstellung neigen wir zu übertriebener Dankbarkeit, wenn uns Mainstream-Firmen tatsächlich ansprechen – über 200 LeserInnen schrieben Dankesbriefe an Virgin Airlines, nachdem diese im Magazin *Out* inseriert hatten.

Weil DAM!s Projekte direkt auf öffentliche Werbekampagnen reagieren, sind sie verhältnismäßig kurzlebig. Notgedrungen müssen sie billig und schnell, gleichzeitig aber auch oppositionell und verführerisch sein. Um die lesbischen Betrachterinnen anzusprechen, müssen sich die Posters aus der Perspektive der Insiderin auf Elemente der lesbischen Kultur beziehen und es der lesbischen Betrachterin möglich machen, diese Images in den Kontext des weltlichen Vokabulars zu stellen, ohne die Obskuritäten ihrer Existenz zu reproduzieren.

Gleichzeitig werden diese Posters zum Inbegriff von Antiobjekten. Sie sollen nicht kostbar, sondern verwendbar sein und die Beständigkeit der Architektur unterwandern, indem sie die optische/räumliche Umgebung verändern. Frauen greifen diese Images gierig auf und hauchen ihnen ein zweites Leben ein. Noch lange nach der Beendigung der Kampagne hängen diese Posters an Kühlschränken, in Schlafzimmern, als Erinnerungsstücke in Sammelalben und werden im ganzen Land an andere lesbische Gemeinschaften verschickt. Manchmal tauchen diese Images Monate später auf einem anderen Kontinent auf, nachdem sie über Kommunikationskanäle von Lesben – trotz ihres Ausschlusses aus der kommerziellen Kultur – weitergegeben wurden.

Geschlecht als Performance
Eine Anleitung zum Drag-King-Crossdressing
Diane Torr

Die *Drag-King*-Szene begann, als Johnny Amstrong und ich im April 1989 in Annie Sprinkles Salon Workshops anboten. Ich lebe seit 15 Jahren als Performancekünstlerin in New York und wurde durch meine Auftritte als Mann in der Downtown-Szene bekannt. Meine Arbeit als Performerin und Regisseurin stellt die gegenwärtige Konzeption von Geschlecht und Erotik in Frage. Bei den Workshops interviewte Annie als Journalistin Johnnie einen Mann, der früher als Frau gelebt hatte. Ich demonstrierte als Fotomodell die Transformation von der Frau zum Mann.

Johnnie hatte seit seinem dritten Lebensjahr Girls, die wie Boys aussehen wollten, mit Make-up ausgestattet; später schminkte er sich selbst solange, bis ihm Hormonpillen zu einem starken Bart verhalfen und er kein Make-up mehr nötig hatte. Als ich an diversen Kunstschulen und Theatern in den USA den Kurs „Geschlecht als Performance" leitete, verstand ich noch nichts von Make-up. Dann formten Johnny und ich ein Team, und er prägte den Ausdruck „*Drag King*". Im Kontext der Workshops und *Drag-King*-Wettbewerbe, die wir in den frühen 90ern veranstalteten, beobachteten wir die Entstehung einer *Drag-King*-Kultur. Diese Zeit war sehr aufregend, denn wir erkannten bald, daß wir da an etwas rührten, das sich als Zeitgeist der 90er herausstellte. Wir machten etwas sichtbar, was latent vorhanden war. Ich erinnere mich noch, wie der Begriff zum erstenmal in einer Talkshow auftauchte, bei der wir eingeladen waren. Da wußten wir, daß der Begriff und damit auch das Konzept Teil des Alltagsvokabulars geworden waren. JA!!

1992 entschied sich Johnny, anderen Interessen nachzugehen, und ich begann, mit meiner Performance „Drag Kings and Subjects" und meinen Workshops durch Nordamerika und Europa zu touren. Seither führte ich Hunderte von Frauen ins „Frau-zu-Mann-Crossdressing" ein und veranstaltete Workshops u. a. in New York, Boston, Chicago, Minneapolis, Toronto, Amsterdam, Arnheim, London, Manchester, Leeds, Berlin, Hamburg, Hannover, München, Zürich, Bern, Helsinki, Vordingborg. Für einige Teilnehmerinnen war der Kurs eine Weiterführung ihrer eigenen Forschungen, für andere ein einmaliges Erlebnis. Die Reaktionen variierten von Stadt zu Stadt, von Land zu Land, aber alle Workshops eröffneten den Frauen die Möglichkeit, ihr „normales"

Verhalten als Frauen zu hinterfragen und neue Verhaltensformen zu entdecken. Die Intention war häufig nicht so sehr, als Mann durchzugehen (was nicht heißt, daß viele Frauen in ihrer männlichen Gestalt nicht erfolgreich waren), als vielmehr Verhaltensmuster, die als gegeben vorausgesetzt werden, zu hinterfragen. Geschlecht ist nicht unveränderbar, und in der Konstruktion des Männlichen erkennen Frauen andere Möglichkeiten des Seins. Sie lernen, ihr Verhaltensrepertoire und ihre Geschlechterrolle zu erweitern. Natürlich gab es, historisch betrachtet, immer schon weibliche Cross-Dresserinnen. Dr. James Miranda Barry nahm die Gestalt eines Mannes an, um 1812 an der Medizinischen Fakultät in Edinburgh zu graduieren, und lebte bis zu ihrem Tod als Mann. Die surrealistische französische Künstlerin Claude Cahun experimentierte in den 20er und 30er Jahren mit *performing gender* und kreierte für sich männliche und weibliche Personae, die sie in beeindruckenden Fotomontagen festhielt. Billy Tipton, Jazzmusikerin aus Seattle, lebte als Mann, ihr weibliches Geschlecht wurde erst nach ihrem Tod 1989 festgestellt. Natürlich gibt es einen großen Unterschied zwischen Frauen, die für einen Tag oder eine Woche in die Gestalt eines Mannes schlüpfen, und den Frau-zu-Mann-Transsexuellen. Die meisten Teilnehmerinnen der *Drag-King*-Workshops sind Frauen, die ein anderes Geschlecht ausprobieren wollen. Viele Frauen besuchen den Workshop für einen spezifischen Zweck, z. B. um ein Auto zu kaufen oder sich Zutritt zu Orten und Situationen zu verschaffen, die ihnen sonst verschlossen bleiben. Ein Alterego als Mann zu kreieren, kann für Frauen eine nützliche Strategie sein, wenn sie z. B. allein durch ein Land reisen, wo Frauen aller Altersgruppen eine sexuelle Angriffsfläche darstellen. Dann gibt es natürlich die Idee der sexuellen Kicks ... Einige Teilnehmerinnen arrangieren nach dem Workshop ein Treffen mit ihrer Freundin oder ihrem Freund, um für eine Nacht die Rollen zu tauschen.

Um also zu den Praktiken des Workshops zu kommen – hier sind einige Dinge, die du berücksichtigen solltest, wenn du einen Tag lang ein Mann sein möchtest:

Die Kreation einer männlichen Identität hängt in starkem Maß von der Verbindlichkeit deiner Erkundungen ab. Wenn deine männliche Identität behelfsmäßig zusammengestellt ist (wenn du z. B. eine Frauenhose mit einem seitlichen Reißverschluß trägst), wird mit hoher Wahrscheinlichkeit auch dein Charakter so wahrgenommen. Wenn du deine männliche Identität konstruierst, solltest du die Kleidung des gewählten Männertyps aufmerksam studieren, damit du dich nicht unwohl und unsicher fühlst. Oscar Wilde sagte, „Clothes make the man", und das ist immer noch der Fall. Auch wenn du eine spezifische Vorstellung für deine männliche Identität hast, solltest du für mehrere Identitäten offen sein. So haben z. B. viele Frauen einen dünnen Hals, und ein Hemd mit Krawatte sieht lächerlich aus, wenn sie vom zarten Frauenhals herunterbaumelt. Eine *Homeboy*-Identität mit T-Shirt und Baseball-Kappe funktioniert vielleicht besser.

Hier sind einige mögliche Charaktere, die du ausprobieren könntest: Konzernmanager, Dandy, Mechaniker, schwuler Junge, Computerfreak, Werbeagent, Rockmusiker, Macho-Playboy, Kellner, Biker, Hippie, Orchestermitglied, Akademiker, Arbeiter, Verkäufer ... und natürlich jede Menge anderer Möglichkeiten. Die Verwandlung haut vielleicht nicht gleich hin, du mußt herumprobieren. Hilfsmittel wie Hosenträger, grelle Krawatten oder Westen, die du über dem Hemd tragen kannst, sind nützlich. Flexibilität ist gerade am Anfang wichtig.

BRUSTBANDAGEN
Ein 10–15 cm breites Bandagenband wird ausgehend von den Brustwarzen um die Brust gewickelt. Es ist einfacher, wenn dir jemand behilflich ist, damit die Bandage gleichmäßig verteilt werden kann und deine Brüste nicht herausquellen, wenn du dich bewegst. Die Bandage sollte sicher, aber nicht zu fest sein, damit du beim Atmen keine Schwierigkeiten hast. Frauen mit großem Busen brauchen vielleicht zwei Bandagen, die leicht übereinanderlappen sollen, damit kein Spalt entsteht. Wenn du nach dem

Auflegen der Bandagen noch immer findest, daß die Brüste wahrnehmbar sind, zieh dir ein T-Shirt über, und es schaut so aus, als hättest du beeindruckende Brustmuskeln aufgebaut.

DER PENIS
Es gibt viele Arten, einen Penis zu konstruieren. Einige verwenden ein Kondom, das sie mit Baumwolle ausstopfen, andere eingerollte Socken, eine Banane oder einen Dildo. Ich finde, der überzeugendste Penis ist ein schlaffer, da ja die meisten Männer nicht andauernd mit einer Erektion herumlaufen. Natürlich kann das bei deiner männlichen Persona der Fall sein – du mußt nur mit den vielen Annäherungsversuchen umgehen können! Um einen sanften Penis zu kreieren, verwende ich eine Tuben-Bandage, die ich mit Baumwolle ausstopfe und an beiden Enden zusammennähe. Er ist zwischen 5–12 cm lang und fühlt sich etwas schwammig, aber dennoch fest an. Männerunterhosen mit Schlitz und Latz vorne sind von Vorteil, weil du dann den Penis hineinstecken kannst und er nicht rausfällt, wenn du auf die Toilette gehst (was schon vorkam). Der Penis hängt entweder auf der rechten oder linken Seite des Reißverschlusses runter, mit Sicherheit jedoch nicht in der Mitte. Ich vernachlässige die Hoden, weil sie nicht so sichtbar sind, obwohl mir Männer erzählt haben, daß diese eine stärkere Präsenz haben, weil die Eier, im Gegensatz zum eingepackten Penis, runterhängen und ihr eigenes Gewicht haben.

HAARE
Wenn du lange Haare hast, kämm sie entweder zurück oder binde sie im Nacken fest und laß die Haare runterhängen (nicht hochbinden zum Roßschwanz). Wenn du deine Haare offen läßt, versuch sie in der Mitte und nicht auf der Seite zu teilen. Wenn du findest, daß es noch immer nicht gut aussieht, nimm etwas mehr Gel. Experimentier mit einem neuen Style. Eine umgedrehte Baseballkappe wirkt manchmal Wunder. Unabhängig von der Länge und Art, du kannst sicher sein, daß es einen Mann gibt, der ähnliche Haare hat. Schau dich um, beobachte Männer in der U-Bahn, im Restaurant und in der Bar.

GESICHTSHAARE UND MAKE-UP
Gesichtshaare sind der zentrale Signifikant in der Kreation einer männlichen Identität. Wenn dein Busen sichtbar ist und du ein Kleid trägst, aber einen Bart hast, werden dich die Leute höchstwahrscheinlich für einen männlichen Transvestiten halten – und wenn das deine männliche Identität ist, dann mach das. Andere Männer tragen Anzüge, Leder oder Sportbekleidung, und mit einem Schnurrbart, Spitzbart und Koteletten hast du bessere Chancen durchzugehen. Die Gesichtshaare bekommst du in Geschäften für Theater-Make-up. Es gibt sie in verschiedenen Farben und Dichten. Du kannst auch fertige Schnurrbärte kaufen, die prinzipiell einfacher handzuhaben sind, aber meistens adaptiert werden müssen und oft schief sitzen. Männliche Gesichtshaare setzen sich aus vielen Schattierungen zusammen. Damit sie authentischer wirken, solltest du sie mischen. Schneide sie in kleine Teile, klebe sie mit Klebstoff zusammen und trage dann die Teile auf. Das erfordert Übung. Damit die Koteletten symmetrisch werden, solltest du eine nach der anderen machen. Augenbrauen können mit Mascara verdickt werden, wenn notwendig kannst du auch mit dem Gesichtshaar Löcher stopfen. Den Schimmer des Bartansatzes solltest du erst nach dem Aufkleben der Gesichtshaare auftragen, da der Spirituosenkleber Flecken hinterläßt, die du entfernen mußt, wenn der Schimmer nicht fleckig werden soll. Am einfachsten ist, du trägst einen dunkelbraunen oder schwarzen Lidschatten mit einem Pinsel fein auf. Vergiß den Hals nicht. Außer bei Männern mit Doppelkinn ist der Bartschimmer entlang den Kanten des unteren Kieferknochens meist stärker. Du kannst auch die Tränensäcke unter deinen Augen verstärken. Im Gegensatz zu Frauen machen sich Männer wenig Sorgen um die

Ansammlung von Abgezehrtheits- und Alterserscheinungen. Vielleicht verstärkt es deine männliche Erscheinung und gibt deinem Aussehen einen harten Touch.

SCHUHE
Versuch dich nicht mit Reeboks für Frauen durchzuschwindeln. Die sind vollkommen unsexy. Männerschuhe sind weiter und geräumiger als Frauenschuhe. Im Gegensatz zu den Frauenschuhen sind sie kräftig, robust und dafür gebaut, zu halten. Männerschuhe geben dir das Gefühl, mit beiden Beinen auf der Erde zu stehen und den Raum unter deinen Füßen zu besitzen. Dieser physische Kontakt mit dem Boden zeitigt entsprechende psychologische Effekte. Versuch es.

VERHALTEN
Meine Beobachtungen beziehen sich auf einen stereotypen weißen amerikanischen Mann aus der Mittelschicht, weil Stereotypen – leider – eine Norm repräsentieren oder das, was als „typisch Mann" identifiziert werden kann. Wichtig ist, daß du aufhörst zu lächeln. Sofort. Männer lächeln nur, wenn sie einen Grund haben. Als Frauen lernen wir, häufig zu lächeln, damit wir nicht bedrohlich wirken und sich die Leute in unserer Gesellschaft wohl fühlen. Lächeln ist ein Akt der Freundlichkeit, der als Zugeständnis wahrgenommen wird und dich für Ausbeutung anfällig macht. Sei undurchlässig, damit dich auch ein noch so durchdringendes Starren nicht trifft. Betrachte irgendeinen grauhaarigen Mann mit Anzug bei einer Podiumsdiskussion. Anzug, Körpersprache, Gesten und Gesichtsausdruck vermitteln Macht und Entschlußkraft. Ein dunkelfarbiger, gutgeschnittener Anzug vermittelt Autorität. Betrittst du als Mann mit Anzug einen Raum, werden dich die Menschen wahrnehmen. Bevor du überhaupt deinen Mund öffnest oder irgend etwas tust, wird dir bereits Bedeutung beigemessen. Von dir wird Arroganz und Entschiedenheit erwartet, denn als Mann in einer Männerwelt hast du immer Recht. Wenn dem auch nicht so ist, gib es niemals zu und entschuldige dich nie. Das würde dich deine Macht kosten. Wenn du also deine männliche Persona entwickelst, erwarte, mit Respekt behandelt zu werden. Wenn du als Mann einen Raum betrittst, tu so, als wäre es dein Raum, als fühltest du dich in deiner Umgebung absolut wohl. Auch wenn du Angst hast, tu so, als ob dir alles vertraut wäre (oh, da liegt eine tote Katze am Boden, ja, das hab ich vorher gesehen. Jemand sollte sie entfernen). Auch wenn du einen Raum zum erstenmal betrittst, er gehört dir. Alles, was du ansiehst, ist dein Besitz. Du siehst ein Aquarium, es gehört dir, du siehst Gemälde, Möbel, das teure Kassettendeck und die Leute, die dich anstarren – sie gehören dir. Wenn auch nur für den Moment, in dem deine Augen auf den Objekten oder Personen verweilen. Du zeigst niemals Unsicherheit oder ein Unwohlgefühl, weil es als Verlust der Kontrolle und damit als Mangel an Autorität gewertet werden könnte.

WIE EIN MANN GEHEN
Spreize deine Füße beim Gehen etwas nach außen. Das Gehen soll aus den Schultern kommen. Die Hüften sind steif und werden über den Schwung der Schultern gesteuert. Nimm beim Gehen viel Raum ein und laß dein Gewicht erst auf die eine, dann auf die andere Seite fallen. Stell dir um deinen Körper einen Radius von ca. einem Meter als Teil deines Territoriums vor. Jeder und jede, der/die hier eindringt, beschwört Schwierigkeiten herauf.

WIE EIN MANN SITZEN
Du sitzt mit den Beinen gespreizt und mit den Füßen fest am Boden. Wenn deine Beine in den Bereich einer anderen Person eindringen (z. B. in der U-Bahn), dann ist das nicht dein Problem. Du nimmst dir den Raum, den du brauchst – deine Eier brauchen ja schließlich Luft zum Atmen! Wenn du keine Zeitung liest, bedecke mit den gefalteten Händen deinen Schwanz. Sitzt du mit den Beinen überkreuzt, halte mit verschränkten Fingern das Knie des gebeugten Beines. Bevor du dich niedersetzt, zieh die Falten deiner Hose am Knie hoch. Dann sink tief in den Sessel bis dein Arsch den hinteren Teil berührt. Sitz niemals am Rand des Sessels. Das machen Frauen. Wenn du aufstehst, laß dir Zeit. Lehn dich nach vorne, erhebe dich und mach erst dann den ersten Schritt.

DER MÄNNLICHE BLICK
Um deine männliche Persona zu entwickeln, wirst du wahrscheinlich lernen müssen, durch etwas hindurch zu starren. Wenn Männer Frauen anstarren, dann wenden diese oft automatisch den Blick ab, vermeiden den Blickkontakt, weil sie die Konfrontation scheuen, außer natürlich, wenn sie sich von der Person angezogen fühlen. Als Mann solltest du lernen, so auf Menschen zu schauen, als käme der Blick aus dem tiefen Inneren deines Kopfes. Bei uns Frauen scheint der Blick von der Oberfläche der Augen zu kommen. Wenn du so schaust, als würden die Augen an der Verbindungsstelle von Sehnerv und Nervensystem beginnen, gibst du dem Blick eine gewisse Distanz und Überlegenheit. Auch wenn dies nicht der Fall ist, schaut es zumindest so aus, und du gewinnst die Autorität des männlichen Blickes.

DIE MÄNNLICHE STIMME
Wenn du sprichst, solltest du sehr langsam reden, damit die Menschen glauben, du hättest wirklich etwas Wichtiges zu sagen. Jedes Wort, das du aussprichst, ist ein Juwel der Weisheit. Alles, was du sagst, basiert auf 1000 Jahren Philosophie – also auf 1000 Jahren patriarchaler Philosophie. Eigentlich mußt du gar nichts sagen. Du kannst alle Anwesenden in einer Art ansehen, die sie das Privileg erkennen läßt, einen Mann wie dich in ihrer Runde zu haben. Versuch den Ton deiner Stimme tief zu halten und sprich laut. Hebe die Stimme am Ende des Satzes nicht an, so als ob du eine Frage stellen würdest. Sei direkt, sprich in kategorischen Statements, so als hättest du definitive Antworten. Wenn deine Rede von passenden, signifikanten Gesten begleitet wird, wirst du als männlich wahrgenommen. Das Optische führt das Auratische.

MÄNNLICHE GESTEN
Gesten dienen nicht der Verschönerung, sondern der Betonung. Du kannst mit den Fingerspitzen auf Dinge zeigen, mit den Händen auf Brusthöhe durch die Luft schneiden (wie bei „jetzt reichts!") oder mit der Faust der einen in die Handfläche der anderen Hand schlagen. Die Geste sollte in Gesprächen nur einmal benutzt werden, weil sie sonst an Ausdruckskraft verliert. Männer berühren nur selten ihren Körper. Wenn sie es tun, dann nur um ihre Eier einzurichten oder sich auf die Oberschenkel zu hauen. Wenn sich ein Mann im Gesicht kratzt, dann macht er das mit flachen, nie mit spitzen Fingern oder mit der Rückseite der Hand.

Er nimmt seine Geldtasche aus dem Inneren der Jacke, indem er mit einer Hand das Kleidungsstück von seiner Brust wegzieht und mit der anderen in die Tasche greift. Wenn du besorgt bist, daß jemand an deiner männlichen Identität zweifeln könnte, übe folgendes: Steh mit geschlossenen Beinen, heb deine Absätze und laß sie mit einem „click" runterfallen.

Laß Münzen in der Tasche klimpern. Gib vor, jemandem mit Interesse zuzuhören und zucke dann deine Schultern mit einer Geste des Desinteresses. Falte die Arme, zieh deinen Kopf und deine Brust zurück, während die andere Person um ihren Ausdruck kämpft. Knöpfe deine Jacke auf, steck einen Daumen in den Hosenbund und verwende die andere Hand, um mit den Fingern zu gestikulieren.

IDENTITÄT
Geschlecht ist ein Akt. Weiblichkeit wird, egal wer sie trägt, immer als *drag* wahrgenommen – wahrscheinlich kann sie deshalb auch so leicht karikiert werden. Männlichkeit hingegen wird als universal vorausgesetzt. Deshalb ist auch die Künstlichkeit der Männlichkeit weniger deutlich. Das hat den Vorteil, daß es einfacher ist, in einer männlichen Gestalt als Mann identifiziert zu werden. Männlichkeit wird vorausgesetzt, bis das Gegenteil bewiesen ist. Aber auch wenn du das Gefühl hast, nicht als Mann durchzugehen, ist bereits das Faktum von einiger Bedeutung, daß du den transgressiven Akt machst und als Mann auftrittst. Wird Geschlecht als eine kulturelle Konstruktion anerkannt, könnte das vielleicht zu einer Welt führen, in der Geschlechternormen insgesamt abgelehnt werden und sich Geschlechter jenseits dieses binären Systems bewegen. Deine Aktionen tragen also zu einer dynamischen Revolution über die Art und Weise bei, wie wir uns sehen und wie wir gesehen werden. Du kreierst eine unwiderrufliche Veränderung von Identität.

VI.

It's A She Thing ...
(Strategischer) Essentialismus & Separatismus

manipulate
Tribe 8

women's love is so friendly
women's love is like herbal tea
women's love it empowers me

i just want to manipulate my girlfriend
i just want to play games with her head
i want to do some mental pushups
i want her to apologize and beg

it's such a sin
it's so wrong
i feel guilty as fuck
i try to quit
i can't help it
i guess it's just my lousy luck

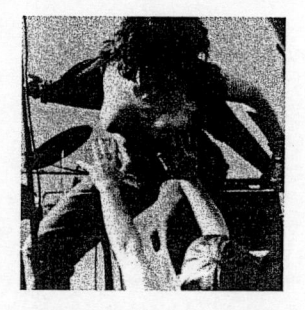

i just want to objectify my girlfriend
i like her 'cause she's hot between the sheets
i just want to show her off at parties
and dress her up as if she walked the streets

...

i just want to slap around my girlfriend
i just want to make her scream and yell
i just want to tie her to the bedposts
and call her nasty names like you evil bitch from hell

it's such a sin
it's so wrong
i don't give a fuck what you think
she loves me so
when i do it
it gets me high
so i don't have to drink
it's such a sin
it's so wrong
so what
so i'm a social reject
if it's a sin
if it's so wrong
it sure is fun being a social defect

i just want to manipulate my girlfriend
i just want to play games with her head
i want to do some mental pushups
i want her to apologize and beg
beg
beg.

I don't want to be seen as a girl band
Interview mit Gina Volpe (Lunachicks)

Viele MusikerInnen behaupten, es sei aufgrund des Hypes von sogenannten „Girl-Bands" für Frauen heute leichter, einen Plattenvertrag zu bekommen.

Es ist sexistisch, wenn Bands einen Plattenvertrag bekommen, nur weil sie aus Frauen bestehen. Aber es ist genauso sexistisch, wenn sie ihn aus demselben Grund nicht bekommen. Einerseits ist es gerecht, daß der Mainstream den vielen Frauenbands seine Aufmerksamkeit schenkt. Das ist echt gut. Anderseits ist es auch wieder scheiße, wenn sie nur wegen eines Trends gesignt werden. Das Ganze ist echt komplex. Ich bin natürlich stolz, daß wir Frauen sind und eine Band haben. Ich will nur nicht als Girl-Band gesehen werden, sondern als die Lunachicks.

Was ist denn eure Erfahrung mit der Kritik?

Ständig müssen sie alle extra erwähnen, daß es sich um eine Frauenband handelt. Unter 100 Kritiken wirst du keine einzige finden, die sich nicht damit beschäftigt, egal ob nun alle Bandmitglieder Frauen sind oder nur die Leadsängerin. Die glauben, dadurch das Interesse zu wecken. In den acht Jahren unserer Karriere, in der ganzen Ansammlung von Kritiken und Artikeln – inzwischen so dick wie ein Telefonbuch – wurde es kein einziges Mal nicht erwähnt. Und viele davon schreiben kein einziges Wort über unsere Musik. Sie schreiben über Körperteile, Kleider, Auftreten, egal was, Hauptsache weiblich. Wie kann man über Platten oder Konzerte schreiben, ohne die Musik zu erwähnen? Oft sind es diese fetten, bebrillten Perverslinge, die sowas schreiben. Das sind die, die sich hinter der Bühne rumtreiben, uns anstarren und dauernd mit uns quatschen wollen. Die brauch ich nicht in unseren Konzerten. Wenn das mal ein Ende hat, dann wird das Leben schön sein, mit Vögeln, Blumen und Regenbogen und allem drum herum.

Sieht so die Zukunft von Frauen im Rock aus?

Wir sind hier und werden hier bleiben. Von nun an wird es immer Frauen geben, und wenn das endlich nicht mehr als Neuheit gehandelt wird, wird's uns allen besser gehen. Die Medienausbeutung von Riot Grrrl war verrückt, da wurden alle Rock-Girls auf einen Haufen geschmissen.

Queer Punk trifft Womyn's Music
Evelyn McDonnell

Wie viele Besucherinnen des „Michigan Womyn's Music Festival" spaziert auch Lynn Breedlove gerne oben ohne. Aber im Gegensatz zu den ca. 7000 Frauen, die jährlich zu diesem einwöchigen Womyn-Only-Treffen kommen, hat Breedlove mit schwarzem Marker das Frauenzeichen – kombiniert mit dem A des Anarchismus – auf ihren Bierbauch geschrieben und trägt einen Dildo in den Boxershorts.

In der Dämmerung steht Breedlove, die Leadsängerin der Punkband Tribe 8, mit ihrem Dildo oben auf der Bühne und stößt das Ding mit einer Gestik umher, die den stets kritisierten Phallozentrismus des Rock sarkastisch übertreibt. „It's called gang rape", singt Breedlove im Song „Frat Pig". „We've got a game called gang castrate", schreit sie in die Menge, vollzieht am Höhepunkt des Songs mit dem Dolch in ihrer Hand das Ritual und schmeißt den Dildo in die tobende Menge.

Punk, der eine Kastration simuliert, mag zwar der Alptraum vieler Männer sein, ist aber sicher nicht das, was Frauen, die Michigan kennen, mit dem Frauenmusik-Festival verbinden. Seit 19 Jahren bietet es Frauen die Möglichkeit, unter sich zu sein. Hier campieren Frauen aus der ganzen Welt gemeinsam unter Bäumen, liegen unterm Sternenhimmel, hören in Harmonien schwelgende weibliche Stimmen, teilen Intimitäten und graben in Workshops Erinnerungen aus – es ist himmlisch. „Du hörst viel Scheiße über Michigan", meint die Tribe-8-Gitarristin Leslie Mah, die zum erstenmal hier ist, „aber ich dachte mir, 7000 Frauen oben ohne, da ist was dran."

Bis vor kurzem fanden sich beim „Michigan Womyn's Music Festival" vor allem Künstlerinnen aus Folk, Worldbeat und jenen Popklängen, die mit dem Genre Frauenmusik assoziiert werden. Neben der Musik ist Michigan auch dafür bekannt, daß Frauen versuchen, Feminismus zu definieren und progressive Ideen in die Praxis umzusetzen, was oft zu lautstarken Kontroversen führt. Es heißt, Michigan habe jedes Jahr ein Thema. Einmal wurden hier Pornographieproduzentinnen und S/M-Anhängerinnen beschuldigt, Werkzeuge des Patriarchats zu sein, dann Mann-zu-Frau-Transsexuelle ausgeschlossen. Michigan ist ein Prüfstein des Feminismus. „Will it play at Michigan/Is it correct?" heißt es witzelnd im Tribe-8-Song „Neanderthal Dyke".

Nachdem Tribe 8 (der Name kommt von Tribadismus, laut Oxford Dictionary ein „unnatürliches Laster unter Frauen") auf der Bühne ihre Verstärker angesteckt hatten, begann eine mit der berühmten Elektrikperformance Bob Dylans auf dem „Newport-Folk-Festival" 1965 vergleichbare Aktion: Ein tabuüberschreitender Einschnitt, der eine kulturelle Verschiebung anzeigt und diese gleichzeitig heraufbeschwört. Frauen protestierten vor dem Eingang. Emcee Sara Cytron riet zur Vorsicht im Mosh Pit, dem Bereich vor der Bühne, wo die Punk-Fans ihren Slam tanzten. Und Breedlove warnte das Publikum vor ihren „psychisch nicht ganz ungefährlichen" Texten.

Zugegeben – Tribe 8 liebt den wortgewaltigen Kampf: „Wir sind die einzigen offen deklarierten, reinen Dykes von San Francisco, eine messerschwingende, Rape-Gangs kastrierende, Dildos-wedelnde, Scheiße-aufdeckende, auratisch-pornographische, Neandertaler-perverse Band von patriarchatszerstörenden Mösenschleckerinnen", schrieb die Band im Ankündigungsfolder des Festivals und ließ damit 1994 eine Bombe platzen.

Tribe 8 will die Grenzen der lesbischen Musik und Politik aufzeigen und sprengen. In der folksongartigen Einleitung von „Manipulate" auf der Compilation *There's A Dyke in the Pit* singt Breedlove mit satirisch nasalem Winseln: „Women's love, it's so friendly/women's love is like herbal tea/women's love empowers me." Dann stürzt sich die Band in einen dichten Strudel lauter Gitarrenklänge und vorwärtstreibender Beats, und Breedlove erzählt, daß sie ihre Freundin behandelt, wie es in feministischen Aufklärungsbüchern eben nicht beschrieben wird.

Tribe 8s Konfrontationskurs kommt von ihrem Glauben an die Werte des Punkrock. Der rebelliert gegen höflichen Professionalismus und verteidigt eine rohe, expressive Do-it-yourself-Ästhetik. Seit sich mehr und mehr Frauen diesem Medium zuwenden und dabei oft mit jenem Sexismus konfrontiert werden, den sie von der Gesellschaft kennen, erwacht dort zunehmend ein feministisches Bewußtsein. Punk-Feministinnen, die sich auch Riot Grrrls nennen, formierten sich zu Gruppen, ähnlich den Selbsterfahrungszellen der 70er Jahre, und spielen auf Konzerten, wo Männer ausgeschlossen oder nur im Hintergrund sind. Als eine der ersten selbsternannten *All-Dyke*-Gruppen nimmt Tribe 8 eine zentrale Position in der wachsenden Bewegung des *Queer Punk* ein.

Mit der asiatisch-amerikanischen Gitarristin Leslie Mah, der afrokanadischen Bassistin Lynn Payne, der Drummerin Slade, der

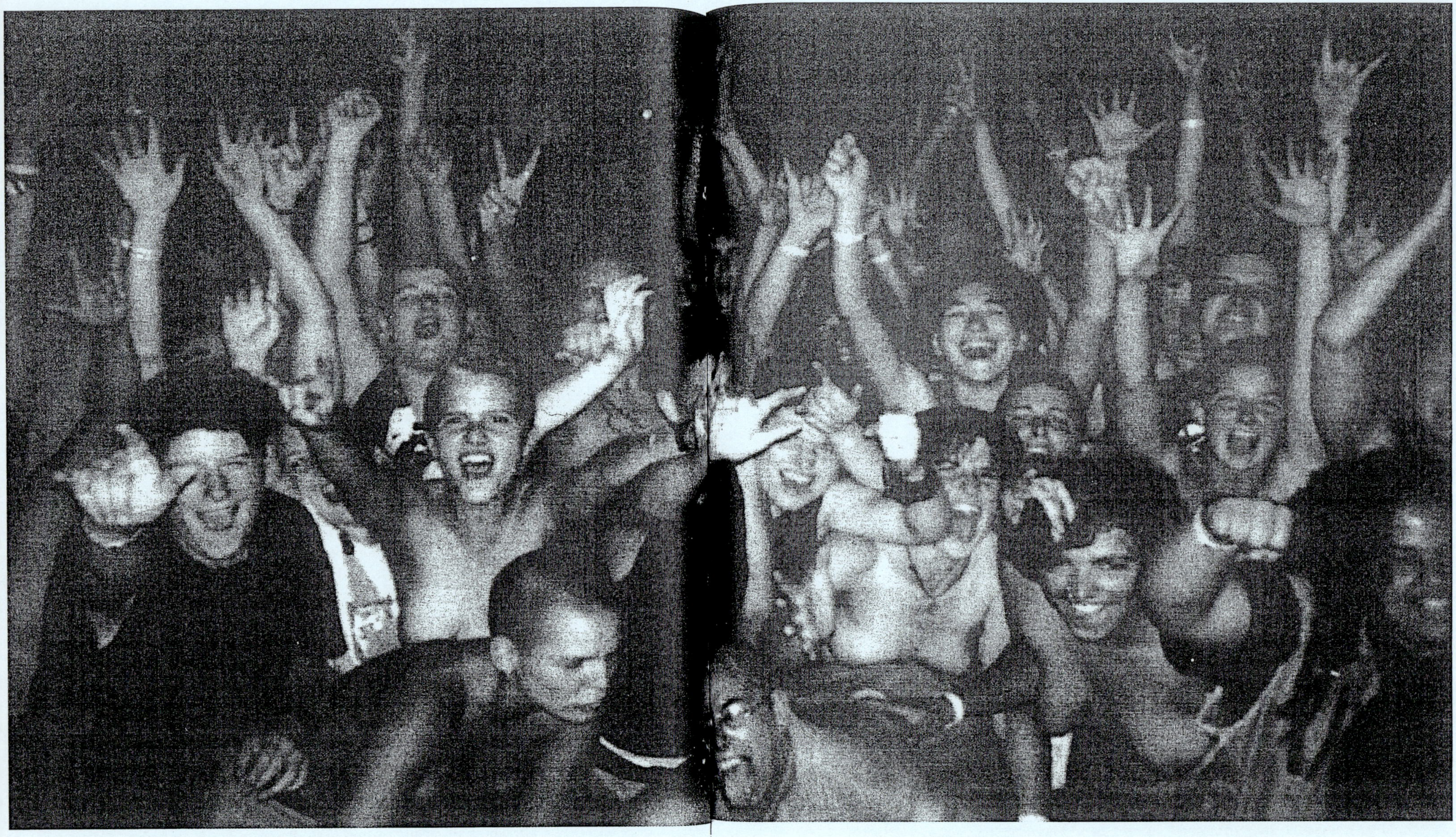

Gitarristin Lynn Flipper und Breedlove (alle drei weiß) stellt Tribe 8 innerhalb der mehrheitlich weißen Punkwelt eine Rarität dar. Und im Gegensatz zu vielen Punkbands sind sie an der Musik anderer Frauen interessiert. „Ich möchte von den verschiedenen Musikformen und Ausdrucksmöglichkeiten lernen", meint Breedlove, „aber ich setze auch voraus, daß all die anderen unsere Musik hören und von uns lernen wollen."

Auf ihren Platten und CDs widmet sich Tribe 8 frauenspezifischen Tabubereichen, z. B. S/M und Inzest. Ihre Perspektive ist feministisch, auch wenn sie den Begriff in Frage stellen. Songs wie „Crash Crush" zelebrieren lesbische Liebe und heroische Frauen, während „Mom Gone Song" über verlorene Frauen trauert; die letzte Aufnahme der Gruppe ist ihren Müttern gewidmet. Aber Tribe 8 fügen ihrer Theologie der Frauenbefreiung den punkigen Twist des dystopischen Individualismus bei. In Songs wie „Neanderthal Dyke" mimt Breedlove die Rockfigur des messianischen Losers: „My political consciousness is fried/And I'm not exactly woman-identified/I don't give a shit I just wonna get laid/By curvy little hot-n-sexy eye-liner babes."

Sie haben es satt, sagen Tribe 8, von ihren feministischen Kolleginnen verurteilt zu werden (weil sie zu *butchig* sind, weil sie Leder tragen, weil sie's mit Dildos treiben). Das erinnert sie an die Moral der Heterogesellschaft. „Ich habe meine Schwierigkeiten mit Feministinnen, die sagen, ich hätte das vom Patriarchat gelernt", meint Slade, „die Sachen, die ich vom Patriarchat gelernt hab, besagten, daß dies und das schlecht ist, mach das nicht, sei keine Lesbe, sprich nicht über Sex. Ich muß soweit wie möglich aus diesem Gefängnis rauskomm, das für meine Seele so schmerzlich und verletzend war." Die Band unterstützte auch die Transsexuellen, die in diesem Jahr protestierend vor dem Festivalareal campierten. „Wenn du vom Mainstream und der heterosexuellen Gesellschaft dein Recht forderst, mit Frauen ins Bett zu gehen," meint Breedlove, „dann solltest du deinen Schwestern, die sich vielleicht gegen das schwesterliche Seite-an-Seite, gefühlsduselige Ding entscheiden, die gleichen Freiheiten zugestehen."

„Das ist Pornographie," kommentierte eine wütende Frau die Beschreibung von Tribe 8, die im Workshop „Gewalt in lesbischen Communities" nur wenige Stunden vor dem Auftritt der Band laut verlesen wurde. Dem Ankündigungsfolder zufolge war es ein Ziel dieses Workshops, „mit Nicht-S/M-Frauen über die Auswirkungen von S/M und lesbisch-produzierter Pornographie zu diskutieren".

Der Workshop begann spannungsgeladen. Frauen vom vorangegangenen S/M-Workshop verteilten am Eingang eine Studie über Gewalt gegen Mitglieder der S/M-Community, worauf sich S/M-Gegnerinnen bei der Festivalleitung beschwerten.

Die Organisatorinnen des Workshops betonten, sie wollten lediglich ein Forum zum Austausch von Gewalterfahrungen schaffen. Nichtsdestotrotz organisierten einige Mitglieder der Gruppe einen Protest gegen die wachsende Anzahl von „Pro-Sex-Feministinnen". „Pro-Sex-Feministinnen perpetuieren das Patriarchat, indem sie Images der sexuellen Unterwerfung und Gewalt verbreiten", erklärte eine Frau. Tribe 8 repräsentiere diese Position auf dem Festival, hieß es, weil sie S/M-Szenen auf die Bühne brächten und Frauen sich im Mosh Pit Gewalt antäten. „Das ist Frauenhaß", diagnostiziert eine der Workshopteilnehmerinnen. Protest wurde laut. „Gewalt unter Frauen ist Gewalt gegen alle Frauen", hieß es auf einem Schild, das die Frauen begrüßte, die am Abend des Tribe-8-Auftritts den Bühnenbereich betraten. „Opfer sexuellen Mißbrauchs sollten das Tribe-8-Konzert nicht besuchen, denn es enthält explizit sexuelle Gewalt", warnte ein anderes.

Die Mitglieder von Tribe 8 wissen, daß ihre Generation von musikalischen Vorgängerinnen viel lernen kann. Sie wissen aber auch um ihre Eigenart: Ihre Texte und ihre Songs attackieren den Mutter-Erde-Folk, der, wie viele Frauen glauben, Michigan ausmacht – und natürlich auch den Begriff von Weiblichkeit. Auf die Ärmel der „Tits-and-Tofu-Tour"-T-Shirts, die Tribe 8 für das Festival gemacht hatte, schrieben sie „Eat My Birkenstock". „Wir werden als Aufrührerinnen beschimpft", erzählte Breedlove in dem Workshop, den Tribe 8 anbot. „Scheint so, als ob da in einem Haufen Scheiße gewühlt werden muß."

Tribe 8 und ihre Fans überraschte der Protest nicht; für sie repräsentierte das Festival nur begrenzte Images des feministischen Spektrums. Das hat mit dem Generationskonflikt zu tun, mit dem Unterschied zwischen Frauen, die mit Punk, Rap und Metal, und jenen, die mit Acidrock und Folk aufgewachsen sind.

Die Organisatorinnen des Festivals waren bemüht, Michigans Reputation aufzupeppen. In diesem Jahr wurde Transsexuellen mitgeteilt, daß die Regelung „nur als Frauen geborene Frauen" zwar immer noch in Kraft sei, die Teilnahme aber im Entscheidungsbereich der einzelnen liege; Geschlechtsuntersuchung würde keine durchgeführt. Darüber hinaus gab es im Festivalverzeichnis den Aufruf zum Dialog: „Honoring Our Diversity".

Tribe 8 triumphierten schlußendlich in Michigan. Junge und alte Frauen tauchten in den Mosh Pit ein. Der Souvenirladen verkaufte mehr Tribe-8-T-Shirts als je zuvor von irgendeiner anderen Band. Mit der Einladung von Tribe 8 hatten die Organisatorinnen eine Schleuse geöffnet und ein neues Forum begründet. Während früher Mainstream-Rocker Angst hatten, sich mit Feminismus zu identifizieren, gibt es heute ein breites Spektrum von Künstlerinnen – von den retrofunkigen Luscious Jackson über die grungigen L7 bis zu Joan Jett –, die frisches Blut nach Michigan bringen würden. Das Festival könnte endlich anerkennen, daß „Frauenmusik" schon lange eine andere Dimension hat.

Tribe 8 veränderte Michigan, aber Michigan auch Tribe 8. „Wir haben so viele stereotype Vorstellungen voneinander", meinte Lynn Flipper. „Das Beste hier war, daß wir uns gegenseitig nicht in irgendwelche Schubladen gesteckt haben." Obwohl Tribe 8 für den Feminismus in Michigan eine schwer verdauliche Kost war, sagt der Ausgang doch einiges über die Zukunft dieser Bewegung aus. Die meisten Frauen in Michigan begrüßten die neuen, wütenden, sexuell toleranten Feministinnen. Mehr und mehr junge Frauen fürchten und schämen sich nicht mehr, sich als Feministinnen oder Lesben zu outen. Viele Frauen sind sich der Geschichte feministischer Auseinandersetzungen bewußt. Ihre Taktiken mögen unterschiedlich sein, ihre Musik lauter, aber sie treiben den Kampf voran.

Evelyn McDonnell's Hitliste:

X-Ray Spex „I Am a Poseur"
Bikini Kill „Feels Blind"
Patti Smith „Till Victory"
Aretha Franklin „Think"
Sleater Kinney „Little Mouth"
Joan Jett „Bad Reputation"
LaBelle „Lady Marmalade"
Pretenders „The Phone Call"
PJ Harvey „Fountain"
Tribe 8 „Frat Pig"
Abbey Lincoln „Throw It Away"
Slits „So Tough"
Mecca Normal „Throw Silver"

Nicht gesungene Songs und Wahrheiten
A Work In Progress

Muffet Calcagno (aka brooke webster),
Besitzerin des Lesbenclubs Meow Mix, NYC

Es waren die besten Zeiten ...
es waren die schlimmsten Zeiten ...
in der New York Times werden darüber meist Lügen erzählt ...

Ich finde, ihr solltet jetzt besser mal herhören und eure Zeit mit mir verbringen, ich finde, ihr solltet euch jetzt einfach zurücklehnen und euch meine Reime einflüstern lassen.

*Da unten an der Kreuzung steht ein Mann,
er wartet nur auf mich,
seit 2 Uhr morgens ist er jetzt schon draußen,
ich glaub, ich laß ihn noch warten bis 3.*

Da unten an der Kreuzung
steht ein Mann,
er sagt Sohn,
ich sag du Arsch, du weißt nicht Bescheid,
ich glaub du verstehst einfach nicht,
wie's mir so geht
die ganze Zeit.
Ich weiß viele gute Sachen ...
echt viele gute Sachen
könnt ich jetzt machen,
wenn ich nur in der Lage wär
noch eine Flasche Wein
irgendwoher
zu kriegen.
In einen Laden gehn,
meine Mütze anziehn,
in die Stiefel schlüpfen
und hinten rausgehen.
Ich hab's geschafft.

Ich hab's geschafft.
Meine Schritte machen nicht mit.

ICH WAR DA, HAB'S GESEHN, IHR KÖNNT ES NICHT BESTREITEN

Ein Todeskommando vergewaltigte und verstümmelte die Lehrerin des Viertels, denn sie hatte den Leuten beigebracht, sich selbst zu erhalten; dann haben sie ihren Körper in El Playon abgeladen; ich hab noch nie zuvor jemand in vier Teilen abholen müssen.

ICH WAR DA, HAB'S GESEHN, IHR KÖNNT ES NICHT BESTREITEN

Die Frauen arbeiten hart und schaffen sich einen eigenen Platz, ihre eigene Kultur, eine eigene Community, einen Ort des Widerstands, einen Ort, wo sie Dykes sein können, einen Ort, wo sie sich verlieben können, einen Ort für Rock, Funk und Roll, einen Ort, wo sie Schmerz, Streß und

Traurigkeit abschütteln können, einen Ort, wo sie gefördert werden, einen Ort, wo es Kollektivität, Drama und Sieg gibt. Unsere eigene, befreite Minizone. Ein Ort, an dem die Geschichte geändert werden kann.

ICH WAR DA, HAB'S GESEHN, IHR KÖNNT ES NICHT BESTREITEN

Dann war da eine Lesbe, die lieber das Scheißgeld nahm und die Kredite, als die Zone für ihre Community zu verteidigen. Geld und Lügen können kollektive Arbeit nicht ersetzen. Manchmal wächst einem alles über den Kopf, er schwillt an und an; und verkauft sich. Du hast geglaubt, du wärst auf der coolen Seite des Lebens angekommen, doch der Zug ist abgefahren, Baby, und er kommt nicht zurück.

ICH WAR DA, HAB'S GESEHN, IHR KÖNNT ES NICHT BESTREITEN

Ein 15jähriges Mädchen, der Stiefvater schleicht sich immer wieder an sie ran, um sie unter der ruhigen, dunklen Bettdecke zu mißbrauchen, eine Pistole an ihren Schläfen: „Wenn du's erzählst, erschieß ich deine Mutter", „Sag nichts, sei still, ich bin gleich fertig", „Keiner wird dir glauben", „Du hast keine Zeugen", „Du bist doch sowieso eine Hure", „Du merkst doch selbst, daß es dir Spaß macht". Die Stimme der schleichenden Zerstörung fordert ihr Recht auf Ruhm; der Stiefvater spricht die Wahrheit der Gesellschaft.

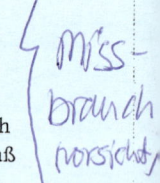

Hey, wo kommt sie her, meine Familie? Wer sind meine Leute? Wißt ihr, wie's mir heute geht? Ich brauch einen Tribe, den ich meine Nachbarschaft nennen kann, der heute mit mir durch die Welten wandert. Verwirrung ist ein Zustand, in dem du einiges kapierst.

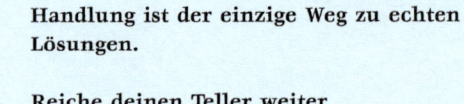

Handlung ist der einzige Weg zu echten Lösungen.

Reiche deinen Teller weiter
und erzähl mir, was sich zugetragen hat.

Wir wollen unseren Techno-Papp!
Elisabeth Vincentelli

Dieser Essay geht von einem sehr einfachen Gedanken aus: Warum gibt es nicht mehr Frauen, die Computer benutzen, um Musik zu machen? Es muß nicht unbedingt experimentelle oder avantgardistische Musik sein, obwohl das auch gut wäre, es geht eher darum, einen Umgang mit Technologie zu finden – und zu verkaufen. Manche Frauen finden Elektronik cool – aus der Distanz. Sie fühlen sich sicher, wenn sie zu hochentwickelten Instrumenten singen, solange ein Typ sie bedient.

Als Riot Grrrl vor einigen Jahren die Szene in Aufruhr versetzte, besuchte ich so viele Konzerte wie möglich, las so viele Fanzines, wie ich nach Hause tragen konnte, und kaufte viele Platten und Singles. Aber nach einigen Monaten Aufregung fiel mein Enthusiasmus in sich zusammen wie ein übergekochter Auflauf: Es war schon schlimm genug, daß Konzerte zu Feiern einzelner Insider-Cliquen verkamen, weshalb ich mich stets uralt fühlte (damals war ich in meinen späten Zwanzigern), aber noch mehr machte mich die musikalische Engstirnigkeit der Bewegung verrückt. Die Bands entdeckten also die Punkbewegung neu: wirklich großartig. Es ist schon gut, daß Leute Bands wie X-Ray-Spex oder The Raincoats auf den neuesten Stand bringen wollen. Aber warum sollte Musik nur aus Zwei-Akkord-Hymnen bestehen? Zu diesem Zeitpunkt etwa standen die Shangri-Las, Pauline Oliveiros, The Delta und Robin Holcomb auf meiner persönlichen Hitliste, daher verstand ich nicht, warum keine dieser neuen Bands von einer Downtown-Avantgarde-Musikerin wie Zeena Parkins oder Laurie Anderson beeinflußt sein kann wie von den Slits. Heute vergißt man leicht mal, daß Anderson ziemlich kratzbürstig und dissonant war, als sie in der Szene auftauchte. Sie war die erste Frau, die als unverfrorene Techno-Memme beträchtlichen kommerziellen Erfolg hatte: Sie baute sich ihre eigenen Instrumente! Sie redete schon über „Cyberdom", da wußten wir noch gar nicht, was das ist! Sie spielte (und das in allen Wortbedeutungen!) mit Computern! Eher ließe sich noch ignorieren, daß Annette Peacock bereits 1968 ihre Stimme manipulierte und mit dem Moog-Synthesizer experimentierte oder daß Danielle Dax mit Loops arbeitete, bevor die Leute bei MTV überhaupt davon gehört hatten. Und doch schien es gerade so, als hätten diese bahnbrechenden Frauen niemals existiert. Die Riot Grrrls predigten die Revolution, während sie Musik machten, die von ihrem ganzen Stil her veraltet war. (Ich beeile mich zu betonen, daß ich hier über Form spreche, der Inhalt ist eine andere Sache.) Mit anderen Worten: Die schlimmsten Klischees darüber, daß Frauen eine feindselige Einstellung zu technologie- und computerorientierter Musik haben, schienen zu stimmen.

Jetzt haben wir 1997, aber viel hat sich nicht geändert. Zwei der musikalischen Höhepunkte des Jahres sind der kommerzielle Durchbruch von Electronic Music in den USA dank Chemical Brothers und Prodigy, und, was sehr depremierend ist, der Erfolg der Lilith-Fair-Sommer-Tour, die Sarah MacLachlan – mit ihrer Vorliebe für Sheryl Crow und Tracy Chapman – zusammengestellt hatte. Ich sollte froh sein, daß eine von Frauen dominierte Package-Tour die männerbündlerischen Lollapalooza-Shows in den Schatten stellt, aber ich bin sauer. Warum versetzen mich die Computer-Bleeps der Chemical Brothers in Aufregung, während ich bei Fiona Apple einen Schreianfall kriegen könnte?

Wenn Ani DiFranco als „Revolutionärin" bezeichnet wird, dann frag ich mich, was denn daran so revolutionär sein soll, sich innerhalb eines Genres wie Folk zu bewegen, dessen Grundregeln vor Dekaden, um nicht zu sagen vor Jahrhunderten festgelegt wurden und das eine Sprache benutzt, die noch direkt vom „Bewußtseinswandel" der frühen 70er Jahre geprägt ist. Und wenn jemand einwendet: „Mag ja sein, aber Green Day sind auch nur eine Neuauflage vom 77-er-Ramones-Stil", dann läßt sich darauf mit Entschiedenheit entgegnen, daß es für Jungs Green Day gibt und Underworld und Leftfield und Todd Terry und Mouse on Mars. Ich würde ein Sleater-Kinney-Konzert jedenfalls noch viel mehr mögen, wenn ich wüßte, daß ich danach heimgehen und Chemical Sisters hören könnte. Aber das kann ich nicht, weil die Rolle der Frauen in der Dance-Musik immer noch die der Diva ist, und Diven sind, bei allem Spaß und der Möglichkeit der Öffentlichkeit, die sie implizieren, noch immer Teil des Ewiggleichen. In der dance- und computerorientierten Musik sind die Frauen noch immer Verzierung, Schmuck, ewige Trophäen. Keine Frage, sie sind da, sichtbar, na und? Ich finde Masterproduzent und Remixer Todd Terry weitaus interessanter als die austauschbaren Sängerinnen, für die er Breakbeats einbaut. Und würde es überhaupt auffallen, wenn jemand anderes als Martine auf Tricky-Platten singen würde? Viel hat sich nicht geändert seit den 80ern, als die Konstellation Mann am Keyboard/Frau am Mikro geradezu den Beigeschmack von familiärer Rollenteilung hatte: Auf jede isolierte Gillian Gilbert, die sich die Mühe antat, New Order mit Klarheit auszustatten, kam sowas wie Yazoo, auf jede Anne

Dudley, die The Art of Noise im Hintergrund produzierte, kam sowas wie Eurythmics oder Thompson Twins. Jetzt gibt es Portishead, Massive Attack, Tricky, Lamb oder Pizzicato 5; Bands, die von ein, zwei Typen gegründet wurden, die jetzt die Knöpfe bedienen, und in denen es eine Frau gibt, die singt. Die Frage ist nicht, ob diese Frauen einen starken Einfluß auf die künstlerische Ausrichtung der Band haben – natürlich haben sie den –, sondern warum ihr Einfluß auf Style und Text beschränkt bleibt. Dem, was uns Zigarettenhersteller so verkünden, zum Trotz – wir sind noch nicht besonders weit gekommen, Baby.

Jungs lieben technische Geräte, besonders die unbrauchbaren, aber glamourösen. Deshalb ist es nicht verwunderlich, daß die Kollektion von neuem coolem Zeugs im *Wired* „Fetisch" heißt und daß *Sports Illustrated* Telefone in Form von Fußbällen an seine neuen Abonnenten verschenkt. Computer sind aber keine Fußball-Telefone. Obwohl es gesund ist, nicht jeden dummen neuen Schnickschnack hochzujubeln, und aufregende Avantgarde-Musik auch mit traditionellen Instrumenten erzeugt werden kann – worüber ich so beunruhigt bin, ist dieses totale Desinteresse der Frauen, wenn es um Musik mit technologischer Ausrichtung geht. Nicht weil die unbedingt besser ist als Zwei-Akkord-Punk, sondern weil wir uns selbst enormer Möglichkeiten berauben. Es gibt zwar vereinzelt marginalisierte Frauen, die wacker mit Samplern und Midi-Equipment experimentieren (und das, obwohl die Hipster in der Knitting Factory auf ihre Art genauso machistisch sind wie die männlichen Metallica-Horden im Giants Stadion), aber was ich wirklich mal erleben möchte, das wäre eine Horde Frauen, die mit ihren verdammten Samplern Ärsche eintreten und obendrein noch Tonnen von Platten verkaufen.

Dem allen liegt nicht mal unbedingt eine Technologie-Phobie der Frauen zugrunde – obwohl sowas sicherlich mit hineinspielt –, denn um technophobisch zu sein, muß eine bestimmte Kenntnis der Möglichkeiten von Technologie vorhanden sein. Entweder sie fürchten sich vor diesen vielfältigen Anwendungsmöglichkeiten oder vor den Auswirkungen. Bei vielen Frauen handelt es sich eher um ein totales Desinteresse. Das läßt sich natürlich auf frühe Sozialisationsmuster zurückführen, die das Interesse an Wissenschaft nicht fördern. Doch junge Frauen verbinden Emanzipation automatisch damit, sich Gehör zu verschaffen, und Technologie spielt dabei keine Rolle, mal von dem Wissen abgesehen, wie ein Gitarrenkabel in den Verstärker gestöpselt wird. Lehren, die von der Befreiung von Mädchen handeln, legen immer Wert auf einen möglichst ungefilterten Zugang zur Sprache, nicht auf einen ungefilterten Zugang zum Motherboard im Computer.

In Wahrheit wird Technologie eher als Hindernis empfunden, das einer direkten, kraftvollen Äußerung im Weg steht: da ist dann schon beinahe eine Stufe von Zensur erreicht, diesmal selbstverhängt. Punk betonte immer, daß es nicht die Technik ist, die zählt, sondern daß man das, was man zu sagen hat, einfach rausläßt, so wie man's halt kann. Und mit dem „was man halt kann" ist gemeint, eines der klassischen Bandinstrumente, also Schlagzeug, Baß, Gitarre irgendwie zu beherrschen. Nicht minder stolz auf ihre limitierte Technik waren Riot-Grrrl-Fanzines, die für die Bewegung genauso wichtig waren wie die Musik. Ihr technischer Aufwand beschränkte sich auf Schneiden und Kleben, und dafür waren letztlich nur eine Schreibmaschine nötig, Schere, Klebstoff und ein Kopiergerät. Und obwohl ich der letzte Mensch bin, der „Quark" zum Nonplusultra des Grafikdesigns erklären möchte – durch ihren Maschinenstürmerinnen-Impetus haben die Aussagen in den Fanzines eher an Kraft eingebüßt. Bikini Kill waren das extremste Beispiel für diesen leidigen Trend, denn jede ihrer Platten sah gleich aus, immer dieselbe Art der grafischen Gestaltung, was traurigerweise besser als jede Kritik ausdrückte, wie abgerüstet ihre künstlerischen Ambitionen waren. (Um fair zu sein: Kunst ist sowieso nicht das Hauptanliegen von Bikini Kill.) Kurz gesagt: Wieder einmal wurde der Computer als „zu sauber" wahrgenommen. Als würde er die Kommunikation zwischen Bühne und Publikum irgendwie einschränken; als wäre er ein Filter, der die artikulierte Wut nicht durchläßt.

Dabei hat Technik heutzutage gar nicht mehr so viel mit Technologie zu tun. In den späten 60ern, als Jean-Jacques Perrey noch buchstäblich Magnetbänder in Teile zerschneiden mußte, war Technologie das Gebiet eines erlesenen Kreises. Jetzt ist es beileibe auch nicht schwieriger, einen Mac zum Musikmachen zu benutzen, als E-Gitarre-Spielen zu lernen; manchen Leuten fällt es vielleicht sogar leichter. Nur daß beim Computer heute die Art von Ballast mitschwingt, vergleichbar der E-Gitarre vor 20 Jahren: Er ist einschüchternd, denn er vermittelt, daß er nur für einen Meister seines Faches reserviert ist; daß nur der ihn bedienen kann, der ihn bedienen kann. Auch die einsame Techno-Verklemmtheit, die so ein Computer ausstrahlt, scheint für Jungs irgendwie nicht so unangenehm zu sein wie für Mädchen – ein Mädchen wird vielleicht in die Magersucht getrieben vor lauter Selbstzweifel und Einsamkeit, während ein Typ zum brillanten Einsiedler wird.

Im Gegensatz zur traditionellen Rockmusik wird computerorientierte Musik oft als Streben nach Zurückgezogenheit aufgefaßt. Ein Artikel nach dem andern etwa lobt die Genialität von Aphex Twin, Moby oder Beaumont Hannant; alles Männer, die ihre Musik in der abgeschiedenen Atmosphäre ihrer Schlafzimmer kreieren – und für die ein abgestelltes Telefon in der Teenagerzeit wahrscheinlich mehr Segen als Fluch war. Für viele Mädchen dagegen ist Musikmachen ein sozialer Prozeß, wo man nicht nur ähnlich gesinnte Leute trifft, sondern auch über sein Leben reden kann. (Und alleine im Zimmer kann man doch genausogut ein Buch lesen oder Tagebuch schreiben, wofür braucht man dann einen Computer, stimmts?) Dabei ist Technologie so gesehen doch überhaupt nicht einschüchternd: sie dringt nicht in den Bereich der Wahrnehmung ein, sie ist nichts, was man begehrt. Da ich selber kein Technik-Hirn bin, kann ich einerseits mit dieser Geringschätzung für Technologie sympathisieren, andererseits schreibe ich nicht mit Kuli und schon gar nicht auf einer Schreibmaschine, sondern auf einem Computer. Als Hörerin und Kritikerin frustriert mich dieses grimmige Bedürfnis, an stumpfen Waffen kleben zu bleiben. Und gleichzeitig löst es in mir stechendes Mitleid aus. Und wenn es sich vermeiden läßt, möchte ich Frauen lieber nicht bemitleiden.

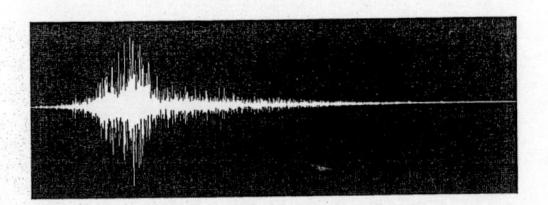

Notizen zum politischen Zustand des Cyberfeminismus
Faith Wilding und Critical Art Ensemble

Der Cyberfeminismus stellt eine vielversprechende neue Entwicklung im (post)feministischen Denken und Handeln dar. Dank der Arbeit, die zahlreiche Aktivistinnen in das Internet investieren, entwickelte sich eine lebhafte, freche und intelligente cyberfeministische Präsenz im elektronischen Raum, die viele Grundsätze des klassischen Feminismus in Frage stellt. Insgesamt hat der Cyberfeminismus erst damit begonnen, einen Kampf um diese technologisch komplexen Territorien auszutragen. Weil sie in einem geradezu mythischen Ausmaß männlich kodiert sind, hatte das cyberfeministische Eindringen in verschiedene Bereiche der Technowelt (CD-ROMs, World Wide Web, Mailing-Listen, Newsgroups, Künstliche Intelligenz usw.) weitgehend den Anschein des Nomadischen, Spontanen und Anarchischen. Tatsächlich brachte das ein Maximum an unterschiedlichen Äußerungsformen und an Experimenten und imitierte neue Literatur- sowie Kunstgenres, während es bei der realen Vernetzung und im Aufbau von Organisationen noch zu mangeln scheint. Auch die theoretische Auseinandersetzung mit dem Thema Geschlecht *(gender)* in der techno-sozialen Sphäre wirkt in Hinblick auf jene Bereiche, in denen tatsächlich mehr Gerechtigkeit erkämpft worden ist, eher unausgegoren. Unter diesen Bedingungen kommt es zur Wiederholung vieler traditioneller feministischer Strategien und Taktiken. Es wäre aber unklug, diese Wiederholung mit jenem gelangweilten Gähnen abzutun, das immer dann einsetzt, wenn etwas bereits Vertrautes auftaucht. Schließlich ist der elektronische Raum ein wichtiger Schauplatz des Geschlechterkampfes, für den eine Diversifizierung der Geschlechter (und Diversität im allgemeinen) dringend vonnöten ist.

Das Territorium abstecken

Wo liegt also der Schauplatz, auf dem sich der Cyberfeminismus bewegt, den er theoretisiert und mit dem er sich aktiv auseinandersetzt? Eine erste, offensichtliche Antwort lautet natürlich: im Cyberspace. Aber diese Antwort ist nicht wirklich zufriedenstellend. Tatsächlich macht der Cyberspace nur einen kleinen Teil aus, da die Infrastruktur, mittels derer diese virtuelle Welt überhaupt erst erzeugt wird, riesige Ausmaße besitzt. Design und Herstellung von Hard- und Software nehmen ganz sicher eine

Schlüsselrolle ein, aber vielleicht sind die Institutionen, in denen die Produktdesigner der Cyberkultur ausgebildet werden, von noch größerer Relevanz. Zum überwiegenden Anteil werden diese Produkte ja von Männern für geschäftliche oder militärische Zwecke entwickelt. Ganz offensichtlich handelt es sich also um männlich dominierte Bereiche, zumal die Kaufkraft vor allem in männlicher Hand liegt. Deshalb sind auch die Produkte so gestaltet, daß sie vor allem männliche Bedürfnisse und Wünsche befriedigen. Von Beginn an war der Zugang zum Hochleistungsbereich der Technowelt (zur sogenannten „virtuellen Klasse") auf Männer zugeschnitten.[1] Schon in den ersten Stadien der Sozialisation und Erziehung sind Technologie und technologische Prozesse geschlechtlich kodiert, und zwar als ausgesprochen männlich. Sobald eine Frau produktiv oder kreativ mit komplexen Technologien umgehen kann, wird dies als abweichendes Verhalten interpretiert, das eigentlich bestraft werden müßte.

Das Territorium, auf dem der Cyberfeminismus agieren muß, ist also riesig. Es erstreckt sich über den elektronischen Raum, die Institutionen, in denen Industriedesign gelehrt wird, und andere Erziehungseinrichtungen – also über all jene Bereiche, in denen technologische Prozesse geschlechtlich kodiert sind und Frauen der Zugang zu den Machtpositionen innerhalb der Technokultur verweigert wird. Cyberfeminismus beinhaltet jedoch auch jene Kämpfe, die die Auswirkungen neuer Technologien auf das Leben von Frauen bewußtmachen wollen, aber auch die perfiden geschlechtlichen Kodierungen, die die Technokultur in das Alltagsleben einführt. Der Cyberspace ist selbst nicht im luftleeren Raum angesiedelt; er ist mit den zahlreichen Institutionen und Systemen der Außenwelt verstrickt, die auf der Basis von Geschlechtertrennung und Hierarchie funktionieren. Der Cyberfeminismus muß folglich eine radikale Kritik dessen leisten, was uns allen als Medienhype der „Technowelt" bekannt ist.

Separatismus und Grenzziehung

Immer wenn feministische Ansätze neue Territorien erobern wollen, muß sich die Avantgarde der Bewegung mit unglaublichen Problemen und nahezu unüberwindbaren Auseinandersetzungen herumschlagen. Dasselbe gilt für den Cyberfeminismus. Relativ wenige Frauen verfügen über das Wissen, den Cyberhype oder die Komplexität des Systems zu durchschauen und – was am allerwichtigsten wäre – anderen Frauen beizubringen, wie sie innerhalb dieser Konstellation überleben und das System zu ihren Gunsten nutzen können. Die meisten Frauen, die in der Technosphäre arbeiten, müssen ihre gesamte Energie darauf verwenden, das Überschreiten der (geschlechtsspezifischen) Norm gut zu überstehen, und sich die großen Mengen von kompliziertem technischen Wissen aneignen. Bei letzterem scheitern bekanntlich die meisten Normalsterblichen. Bedenken wir zudem die geschlechtsspezifische Isolation (das Lernen und Arbeiten in einem männlich dominierten Bereich) und das niedrige soziale Prestige, das einem *Geek Girl* (also derjenigen, die gegen traditionelle weibliche Geschlechtskonstruktionen anrennt) anhaftet, dann wird das extrem hohe Entfremdungsniveau in diesem Bereich sofort klar. Unter diesen Umständen kann sich – wie schon des öfteren in der Vergangenheit – separatistisches Verhalten als enorm hilfreich erweisen und produktive Unterrichtssituationen schaffen. In der ersten Entwicklungsphase müssen Frauen einfach mit der Gestaltung eigener Arbeits- und Unterrichtsräume experimentieren. Diese Experimente hat es in allen bisherigen Phasen der feministischen Entkolonialisierung gegeben, und sie haben sich stets als äußerst fruchtbar erwiesen. Die Cyberfeministinnen, aber auch jene, die für einen Cyberspace im Zeichen der Differenz eintreten, sollten also ein gewisses Maß an Separatismus begrüßen. Wir möchten hier daran erinnern, daß der Separatismus von (rechtlosen) Minderheiten nicht unbedingt negativ zu bewerten ist. Er ist nicht sexistisch, er ist nicht rassistisch, und er stellt auch kein Hindernis für eine demokratische Entwicklung dar. Schließlich kommt es darauf an, ob eine gewisse Ausschließlichkeit strategisch dazu verwendet wird, eine bestimmte Wahrnehmungs- oder Lebensweise zu verallgemeinern, oder ob diese Ausschließlichkeit dazu dient, einer falschen Universalisierung entgegenzuwirken. Ebenso macht es einen entscheidenden Unterschied, ob die Ausschließlichkeit Herrschaftsstrukturen erhalten oder diese unterwandern soll. Sobald die Stellung von Frauen innerhalb eines gegebenen Bereichs erforscht ist und sich das Wissen davon bei den so Unterdrückten herumspricht, erübrigen sich alle separatistischen Aktivitäten, ja, sie können sogar kontraproduktiv werden.

Im Feminismus ist die Zeit von separatistischen Aktionen im allgemeinen vorbei; wir sollten jedoch nicht vergessen, daß die verschiedenen Teilbereiche der Gesellschaft auch unterschiedlichen geschlechtlichen Kodierungen unterliegen – in einigen Feldern gibt es mehr Gleichberechtigung als in anderen. Aber da der

Cyberspace ganz sicher zu den unausgewogensten zählt, ist auch zu erwarten, daß viele organisatorische und erzieherische Taktiken des frühen Feminismus eine Wiederbelebung erfahren werden.

Weibliche Subjektivität

Zur Zeit befindet sich der Cyberfeminismus an jenem unglückseligen Punkt, an dem entschieden werden muß, was unter die Rubrik Separatismus fällt und was nicht. Damit kehrt einmal mehr die quälende Frage wieder, worin denn Frausein besteht. Theoretisch ist dieses Problem handhabbar, aber zunächst muß geklärt werden, wo das Problem genau liegt. Ein Blick auf die Geschichte der feministischen Bewegung macht deutlich, daß es hier immer schon gewaltige Konflikte innerhalb von Frauengruppen und -organisationen gegeben hat, die meist von den Versuchen herrührten, weibliche Subjektivität zu definieren (und damit ein Gegensatzpaar vom Typ „wir" versus „sie" zu schaffen). In der zweiten feministischen Bewegung (die sich rund um das Women's Liberation Movement der späten sechziger und frühen siebziger Jahre bildete) wurde das Weibliche auf eine Art und Weise definiert, die im großen und ganzen die Subjektivität weißer, heterosexueller Frauen aus der Mittelklasse widerspiegelte. Die gegenwärtige Bewegung muß sich mit der Frage auseinandersetzen, ob sie Transvestiten, Transsexuellen und anderen Männern, die behaupten, sie würden sich mit Frauen identifizieren, die Aufnahme in aktivistische Organisationen gestatten soll. (Gleichzeitig gibt es für nichtweiße Frauen, Frauen aus der Arbeiterklasse und Lesben immer noch genug Grund, sich zu beschweren.) Außerdem dreht sich ein konstanter Streitpunkt darum, wie das Weibliche von den für die Identitätskonstruktion entscheidenden Sozialfaktoren zu trennen ist.

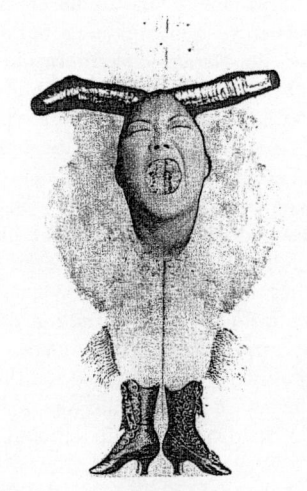

Gegenwärtig wird dieses Problem theoretisch so zu lösen sein, daß kleine Interessengemeinschaften und Koalitionen favorisiert werden, die nach Möglichkeit der Bürokratisierung entgehen können. Es ist aber zu erwarten, daß sich diese Koalitionen mit der Zeit – wenn auch unterschiedlich schnell – wieder auflösen werden. Außerdem müssen wir alle lernen, mit jenen Konflikten und Widersprüchen zu leben, die in einem Verbund, der auf Differenzen aufbaut, nun einmal existieren. Natürlich ist dies leichter gesagt als getan.

Cyberfeministische Aufklärung

Die Cyberfeministinnen haben bereits verstanden, wie wichtig es ist, die Ausbildung in Sachen Technologie zum zentralen Anliegen zu machen. Aber die Ausbildung muß im Kontext kritischer feministischer Analysen und Diskurse über Frauen, Netzkultur, Politik und die pankapitalistische Ökonomie stattfinden. Die Cyberfeministinnen müssen sich noch viel mehr Gehör verschaffen, gerade was die Diskussion über die Entwicklung des Internet betrifft. Dabei muß überlegt werden, wer eigentlich zum KundInnenkreis zählt. Denn gerade als kulturelle und technische Avantgarde dürfen die Cyberfeministinnen nicht vergessen, daß die meisten Frauen, die heutzutage im Westen mit Computern oder Informationstechnologien arbeiten, im optimalen Fall „bessere" Maschineschreiberinnen sind, für die der Computer einfach nur eine Arbeitsintensivierung bedeutet. Daher müssen wir uns fragen, welche Beziehung diese Frauen zur Technologie haben. Wie entsteht diese Beziehung und wie läßt sie sich anfechten? So sollte für die „Bewußtseinsbildung" eine Homepage eingerichtet werden, auf der Frauen ihre Geschichten und Erfahrungen im Umgang mit verschiedenen Technologieaspekten einbringen und darüber diskutieren, wie sich ihr Leben dadurch verändert.

Die feministische Aufklärung („Women's Studies"), wie sie seit den frühen siebziger Jahren in den USA betrieben wurde, beinhaltete die Idee einer „getrennten Ausbildung". Frauen sollten nicht länger mit Männern konkurrieren müssen, sondern ihre eigenen

Anliegen „frei" formulieren und Fragen aufwerfen können, die die Vorherrschaft der überlieferten Praktiken und Ansichten erschüttern. So unterhielten die feministischen Kunstinstitute in Kalifornien eigene Ateliers, Vorlesungen und ProfessorInnen innerhalb der vorgegebenen institutionell-akademischen Strukturen. Darüber hinaus wurde auch klar, daß ein exklusiver Raum für Frauen ein ungehindertes und radikales Experimentieren ermöglichte, was auch zur Aufweichung traditioneller Disziplinen, Praktiken und Fachbereiche führte. Dies war auch der Auftakt für einige postmoderne Kunstpraktiken, die seither den Mainstream von Kunst und Kunstgeschichte in den USA nachhaltig verändert haben. Welchen Zweck könnte also ein feministischer Computer- oder Medienlehrgang erfüllen?

Cyberfeministische Körperkunst

Das Internet bietet ein Forum für cyberfeministische Kunst, die sich derzeit hauptsächlich um den Körper dreht. Erwartungsgemäß spielen Vagina und Klitoris eine wichtige und stolze Rolle in cyberfeministischen Arbeiten, wie etwa jener der australischen Künstlerinnengruppe VNS Matrix. *„Cunt art"* war in den siebziger Jahren ein besessen fröhliches, befreiendes und radikal aufrüttelndes Markenzeichen von feministischen Künstlerinnen und Aktivistinnen. In Frauengruppen und medizinischen Selbsthilfeorganisationen war es üblich, sich gegenseitig an den Geschlechtsorganen zu untersuchen. Das Spekulum wurde so nicht nur zum Symbol der sexuellen Befreiung, sondern auch zum Zeichen der feministischen Forderung nach Reproduktionsfreiheit und einem frauenzentrierten Gesundheitssystem. Wie Donna Haraway in ihrem Buch „modest_witness@second_millenium.femaleman©_meets_oncomouse™" (1996) festhält, müssen sich all jene mit den Technowissenschaften befaßten Feministinnen mit „dem passenden Spekulum für diese Aufgabe" ausrüsten. Nur dadurch könnten „die Datenstrukturen, aus denen unsere Körper aufgebaut sind", sichtbar gemacht werden. Die Visualisierungs- und Datenverarbeitungsgeräte der neuen Informations- und Reproduktionstechnologien müssen daher anderen Zwecken zugeführt werden. Ihre Aufgabe sollte darin bestehen, „jene analytischen Sprachen (also jene Spekula) zu entwerfen, mittels derer unsere hybride Cyberwelt dargestellt, aber auch in sie eingegriffen werden kann" (Haraway, 1996, S. 212).

Der Cyberfeminismus könnte also neu zusammengesetzte, vernetzte Körper im elektronischen Raum schaffen – Körper, die leidenschaftlich in textliche, bildende und interaktive Arbeiten verstrickt sind. Gleichzeitig können die dekonstruktivistischen Projekte, die sich mit der Verbreitung dominanter kultureller, geschlechtlicher und sexueller Codes im Netz auseinandersetzen, nur dann ihre Wirksamkeit entfalten, wenn sie von einem starken libidinösen Zentrum ausgehen und aus der Geschichte von Frauen gelernt haben.

Abschließende Bemerkungen

Der Cyberfeminismus steckt momentan noch in einem Anfangsstadium. Eine Avantgarde von Forscherinnen, Amazonen und „Unangepaßten" hat sich auf feindliches Territorium begeben und dort Neuland vorgefunden, das dringend entkolonialisiert werden muß. Die Geschichte wiederholt sich also in einem positiven Zyklus, zumal feministisch-avantgardistische Philosophien, Strategien und Taktiken der Vergangenheit nun in all der Kraft, die sie früher einmal hatten, wiederentdeckt werden. Eine erkenntnistheoretische und ontologische Anarchie, die neuen Möglichkeiten gegenüber offensteht, ja diese begrüßt, durchzieht den Cyberfeminismus. Das Dogma muß sich also erst verfestigen. Gleichzeitig bewegen wir uns hier aber auf feindlichem Gebiet, und das Gold des Informationszeitalters wird den Frauen sicher nicht kampflos in den Schoß fallen. Ja, schlimmer noch: Eine riesige Mautstation überwacht den Zugang zu diesem neuen Territorium, deren Aufgabe darin besteht, von jeder/m Zutrittswilligen – ob Individuum, Klasse oder Nation –, Maut einzuheben. Für Individuen kostet der Zutritt eine entsprechende Ausbildung und die Ausrüstung mit Hard- und Software; für Nationen kostet er die Errichtung einer funktionierenden Infrastruktur und, in geringerem Ausmaß, den Besitz einer akzeptablen Ideologie. Folglich wiederholt sich hier auch ein negativer Zyklus, da jene Frauen, die den Weg in die elektronischen Gefilde gefunden haben, meist auch ökonomische und kulturelle Vorteile in anderen Bereichen besitzen; diese Vorteile resultieren aus der Klassenzugehörigkeit, die wiederum mit der kulturellen Stellung und mit Ethnizität verbunden ist. Wenn diese Gruppe also zur Öffnung des Cyberspace für andere benachteiligte Gruppen beiträgt, so stellt sich die Frage, mit welcher Ideologie und Struktur die Neuankömmlinge dort zu rechnen haben. Wird sich hier wiederholen, was der ersten und zweiten feministischen Bewegung bei ihrem Eindringen in die politische und ökonomische Arena passiert ist? Wird es im Cyberspace und seinen Institutionen möglich sein, mit den Schwierigkeiten, die Meinungsverschiedenheiten schaffen, fertig zu werden? Entscheidend ist sicher, die Geschichte der feministischen Kämpfe (sowie der Kämpfe gegen rassistische Abgrenzung und Klassenverhältnisse) gut zu kennen und zu verstehen. Und nicht nur aus strategischen und taktischen Gründen oder deshalb, weil Antworten auf die Frage nach dem „Cybergeschlecht" gefunden werden müssen. Wichtig ist dieses Wissen vor allem auch deshalb, weil die Geschlechterkonstruktionen, die das neue Territorium zur Gänze (und nicht nur in seinen virtuellen Bereichen) durchziehen, nicht in denselben negativen Zyklus eintreten dürfen, wie dies in der Vergangenheit der Fall war.

---

1 Um hier die AutorInnenposition offenzulegen: Wir predigen keinen reduktionistischen Gleichheitsfeminismus, der einerseits das bestehende System unterstützt, andererseits für eine gleichwertige Geschlechterrepräsentation in all seinen Teilbereichen eintritt. Wir halten auch nichts vom Pankapitalismus. Dieser ist ein räuberisches, bösartiges und sexistisches System, das sich auch dann nicht ändern würde, wenn eine gleichwertige Geschlechterrepräsentation in jenen Klassen existierte, die politisch das Sagen haben. Wir sind im Gegenteil der Ansicht, daß Frauen zunächst Zugang zu ermächtigendem Wissen und jenen Werkzeugen erhalten müssen, die im Augenblick noch in den Händen einer jämmerlichen „virtuellen Klasse" (Arthur Kroker) liegen. Wir wollen aber um keinen Preis, daß Frauen ein Teil dieser Klasse werden. Das „Glasdach" zu durchbrechen und aktiver Teil der ausbeuterischen Klasse zu werden, die von Geschlechterhierarchien profitiert, dies kann kein feministisches Ziel sein – und auch nichts, auf das wir stolz sein könnten.

She's My Heroine
Skunk Anansie

VII.

She's My Heroine ...
Idole und Fan-Kultur

I can't weep only cry
I can move I deny see my
smile eat, eat, eat fe, fe,
feed you so damn sweet
she's cal—ling she's
cal—ling
she's my heroine she's my
heroine fingers going
down, down
she's my heroine you're
too weird creep, creep,
creep, smiley faces so
discrete la, la, lover
evil eyes I can't sleep
for her lies she's
cal-ling she's craw-ling
smashed you in the face
up against the wall
still your secret's safe
(there's) no one I can
call she's my heroine

YES IT'S FUCKING POLITICAL

HEY YOU! SAY WHAT SHE NEEDS TO HEAR
Madeleine Block

She wants to embrace her, however the world will change/she wants to feel but she can only describe it/don't let the monster stay under the bed, don't let the monster stay under the bed/Hey you, say what she needs to hear/It's just like Donna said, it depends where you're at in your head ...
— Team Dresch, *Musical Fanzine*

Wenn du dreizehn bist und *queer* und nicht weißt, wie du dich der Welt und dir selber erklären kannst, fühlt sich das an, als würdest du allein im Dunkeln sitzen, zusammengekauert in einem Winkel deines Zimmers, und zu schreien versuchen – ohne deine Stimme zu finden. Da drängt eine Kraft von innen nach außen. Sie sagt, du solltest die Welt wissen lassen, daß du eine *Dyke* bist, eine *Fag*, bisexuell. Eine andere Kraft drängt von außen nach innen, sagt, du sollst den Mund halten. Eine Kraft muß die andere übertrumpfen. Die, die gewinnt, kann über das Schicksal deines restlichen Lebens entscheiden.

Im Sommer 1994 entdeckte ich Team Dresch. Ich spielte ihr erstes Album *Personal Best* über Wochen immer und immer wieder. Jeden Beat ätzte ich in mein Gehirn und in meine Seele ein. Es war, als hätte ich endlich meine Stimme gefunden. Ich hatte jene Kraft ausfindig gemacht, die mich in dieser Welt am Leben erhalten und davor bewahren sollte, daß auch ich auf dem Haufen Millionen toter *Queers* lande. Team Dresch paßte genau in diesen leeren Raum in mir. Ich hatte das Gefühl, daß sie ihre Musik nur für mich gemacht hatten und ihre Songs geschrieben, damit sie aus Jodys und Kaias Mund direkt in meine Ohren fließen. *Personal Best* zu hören, war und ist für mich noch immer ein heiliger Akt. Nie zuvor, und vielleicht nie mehr wieder, hatte ich eine derart persönliche Beziehung zu einem Album. Ich weiß, daß andere Mädchen in meinem Alter die gleiche Erfahrung gemacht haben. Wenn wir darüber reden, auch ohne unser Lesbisch-Sein zu thematisieren, spüre ich, daß es da eine unausgesprochene und unauflösbare Verbindung zwischen uns gibt. Gemeinsam sind wir Teil einer Revolution, in der Team Dresch ganz vorne steht.

Als ich mich mit meinem *Queer*-Sein auseinanderzusetzen begann, gab es in der Mainstream-Musik Lesben wie die Indigo Girls und Melissa Etheridge. Ich mochte ihre Art von Folk- und Hardrock-Musik nicht, sie wirkten auf mich wie Außerirdische. Ich fand es cool, daß sie sich deklarierten und immer noch Millionen von Fans hatten, aber ihre Musik fand ich nach wie vor nervig. Weil mir all die berühmten lesbischen Musikerinnen so unglaublich schmalzig erschienen, erwartete ich mir von Musik gar keine Hilfe, das alles durchzustehen.

Als ich *Personal Best* bei Chainsaw Records bestellte, hatte ich nie zuvor Team Dresch gehört, und alles, was ich über sie wußte, stammte aus Donnas coolen Ankündigungen im Katalog. Das Album kam Monate später mit der Post. Ich fand das Coverfoto mit den zwei netten Girls am Start zu einem Sprintrennen echt cool und wunderte mich, wie die wohl klingen würden. Ich schob die Kassette in meinen Walkman und wußte nach dem ersten Song, daß sich da irgend etwas in mir veränderte. Donnas brutales Gitarrenspiel – das war echte Punkmusik und nicht so lahm wie die vielen schreienden und spuckenden Jungs-Punkbands. Jody und Kaia verwendeten nie die Worte „*dyke*", „*queer*" etc., aber sie vermieden auch nicht, wie z. B. Melissa Etheridge das gerne tut, weibliche Pronomen. Jody sang darüber, wie sie ihre Freundin küßte, und Kaia darüber, was es heißt, 14 Jahre alt und in ein Mädchen verliebt zu sein. Mich berührte nicht eine Zeile oder ein Song im besonderen, sondern jedesmal drang ein anderer Teil zu mir vor.

Es hätte keinen besseren Zeitpunkt für mich geben können. Ich ging zur Schule und realisierte allmählich, daß ich Girls lieber mochte, als ich Boys je gemocht hatte. Ich wußte nicht, ob das bedeutete, lesbisch zu sein, und ich hatte ein Problem, mit dem ich umgehen mußte oder auch nicht. Ich versuchte mich selbst davon zu überzeugen, daß ich asexuell sei, und vermied menschliche Kontakte, so gut es ging. Ich hörte mir ängstliche Boy-Bands an und stieß auf Bikini Kill und Bratmobile. Ich sog die Musik auf, aber kümmerte mich nicht um meine Situation. Ich wurde depressiv, aber dachte nicht wirklich darüber nach, warum ich so traurig und zurückgezogen war. Ich sperrte mich in meinem eigenen Selbst ein, und weil ich mir nicht erlaubte, diesen Teil von mir anzusehen, gab es keinen Weg aus der Depression und Verwirrung.

Team Dresch sind vier *Dykes*. Zuerst war es der Sound, der mir gefiel. Es dauerte eine Weile, bis ich verstand, was sie sagten und daß das mit mir zu tun hatte. Es ist nicht so, daß ich ihre Musik hörte und gleich der ganzen Welt stolz verkündete: „Ich bin eine Lesbe!" Sie waren der Soundtrack zu meinem Versuch, mit meiner *Queerness* klar zu kommen. Ich weiß nicht, ob ich ohne sie in der Lage gewesen wäre, mit meiner Sexualität so umzugehen, wie ich es letztendlich tat. Ich hätte Danielle, der ersten Freundin, mit der ich darüber sprach, wohl nicht erzählen können, daß ich *queer* bin. Ich kenne Mädchen, die Team Dresch hörten, nachdem sie ihren Eltern von ihrem Lesbisch-Sein erzählt hatten, und in der Musik die Kraft fanden, um weiterzumachen. Ich weiß, daß Team Dresch und *Personal Best* mein Leben gerettet haben.

Team Dresch war die erste Lesbenband, die ich wirklich mochte. Später entdeckte ich Tribe 8, die eher jenen Teil in mir ansprechen, der hinausgehen, sichtbar sein und Scheiße aufführen will. Wenn wir in New York durch die Straßen ziehen, singen meine Freundinnen und ich CeBeBarns Song „She's a Winner! She's a Dyke!" wie eine Hymne.

Daß es inzwischen so viele Bands mit Frauen gibt, die über lesbische Belange singen, hat für viele Menschen in der Riot-Grrrl-, Punk- und Indie-Rock-Szene eine persönliche und politische Revolution bewirkt und viele *Queers* inspiriert und vor dem psychischen Tod gerettet. Auch Heterosexuelle mußten sich dadurch eingestehen, daß die Zerstörung der abgefuckten homophoben Tradition genauso wichtig ist wie Feminismus, Antirassismus, Antikapitalismus etc. Schwule und Lesben sind nicht mehr auf schlechte Musik angewiesen, um eine Stimme zu hören, die sie anspricht. Sie können Punk-Rock-*Dykes* und -*Fags*, Lesbo-Riot-Grrrls und coole Indie-Rock-Kids sein. Damit will ich nicht sagen, daß diese Communities 100%ig lesbenfreundlich sind, aber es bewegt sich etwas. Und unabhängig vom Fortschritt ist *Queercore* auf dem Weg zu einer eigenen Community.

In dem Third-Sex-Song „Love in the Basement" singt Trish: „I know a girl who thinks that she is dead inside, but I know that she's alive." Dieses Girl war und bin oft noch ich, so wie unzählige andere Girls. Team Dresch und andere Pionierinnen der *Queer-Punk*-Revolution geben uns das Leben zurück. Sie helfen uns, die Stimme zu finden, die wir dringend brauchen. So wie Jody auf Team Dreschs zweiter LP singt, „remember who you are and make up who you are, no matter who you are". Team Dresch und die anderen RevolutionärInnen haben diese Worte zum Leben erweckt.

Stars und Fan-Kultur
Ein Gespräch zwischen Kathy Strieder (Princess) und Kathleen Hanna (Bikini Kill)

Kathy Strieder: Laß uns mit der Definition des Stars beginnen ... Welche Rolle spielen Stars in unserer Gesellschaft, warum gibt es Stars?

Kathleen Hanna: Ich glaube, ein zentraler Aspekt des Konzepts „Star" zielt darauf ab, Menschen auseinanderzudividieren: Stars sind Übermenschen. Alle anderen sollen dem folgen, was sie tun.

S: Dabei wird eine spezielle Hierarchie geschaffen. Wenn du eine Form von Star-Status erreichst, gehen die Menschen davon aus, daß du eine Legitimität erworben hast, die sie nicht haben. Das trifft manchmal sogar noch zu, wenn die Menschen deine Arbeit gar nicht mögen oder wenn sie ihnen vollkommen egal ist. Ich denke da z. B. an einen älteren Typen, der in seinem Haus sitzt, an einem Sonntag eine Zeitschrift aufschlägt und ein Bild von Kim Gordon sieht. Er muß nicht notwendigerweise etwas über sie oder ihre Arbeit wissen, aber er wird dennoch denken, daß sie etwas haben wird, was er nicht hat, oder daß sie über eine Kraft verfügt, die ihm fehlt. Du hast mal gesagt, daß Stars Übermenschen und gleichzeitig tot bzw. Zeichentrickfiguren sind, daß es ihnen also nicht erlaubt ist, real zu sein. Das finde ich einen interessanten Aspekt.

H: Ich glaube, diese Dualität ist für alle entwürdigend. Sie basiert auf der Idee, daß es auf der einen Seite „einfache" und auf der anderen „aristokratische" Leute gibt. Obwohl ich nicht sagen würde, daß die Auserwählten unterdrückt sind, glaube ich doch, daß beide Seiten degradiert werden, weil sie zueinander in Opposition gestellt sind. Beiden Seiten wird keine volle Handlungsfähigkeit zugestanden. Wenn es die Auserwählten vielleicht auch leichter haben, weil sie über Privilegien und gute Positionen verfügen, sind sie doch bloß Zeichentrickfiguren. In diesem Prozeß werden beide Seiten entwürdigt.

S: Ja, diese Unterscheidung ist wichtig. Wichtig ist aber auch zu sehen, daß Stars in der Realität keine Zeichentrickfiguren sind. Sie sind wirkliche Menschen, die in ihren Häusern leben, essen etc. Aber für andere sind sie damit weniger menschlich, was sogar so weit geht, daß sie auf der Bühne mit Scheiße beworfen werden. Warum, glaubst du, haben die Menschen in unserer

Gesellschaft das Bedürfnis nach Stars? Welche Art von Erfahrungen hast du mit Fans gemacht, die dich so sehen?

H: Ich habe versucht, dieses Autogrammritual zu durchbrechen, indem ich z. B. gesagt habe: Also, ich bin nicht wichtiger als du. Ich habe über Autogramme, Starsein und Berühmtheit gesprochen. Das ist nicht immer praktisch. Ich habe auch eingesehen, daß es ein wenig herablassend ist, anzunehmen, die anderen seien dumm und wüßten diese Dinge nicht. Dann hab ich mir gedacht: Moment mal, warum sprechen sie mich eigentlich an? Auf jemanden zuzugehen und um ein Autogramm zu bitten, setzt voraus, daß diese Person als wertvoll erachtet wird.

S: Du willst, daß jemand seinen/ihren Namen auf etwas schreibt.

H: Ich glaube, viele Menschen kennen das aus ihrem Alltag, wenn sie verknallt sind. Dir gefällt jemand, dann baust du diese Person in deinem Kopf auf. Wenn du dann tatsächlich mit dieser Person ausgehst, ist sie vielleicht gar nicht so, wie du dir gedacht hast, wie du sie haben wolltest. Menschen sind sehr kreativ und haben eine beeindruckende Vorstellungskraft. Wir erfinden Dinge. Deshalb ist es wichtig, darauf zu achten, daß wir die anderen nicht zu Objekten machen. Wenn wir schon Objekte machen, dann sollten wir das mit Ton oder Farben und nicht mit Menschen tun. Warum produzieren wir nicht wirkliche Objekte anstatt z. B. Courtney Love für Fantasiespiele zu verwenden?

S: Es gibt einen Grund, weshalb Ton nicht genügt und Menschen andere Menschen dafür brauchen. Die Beziehung eines Fans zum Star kann äußerst intensiv sein, wenn er/sie z. B. im Star (im Gegensatz zu einem Klumpen Ton) etwas sieht, mit dem er/sie etwas von sich darstellen kann.

H: Ja, das kenn ich, das hab ich mit Evan Dando gemacht.

S: Alle machen das. Ich auch. Das ist total normal. Ich frag mich nur, warum. Wieso produziert unsere Gesellschaft solche Strukturen? Welche Rolle spielt der Kapitalismus, wenn Menschen etwa ihre Performances verkaufen und andere sie kaufen. Wenn dann endlich die Zeit gekommen ist, mit dem Star zu reden, dann kriegst du den Mund nicht auf. Als ich P. J. Harvey traf, blieb mir das Wort in der Kehle stecken. Ich bin mir vorgekommen wie eine Vollidiotin.

H: Mir ging es so mit Karen Finley.

S: Sie wirkt total offen ...

H: Ja, aber ich hatte Angst, daß sie die Vorstellung, die ich von ihr hatte, zerstören könnte. Und das wollte ich nicht. Ihre Arbeit hat mein Leben verändert, und das wollte ich behalten. So wie es Menschen gibt, mit denen du nicht ficken solltest, weil die Vorstellung viel besser ist, als ein realer Fick mit ihnen je sein könnte. Es bedarf einer gewissen Reife, um dies zu durchschauen.

S: Wir kreisen noch immer um die Frage, was ein Star wirklich ist. Ich denke bei Stars nicht an die Personen, sondern sehe vielmehr eine Art Schale, die sie sich überziehen oder ihnen von anderen Menschen übergezogen wird.

H: Für mich ist dieser Prozeß ähnlich wie bei der Konzentration auf eine Romanfigur. Irgendwie haben aufgrund der heutigen Medienkultur Rock- und Filmstars die Figuren im Roman ersetzt. Menschen, inklusive mir, folgen den Stars, als wären sie Charaktere in Romanen, sie sehen, wie sich deren Leben vor ihren Augen entfaltet. In der Regel steht der Star auf der Bühne und das Publikum im Auditorium; die Bühne ist notwendig, damit die Leute den Star sehen können. Während die Menschen zu dir raufschauen, sehen sie die Menschen neben sich nicht, mit denen sie vielleicht reden sollten. Manchmal verhindert dieses Set-up von Bühne und Fans die Beziehungen untereinander. Menschen projizieren alles auf den Star und leben aus zweiter Hand. Ich glaube, das ist im Kapitalismus begründet, der alle zu Robotern degradiert.

S: Starkult hat also mit gesichertem Austausch zu tun und mit der Tatsache, daß eine Person zum Übermenschen stilisiert wird. Du projizierst alle sozialen Bedürfnisse auf ein Album oder auf jemanden, mit der oder dem du tatsächlich nie was zu tun haben wirst.

H: Wenn wir in Olympia auftreten, ist die Situation ganz anders als in New York, Los Angeles oder San Francisco, weil mich die Leute dort auch in anderen Situationen kennen. Viele haben mich in anderen Zusammenhängen gesehen, wahrscheinlich als Serviererin irgendwo. Ich glaube, es ist wirklich gut für diese Menschen, uns in der Community und dann auf der Bühne zu sehen. „Oh, ich hab dieses Girl im Park gesehen und dann auf der Bühne." Ich lande nicht wie Iggy Pop mit dem Hubschrauber. Für die Leute in der Community bedeutet das: „Oh, das könnte ich auch machen." Deshalb versuche ich, so offen und zugänglich wie möglich zu bleiben.

S: Du meinst also, dieses Star-Ding kann auch positiv sein, wenn die Person als Star und gleichzeitig als Durchschnittsmensch wahrgenommen wird.

H: Ich hoffe, daß beide Positionen, Star und NormalbürgerIn, möglich sind. Ich mußte die beiden irgendwie trennen, damit ich funktionieren konnte. Die Trennung habe ich auch als Bartänzerin praktiziert, damit ich mir eine gewisse Lebbarkeit erhalten konnte. Aber ich hoffe, daß im Punkrock nicht notwendigerweise das Beziehungsmuster Stripperin-Kunde im Vordergrund steht.

We Got Spit On Quite a Bit
Interview mit Joan Jett

Du hast ein Selbstverteidigungsvideo mit Kathleen Hanna gemacht?

Ja, es heißt „Go Home". Ich kämpfe gegen diesen Typen und komme lebend davon, weil ich ein paar Selbstverteidigungstechniken anwende. Nichts Großartiges wie etwa Karate, nur so Tricks wie einen Tritt in die Kniekehle oder einen Schlag auf den Hals. Alles, was in der einen Sekunde geht, die man braucht, um lebend nach Hause zu kommen.

Du bist heute eine der zentralen Identifikationsfiguren der Riot-Grrrl-Bewegung – wie bist du mit der Szene in Berührung gekommen?

1992, im frühen Winter, ging ich ins *Wetlands* zu einem Bikini-Kill-Konzert. Das war eine ganz neue Erfahrung für mich. Der Großteil des Publikums war weiblich und die Message von der Bühne, aber auch die von den Girls, die auf Tischen Zines ausgebreitet hatten, schienen Messages innerhalb eines Netzwerks zu sein. Da waren junge Frauen, die endlich eine Stimme hatten und über Themen wie Vergewaltigung oder Inzest sprechen konnten, die in der Mainstream-Presse ignoriert werden. Das gab eine tolle Atmosphäre, und die Band war großartig. Sie hatte gute Songs und eine aufregende Garagen-Band-Qualität, ähnlich wie wir früher mit den Runaways. Dabei predigen sie nicht, sie sagen, was sie zu sagen haben.

Wenn du dies mit den Konzerten der Runaways vergleichst, was hat sich verändert?

Leuten, die damals nicht dabei waren, kann ich das kaum erklären – man muß gesehen haben, wie die Runaways 1976 behandelt wurden. Die Menschen dachten, wir seien verrückt, sie behandelten uns wie Wahnsinnige, sie konnten nicht verstehen, warum wir Gitarre spielen und in einer Rock-'n'-Roll-Band sein wollten. Sie glaubten, alles sei ein Spiel, alles aufgesetzt und Fake. Wenn wir dann wütend wurden und darauf bestanden, daß wir's ernst meinen, fühlten sie sich bedroht und beschimpften uns als Huren und

Flittchen. Dann wurden wir richtig zornig und fluchten zurück. Das war dann ihre Story. Die Runaways hatten ein großes Mundwerk, und niemand mußte über ihre Musik sprechen. Unsere Musik wurde nicht im Radio gespielt, wir bekamen kaum Presse, man wollte so schrägen Teenagern einfach keine Chance geben, es gab keine Fairneß für uns. Und unser Publikum bestand hauptsächlich aus Männern, die oft nur kamen, weil sie Chicks sehen wollten. In Italien wurden wir sogar auf der Bühne angespuckt, weil wir Frauen waren. Die Typen packten es einfach nicht.

Welche Verbindung siehst du zwischen deiner Runaway-Vergangenheit und deiner Riot-Grrrl-Gegenwart?

Viele Bands, bekannte und weniger bekannte, haben mir gesagt, wie wichtig die Runaways für sie waren, wie sehr sie von uns beeinflußt wurden. Das hat mich stolz und glücklich gemacht. Ich erinnere mich nämlich, wie ich mir damals dachte, daß es nur wert ist, diesen Mist durchzustehen, damit Musikerinnen irgendwann einmal nicht mehr als Freaks gesehen werden.

R-E-S-P-E-C-T
Elisabeth Gold

Die Grammy Awards 1996 bestanden zum Großteil aus dem üblichen dummen Getue. Langweilige PräsentatorInnen, wenig aufregende GewinnerInnen und überproduzierte Musik- und Tanzeinlagen. Dann kam Whitney Houston auf die Bühne, um ihren Hit „Exhale (Shoop Shoop)" zu singen, gefolgt von Soul-Queen Aretha Franklin, Teenage-Star Brandy und der Gospel-Größe Cece Winans.

Das war an sich schon eine ziemlich einzigartige Versammlung älterer und neuerer Divas, aber als die Queen des Hip-Hop-Soul, Mary J. Blige, dazustieß, ihre vier Zentimeter langen, goldenen Homegirl-Nägel ums Mikrophon drapierte und einem imaginären Ex auf Fernsehschirmen weltweit ihr „I should have left your ass a thousand times" servierte, war klar, daß hier etwas recht Ungewöhnliches vor sich ging.

Im großen Finale sang Chaka Khan, eine der ganz wenigen generationsübergreifenden Sängerinnen zwischen den 70er und 90er Jahren, in einer Reihe mit allen anderen Frauen „Count On Me" und einige Minuten lang herrschte auf der Bühne eine Energie, die zur Beleuchtung der ganzen Ostküste gereicht hätte.

Ein simpler Grund hatte die charismatische Gruppe zusammengebracht: ein Buch, ein Film und ein Soundtrack-Album, von den perplexen Medien kollektiv als „Waiting-to-Exhale-Phänomen" wahrgenommen. Die Songs waren aus dem Soundtrack zum Film, dessen Story als Angriff gegen schwarze Männer und weiße Frauen kritisiert worden war. Eine bis dato ignorierte demographische Gruppe – die der schwarzen Frauen – hatte die Kinos gestürmt. Als die Sängerinnen nun eine nach der anderen ans Mikrophon traten, vermittelten sie den ZuseherInnen ein Gefühl der Kontinuität und Gemeinschaft und den großen Tieren aus dem Musikgeschäft den Eindruck, daß „Waiting to Exhale" vielleicht doch mehr gewesen sein könnte, als ein weiteres Hitalbum. Eine ähnlich prominent und vielfältig besetzte Gruppe weißer Frauen hätte wohl einen feministischen Triumph signalisiert, dieser Auftritt hingegen wurde weitgehend ignoriert.

Für einen kommerziellen Film hatte „Waiting to Exhale" viele Kontroversen ausgelöst. Auch die Songs des Albums – die von verschiedensten schwarzen Frauen stammten – brachten Themen zur Sprache, die seit der letzten Blüte weiblicher Soulmusik in den 70er Jahren nicht mehr diskutiert worden waren: Rassen- oder Geschlechtsloyalität war plötzlich wieder die zentrale Frage. Es macht einen ziemlichen Unterschied, ob Frauen sich derartige

Dinge im Hausflur und auf der Straße erzählen oder ob sie sich in voller Montur und mit falschen Wimpern vor einem internationalen Publikum (inkl. weißen ZuseherInnen) als Feministinnen deklarieren und die Behandlung durch ihre Lover als unzumutbar ablehnen.

Michele Wallace erläutert in ihrer Einleitung zu „Invisibility Blues: From Pop to Theory" (1990), daß von schwarzen Frauen generell erwartet wird, Kritik an ihrem Leben und ihrer Community nur privat zu äußern, da öffentliche negative Äußerungen über schwarze Männer oder schwarze Lebenskultur schlechte Publicity für die schwarze Community bedeuten. Ein ernstzunehmender Dialog über die Probleme schwarzer Frauen setzt aber die Möglichkeit zur Kritik voraus.

Dabei war der Weg zu den Grammy Awards und „Waiting to Exhale" ein direkter: Er begann 1967, als Aretha Franklin zum erstenmal „Respect" sang. Sie zeigte ein Hin- und Hergerissensein zwischen Stärke und Verletzbarkeit, und das Album sollte zur Bibel jeder weiblichen Soulsängerin werden. „Respect" ist der ultimative Ausdruck dieses Dualismus. Lange als Kommentar zur (damals) aufkommenden Bürgerrechtsbewegung interpretiert, wurde eine zweite Bedeutungsebene von Kritikern gerne übersehen: Franklin buchstabiert R-E-S-P-E-C-T auch als Aufforderung an den Mann, sie anzuerkennen und ihre emotionalen und sexuellen Bedürfnisse zu befriedigen.

Weit verbreitet war der Wunsch nach Verständnis und Anerkennung, als aus dem Idealismus der 60er Jahre in den 70er Jahren Zorn wurde und die Bürgerrechtsbewegung sowohl Black Power als auch der Frauenbewegung Platz machte. Es war eine grobe Vereinfachung des frühen Feminismus, bei schwarzen Frauen Desinteresse und Geringschätzung der Bewegung zu orten, aber wie bei vielen Vereinfachungen, ist auch etwas Wahres dran. Die Anliegen schwarzer Frauen waren einfach andere. Zum Großteil Arbeiterinnen hatten sie weder das Problem, ans Haus gefesselt zu sein, noch gehörten ihre Männer zur dominierenden Kultur des Landes. Sie identifizierten sich mit Begriffen von Freiheit, Mitbestimmung und Artikulation im Feminismus, waren aber nicht bereit, die wichtigen, oft stark machistischen Ziele der Black-Power-Bewegung aufzugeben. Viele schwarze Künstlerinnen der 70er Jahre weigerten sich, Geschlecht vor Rasse zu stellen, und widersetzten sich deshalb der Rhetorik der Frauenrechtlerinnen, nahmen aber dennoch deren Messages auf.

Die Künstlerin Betty Wright wollte die Botschaften des organisierten Feminismus nicht ignorieren. Alleinerzieherin und Tochter einer frauenzentrierten Familie transformierte sie 1974 Helen Reddys Women's-Lib-Hymne „I Am Woman" mit ihrer Coverversion vom netten Folksong zum starken Ausdruck schwarzer Weiblichkeit.

Warum sie ausgerechnet einen so stark mit Feminismus identifizierten Song aufnahm, erklärte Wright mit den Worten: „Leider hatten schwarze Frauen nicht das Bedürfnis, am Feminismus teilzunehmen, weil sie sich in einigen Dingen bereits befreit fühlten. Wir verbrannten unsere BHs nicht, weil wir sie brauchten." Und fuhr lachend fort: „Weiße Frauen wurden beinahe wie Sklaven an ihre Häuser gebunden und vom Arbeitsplatz ferngehalten. Schwarze Frauen mußten arbeiten gehen, um ihre Kinder zu ernähren, da die Männer – ein Resultat der Sklaverei – abwesend waren."

In einem anderen Song rüttelt Wright an den Grenzen, die schwarzen Frauen in der öffentlichen Artikulation ihrer Sexualität gesetzt sind. „Tonight is the Night" erzählt die Geschichte einer Teenagerin, „making love for the very first time", in der die Sängerin aus Gedichten ihres Tagebuchs und Erzählungen anderer Frauen eine Version herausfilterte, die sie, wie sie meint, am „repräsentativsten" fand. Der Song ist so ehrlich (während des Orgasmus sinniert die Protagonistin, ob ihre Mutter wohl hereinkommen würde und damit das Familienleben ruiniert wäre), daß er als öffentliche Bewußtseins-Lektion gelten kann. Indem sie ein Tabuthema wie die Entjungferung eines Mädchens, anspricht und dabei sowohl positive als auch negative Seiten dieser Erfahrung zeigt, fügte Wright dem Kanon der Sexualität schwarzer Frauen einen wichtigen Text hinzu.

Auch Chaka Khan spricht in ihren Songs positive und negative Erfahrungen starker Frauen an. Als eines der großen Sexsymbole ihrer Ära hätte sie leicht den Weg vieler Dance-Divas gehen und ihren Körper vor ihre Messages stellen können. Glücklicherweise tat sie das nicht. Ihre Texte betonen die Veränderungskraft erdiger Weiblichkeit, ohne die harte Realität zu vernachlässigen. Khans Werk ist von einem zentralen Dualismus geprägt, der die Verbindung von Lust und Schmerz, Schwäche und Stärke hervorhebt. Oft singt sie von ihrer eigenen Stärke als selbstzerstörerischer Kraft oder steigt am Ende eines Songs phoenixmäßig mit „I'm a Woman, I'm a Backbone" auf.

In den 80er Jahren fanden Künstlerinnen wie Wright und Khan wenig Beachtung als Wegbereiterinnen junger Sängerinnen. Die Welten zwischen oft schmalzigem RnB und „realistischerem" Rap waren streng getrennt. Wenn es auch im Rap einige außergewöhnliche Frauen wie Queen Latifah gab, war die Musik dieser Dekade generell in Spaß- und Politikfraktionen geteilt.

Anfang der 90er Jahre kam mit „New Jack Swing" eine Kombination von Rap und Soul ins schwarze Radio, die starke, weibliche Sängerinnen ins Scheinwerferlicht stellte. Mary J. Blige kam aus Harlem, redete dreckig und sang zuckersüß. Mit ihrer Version des alten Chaka-Khan-Songs „Sweet Thing" machte sie Khan-Covers zum heißen Ding einer neuen Generation weiblicher RnB-Sängerinnen.

Dann fand der klassische Soul den Weg zurück zu schwarzen Radiosendern, und Plattenfirmen veröffentlichten Compilations mit der von Black Power geprägten „Message Music" der 70er Jahre. Gleichzeitig wandte sich der Rock-'n'-Roll-Betrieb mit Sängerinnen wie Alanis Morrisette und Tori Amos „zornigen" jungen Frauen zu und unterstützte eine „Rocker-Girl"-Kultur, die sich gerne auf die soziale und politische Bedeutung des 70er-Jahre-Soul bezog. Die feministische Variante der Soulmusik blieb ein gutgehütetes Geheimnis, in dessen Schatten eine Handvoll alter und neuer Künstlerinnen gedieh.

Heute gibt es eine interessante Mischung von Musikerinnen, die innerhalb der diversen afroamerikanischen Musikgenres postfeministische Richtungen eingeschlagen haben. Auf dem Vermächtnis ihrer Mütter aufbauend, machen sie weitere Wege begehbar. Künstlerinnen von Lil' Kim, einer Rapperin mit losem Mundwerk, die sich selbst als *„Queen Bitch"* bezeichnet, bis zu Me'shell NdegéOcello, die als deklarierte Bisexuelle ein Duett mit Chaka Khan aufnahm, rütteln – kommerziell erfolgreich – an den politischen Grenzen des Rhythm and Blues. Sie bestehen auf ihre Sprache und Geschichte und vermitteln jungen schwarzen Frauen neue Perspektiven. Die Fragen und Dilemmas der 70er Jahre sind ähnlich geblieben, die möglichen Antworten aber vielfältiger geworden. Zwischen selbsternannten, zornigen *Inner City Bitches* und seidenumhüllten, vorstädtischen „Waiting-to-Exhale"-Hausfrauen gibt es inzwischen eine Vielzahl an Stimmen, die das Artikulationsspektrum schwarzer Frauen hoffentlich erweitern werden.

ELAN
Über Fans (feminin) – und wie sie ihre Feste feiern
Kerstin Grether

Willkommen im Feld echter, erfundener, erklärter, somehow unerklärlicher Leidenschaften, im Bereich, wo Traum und Realität verschwimmen, wo Konsumgüter Namen haben, Konsumenten eher nicht, wo der Kitsch sich alle Mühe geben muß, authentisch zu bleiben, und das Authentische einiges dafür tut, nicht in Kitsch abzurutschen – kurz: es wird etwas anstrengend, dieser Text handelt von Fans. Fans sind keine medial (oder mental) unterbelichteten Konsumenten von Popkultur. Schon bei Elvis und den Beatles wurden sie nicht als Rezipienten eines Ereignisses, sondern als Teil davon wahrgenommen. Irgendwie ist heute (fast) jeder Fan von irgend etwas; Fan-Sein ist so etwas wie „ein Hobby haben", Freizeitvergnügen in feinerer Form. Dennoch gibt es eine Art Prototyp des Fans – den weiblichen Teenager, den ich hiermit zum Subjekt dieses Beitrags mache. Auch sein ungehobeltes Funkeln vor Energie, vor Fan-Energie; und das ist dann nochmal ein Thema für sich.

EMPHASE

Einer meiner diesjährigen Lieblingssongs findet sich auf einer CD mit dem schönen Titel *The Beauty Process: triple platinum*, ist von L7, heißt „Lorenza, Giada, Alessandra" und geht so: „Lorenza Giada Alessandra, Lorenza Nicola Alessandra Lorenza Giada Nicola I love you I love you I love you" – das ist der ganze Text. Auch musikalisch ein eher kurz angebundenes, beinahe klassisches Rock-'n'-Roll-Stück: Mit heavy Gitarren, fliegenden Drums und spröder Stimme feuert die Band ein paar ihrer besonders begeisterten Fans an. Lorenza, Giada, Alessandra und Nicola, 4 Mädchen, die irgendwie, mit Namen und so, bei der Band angekommen sind. Der Song, eigentlich ein einziger Refrain, atmet Ungeduld und Aufregung, und so wie Donita Sparks die Namen dieser besonders begeisterten L7-Fans aussingt, hat ihr Gesangvortrag etwas Hemmungsloses und Hölzernes zugleich. So also stellen L7 sich das vor: „Fan-Leidenschaft einfach mal zurückgeben", wie sie sagen.

IDENTITÄT

Zu meinem 9. Geburtstag wünschte ich mir von meinen Eltern eine LP der extrem uncoolen Berliner Teenie-Bop-Band The Teens, soweit ich mich erinnere ihre zweite, die *Teens&Jeans& Rock'n'Roll*. Am Vorabend meines Geburtstages packte meine Mutter die Platte aus und bat mich, schon mal meinen Namen einzutragen. Sie drückte mir das Innencover in die Hand, denn dort harrte das freundliche Sätzchen „Für den Teens-Fan ..." einer Unterschrift. Den Gestaltern des Formblatts kam diese erquickliche Aufforderung vermutlich einer Formalie gleich, und meine Mutter verstand meine Aufregung nicht, mir aber müssen wohl die Tränen gekommen sein, denn ich wollte mich nicht als FAN bezeichnen! Die Musik dieser Band hören – okay –, aber mußte ich deshalb gleich auch ein Fan sein? Fan hatte für mich, als

Leserin von BravoPopRocky etc., eine eindeutige, auch sexuelle Bedeutung. Wenn du in der westlichen Zivilisation zum Fan wirst, dann mußt du auch „zur Frau" werden. BravoPopRocky etc. führen vor, daß Fans in erster Linie auf Jungs stehen. Musik spielt eine untergeordnete Rolle. Fast jedes Mädchen geht durch diese Phase. Kein Wunder, daß Jungs Mädchen oft nicht ernst nehmen, wenns um Musik geht. Fans, das waren für mich Mädchen wie Tina (13), die ein „Liebestagebuch für Woody von den Bay City Rollers" schreibt. Fans, echte Jugendliche schon, mit Busen und billigem Make-up, in Jeans und mit Pusteln im Gesicht, über und über vollgepackt mit Fan-Souvenirs. Fans, Mädchen, die alles für eine Band tun, z. B. sich auf dem Schulhof schlagen: „Der Fan-Krieg zwischen Bay-City-Rollers und Sweet-Fans wird immer erbarmungsloser." Ein Teens-Fan zu sein, ein Teenage-Fan zu sein, bedeutet: Dein Bruder lacht dich aus! Du mußt etwas verteidigen, was sich ziemlich klebrig anhört. Du flüchtest in einen Traum, von dem du nicht mehr weißt, ob es dein eigener Traum ist. Mit den Postern bleibt man allein. Draußen scheint die Sonne.

POP

Fantum kann ganz schön abgrenzend, also auch rebellisch wirken, schon allein deshalb, weil der auserkorene Star oft um so vieles cooler erscheint, als alle Jungs in der Klasse zusammengenommen. Teenager-Stars – ob früher Mick Jagger oder Boy George, ob Andrew Ridgeley von Wham! oder Nick Carter von den Backstreet Boys – wirken oft schelmisch und verletzlich zugleich, tragen Lederjacken zu Milchbuben-Gesichtern, sehen androgyn oder schwul aus und nähren die Sehnsucht nach einem guten Liebhaber. Sie sind moderne Märchenprinzen – und verkörpern in ihrer oft komischen Zusammensetzung auch den Traum von perfekter Individualität. Mädchen, die ihr Hingezogensein zu einem dieser Fabelwesen etwa auf einem T-Shirt tragen, stehen zu ihren (eigenen) Wünschen; bringen damit womöglich ältere Brüder oder andere vom Teenager-Mythos Ausgeschlossene zum Staunen – denn „kein echter Mann sieht aus wie Nick Carter"! Vielleicht artikulieren diese Mädchen auch ein wenig ihr (unmögliches?) Bedürfnis nach einer unphallischen Männlichkeit.

BEWEGUNG

Die grundlegende Bedeutung des wundersamen Fabelwesens für die Zeit des Erwachsenwerdens beschreibt Barbara Sichtermann in ihrem Essay „Ritter-Traum"[1]. „In der Ritterfigur oder in der Vorstellung des romantischen Liebesabenteuers lebt ja die Idee der Wende und des Neubeginns; es lebt darin die Aussicht auf einen ‚Tigersprung aus der Zeit', auf eine Auferstehung im Diesseits. Der Ritter erscheint, er bezaubert das schöne Kind und ist von ihm bezaubert – ‚mit einem Schlag', mit einem coup d'oeil, es genügt ein Blick – er hebt das Mädchen auf seinen Schimmel und reitet mit ihm davon. Nichts ist mehr wie es war und wie es sein wird, ist noch offen, nur eins ist gewiß: daß weder Vater noch Mutter, die daheim um die Tochter weinen, noch wichtig sind, daß die Orte der Kindheit verlassen werden, während das Paar, gewiegt vom Trab des treuen Rosses, seine ersten Küsse tauscht." Liegt die Aktivität in dieser nur scheinbar altmodischen „Abschieds- und Aufbruchsphantasie" ausschließlich auf Seiten des Ritters/Märchenprinzen? Die Autorin bietet eine andere Schlußfolgerung an: „Es fehlt ja in der Reihe Ankommen, Aufs-Pferd-Heben, Davonreiten, ein Zwischenstück, es fehlt das Wesentliche: der coup d'oeil, der Augenblick des Sich-Verliebens. In diesem Augenblick des Augenblicks muß auch sie irgendeine Form von Aktivität entfalten, beispielsweise vor die Tür treten, sagen wir, mit einem Krug Wasser in der Hand. Sie muß im Gesichtskreis des Ritters erscheinen, ihn ansehen usw. Im Augenblick des Augenblicks sind beide in etwa gleich aktiv: ansehen, lächeln, flüstern; und gleich passiv: sich ansehen lassen, zuhören usw. Ich setze jetzt natürlich voraus, daß sich das Mädchen wirklich verliebt und mitreiten will." Vielleicht wollen einige der weiblichen Fans, die „einfach mal einen Blick" auf ihren Star werfen wollen, den „Augenblick des Augenblicks" wagen – sie glauben sicher nicht ernsthaft, daß ihr Idol leibhaftig mit ihnen „davonreitet", aber es muß einfach etwas BEWEGENDES haben, nach der Zeit des relativ passiven Konsums eine aktive Handlung zu wagen. Wird auf Pop-Events so viel Zauber verbreitet, um auch eine Ent-Zauberung durchzustehen? Um die Möglichkeit der Enttäuschung durchzuspielen? Auch Sue Wise[2] hat der Auffassung widersprochen, daß weibliche Fan-Praktiken sich durch Passivität auszeichnen und die Mädchen sich selbst degradieren. „Junge Frauen, die bei Elvis-Konzerten tobten und in Ohnmacht fielen, haben Elvis nicht, wie viele männliche Rock-Kritiker vermuteten, einfach nur begehrt. Elvis war für sie auch ein sinnvolles Objekt, um ihre eigenen Sehnsüchte kennenzulernen und Freundschaften aufzubauen."

KREATIVITÄT

Das ist alles wunderbar – aber leben wir nicht auch in einer arbeitsteiligen Gesellschaft, die es Männern zumindest strukturell ermöglicht, „Frauen jene menschlichen Aktivitäten zuzuordnen, die sie selbst nicht leisten wollen?" (Sandra Harding)[3]. Und hat Pop/Rock-Kultur nicht mal versprochen, die Arbeitsteilung durchgängiger (Rock), die Arbeit leichter (Pop) zu machen? Junge Mädchen üben sich in freundlichen Dienstleistungshandlungen, wenn sie liebevoll um die Fotos von Jungs-Stars herum Staub wischen, Bildchen ausschneiden, sie in bunte Mappen heften. Schon mal vorsorglich ein bißchen fürsorglich zu den Körpern männlicher Eliten. Dabei haben weibliche Fans Ideen, für die

Menschen später im Erwachsenenleben manchmal hohe Gehälter oder künstlerische Credits beziehen. Fans schreiben Gedichte, die oft vom selben Feingefühl zeugen wie die Songtexte ihrer Lieblingsbands. Sie verbringen ganze Nachmittage damit, Bandcomics zu zeichnen oder Plattencover nachzumalen. Und was wurde eigentlich aus Kay Pashley? Kay Pashley aus Mittelengland, die mit 13 beschloß, den längsten Liebesbrief der Welt zu schreiben – an Duran-Duran-Sänger Simon Le Bon. Ihre Freundinnen hielten sie für verrückt, denn sie schrieb täglich mindestens 2 bis 3 Stunden – auf Tapetenrollen. 2 Jahre später wurde die Presse auf sie aufmerksam – ihr Brief war bereits 658 Meter lang. Kay Pashley hoffte auf einen Kuß von ihrem Idol.

ENTFREMDUNG

Daß Fankultur nicht zur Unterwerfungskultur wird, verdanken die Fans ihrem Elan. Dabei werden Mädchen während ihrer Adoleszenz, wie Carol Gilligan und Lynn Brown in ihrer vieldiskutierten Teenage-Angst-Studie „Die verlorene Stimme"[4] schreiben, wahrlich nicht nur von ihren Idolen mit der Frage „How deep is your love?" konfrontiert. Mit 10, 11, so Gilligan & Brown, erkennen sie noch genau die „Schönfärberei" der Beziehungswelt. Im weiteren Verlauf der Adoleszenz können sie dann oftmals „nicht mehr zwischen echten und unechten Beziehungen unterscheiden". Diese Entfremdung klingt, laut Gilligan & Brown, ungefähr so: „Die anderen sind nicht nett zu mir, wenn ich nicht nett zu ihnen bin, nämlich genau dann, wenn ich ausspreche, was ich denke." Die Produzenten von Teenie-Bands werden wissen, warum sie dem Rocker z. B. in Marc Owens Seele nicht allzuviel Spielraum geben. Direktheit verschreckt: „Viele Mädchen", so Gilligan & Brown, „finden furchtbar, was passieren kann, wenn man ausspricht, was man denkt. Sie haben Angst, mit ihren unerwünschten Gefühlen in dem ganzen Durcheinander alleingelassen zu werden." Die Frage „How deep is your love" brennt female Fans vermutlich selbst ziemlich unter den Nägeln. Kein Wunder, daß das „Mädchenhafte" bei manch herzloser Kreatur wenig gilt. Also nichts wie her mit all den smarten Songs, die mit Gender-Sendungsbewußtsein gegen Spießerrituale angehen: „Lorenza Giada Allessandra I love you I love you I love you."

DO WHAT YOU FEEL IF IT'S REAL

Eigentlich ist es doch toll, so euphorisch zu sein, und etwas Tolles zu machen euphorisiert. Fans sind toll. Sie stellen ein Interesse in den Mittelpunkt ihres Lebens. Und sie tun häufig etwas dafür: reden, rausgehen, etwas riskieren. Fans konfrontieren (die Gesellschaft) mit ihren Träumen. Fans versuchen, durch den offensiven Umgang mit ihren Heiligtümern einen Traum zu leben – den sie dabei in genauester Verworrenheit ausstellen. Ist toll! Fans sind toll. Man kann alles gegen sie einwenden und sie bleiben doch toll! Sie sind nicht cool. Sie sind toll. Sie können endlos nerven. Sie wissen nicht, was sich gehört. Sie wissen, wie es sich gehört. Get a Life: werde Fan oder cool oder so. Da Fans für Sachen schwärmen, die Teil von Verteilungskämpfen sind, halten sie das Lieblingsprodukt ihres Vertrauens tendenziell für gefährdet und benachteiligt, sie wollen etwas retten – nicht zuletzt ihre Seele. Fans sind meist davon überzeugt, für etwas Gutes zu sein. Manche ziehts zum Aufzählungsreim hin, andere durchlaufen Systeme. Darin liegt aber auch die Möglichkeit, Strukturen klarer zu sehen, so lange mit bestimmten Songs, Sounds, Slogans, Stars, auch mit bestimmten Formen des Selbstbetrugs zu leben, bis man mehr Informationen verarbeiten kann – sie besser versteht: Enjoy selbstreflexives Fantum! Die mädchenhaft-erwachsene Art begeistert! Get a Life! Kichernde-gackernde Mädchen haben es nicht nötig, sich von SpielverderberInnen beibringen zu lassen, wie Mann Haltung bewahrt. Fanjournalismus ist zum Beispiel ganz was anderes als herkömmlicher Journalismus. Weit davon entfernt, mellowhaft-grummelnd stolz zu sein auf so ein bißchen Fremdzitat oder Fremderfahrung aus der anderen Welt, sprechen Fans immer ein wenig von der Position des Ent-Fremdeten, des freiwilligen Outsiders aus oder berichten angemessen aufgeregt von ihrem Zusammentreffen mit irgendeiner außerirdischen Welt oder beides. Sie versuchen auf jeden Fall, ihren „gar nicht absurden Ansprüchen" Gehör zu verschaffen. Es geht in ihren Fanzines und Büchern, auch in Songtexten und auf Plattencovern, immer irgendwie um Austausch – von Erlebnissen, Interessen, Ideen. Wie Mädchen manchmal in Fanzines über sich selbst sprechen: toll! Einen Umgang, mal lovely, mal launisch mit dem Material pflegen und dabei noch wichtige Ideen zu allen wichtigen Themen – von Mißbrauch bis Musik – entwickeln: super! Und wie Jungs sich manchmal in ihren Fanzines zu Kennern über die Materie und das Weltall aufschwingen: sagenhaft! Wie sie dann eigens Kriterien erfinden („das ist jetzt aber echt postpubertäres Genöle!"): locker! Fans (f&m) finden eine andere Sprache für die großen Kleinigkeiten des Lebens und für neue Möglichkeiten von Konsum und Kommunikation. Das gewiefte Textgebräu, called „seriöser" Musikjournalismus, legitimiert sich durch Fantum – sonst wäre das Jonglieren mit Fachkenntnis und das ewige Vermessen neuer Frontlinien nur halb so spannend (und noch vermessener). Leider richtet sich die Musikpresse hauptsächlich an ein männliches Publikum. Mit Discographie und Diskurs-Ausrufezeichen und sehr ernst. Niemand käme auf die Idee, dem Fan (m) einer Drum-'n'-Bass-Platte die kritische Kompetenz abzusprechen, nur weil er die Platte auch irgendwie mag. Das Zusammenfallen von Emotion und Verstand scheint geradezu eine Grundvoraussetzung für „seriösen" Musikkonsum zu sein. Dagegen stehen die Fans (f) – „giggling girls", „groupie girls", „girlsgirlsgirls" – im Ruf, unkritisch zu sein, wenn sie euphorisch sind. Hier wird ein Scheinwiderspruch konstruiert, denn Fans zeichnen sich gerade dadurch aus, ihre Bands bis ins kleinste Härchen hinein durchzusprechen, vielleicht auch zu zerlegen – was häufig viel genauer ist, als Universalkritik anzubringen. Das Versprechen in der Schwebe halten, statt das Verbrechen. Einen campy Umgang mit der Welt wagen: wissen, wie man sich im Zustand des Nicht-wissen-Könnens fühlt, lachen. Fans haben ein Herz auch für etwas, das außerhalb ihrer selbst liegt. Fan-Leidenschaft ist positive Projektion. Fans sind Teil des Ereignisses, und Fans versuchen das Ereignis zu catchen. Looking in the eye of a hurricane. Es ist gar nicht so einfach, ein Fan zu sein.

Deshalb am Ende dieses Textes eine Gratisidee: Girls – stay cool. Und Jungs: laßt Euch verzücken.

---

1 Sichtermann, Barbara: *Weiblichkeit. Zur Politik des Privaten*. Berlin 1991.
2 Wise, Sue: zitiert in: Walser, Robert. *Runnin with the Devil. Power, Gender and Madness in Heavy Metal Musik*. Hanover NH 1993. Seite 132.
3 Harding, Sandra: *Das Geschlecht des Wissens*. Frankfurt 1994.
4 Brown, Lyn M./Gilligan, Carol: *Die Verlorene Stimme. Wendepunkte in der Entwicklung von Mädchen und Frauen*. Frankfurt 1994.

VIII.

Material Girl ...
Lust und Konsum

Material Girl
Madonna

Some boys kiss me, some boys hug me
I think they're o.k.
If they don't give me proper credits
I just walk away

They can beg and they can plead
But they can't see the light, that's right
'Cause the boy with the cold hard cash
Is always Mister Right

'Cause we're living in a material world
And I am a material girl
You know that we are living in a material world
And I am a material girl

Some boys romance, some boys slow dance
That's alright with me
If they can't raise my interest then I
Have to let them be

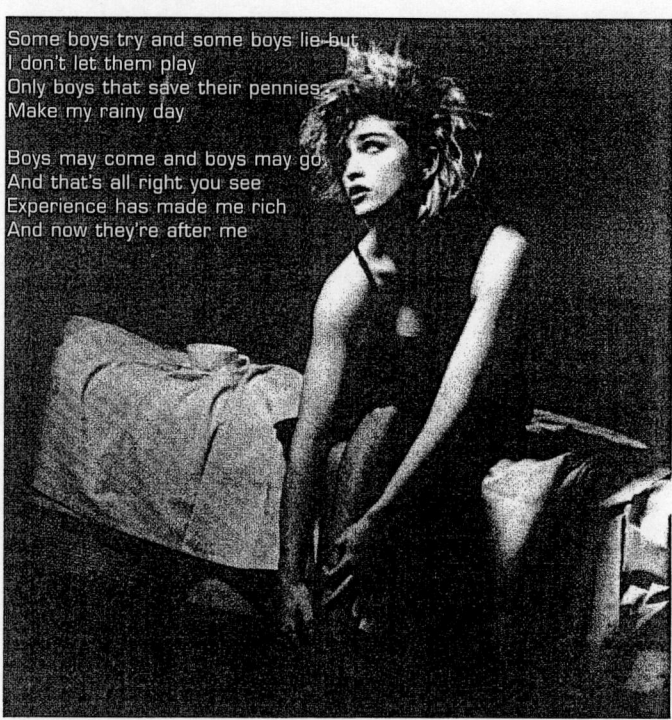

Some boys try and some boys lie but
I don't let them play
Only boys that save their pennies
Make my rainy day

Boys may come and boys may go
And that's all right you see
Experience has made me rich
And now they're after me

Muskelpakete und Schwänze
Die Bedeutung von Girlie-Kultur
Angela McRobbie

Von den Spice Girls bis zur Zeitschrift *More!*, Bilder selbstsicherer und sexuell aktiver junger Frauen gehen durch die Medien. Handelt es sich um einen neuen Feminismus? Oder einfach nur um neuen Spaß?

Im Februar 1996 brachte ein konservativer englischer Abgeordneter eine Parlamentsanfrage ein: Er forderte die Einführung von Stickers zur Ausweisung des erforderlichen Mindestalters für Jugendzeitschriften. Beim Kauf einer Ausgabe des unschuldig klingenden *Sugar* für seine Tochter war er auf überraschende Inhalte gestoßen: Anstatt harmloser Internatsgeschichten fand er illustrierte Informationen über Sex, die ausführlich erklärten, wie Mädchen ihre sexuelle Lust steigern können. Ungefähr zur gleichen Zeit veröffentlichte ein Jugend-TV-Magazin in der Ratgeberspalte detaillierte Auskünfte über oralen Sex. In den folgenden Wochen erfaßte die Medien eine moraline Welle, die das Verderben kindlicher Unschuld anprangerte und zur Gegenoffensive aufrief. Obwohl die Parlamentsanfrage wie erwartet abgewiesen wurde, forderte man die HerausgeberInnen dennoch nachdrücklich auf, eine Instanz einzusetzen, die die eigenen Praktiken überwachen und über die Angemessenheit der Informationen befinden sollte. Dieses Ereignis markiert einen Einschnitt, denn noch vor einigen Jahren wurden Mädchen- und Frauenzeitschriften als derart trivial angesehen, daß niemand verantwortungsvolles Handeln eingefordert hätte.

Bemerkenswert war jedoch: die Meinungen schieden sich geschlechtsspezifisch. Es waren Männer (wie Darcus Howe, mit seiner Sendung „The Devil's Advocate" auf *Channel 4*), die sich am meisten empörten und dagegen auftraten, daß ihre Töchter auf eine für sie inadäquate Art und Weise über Sex aufgeklärt würden. Offensichtlich gehen Männer noch immer davon aus, daß Sex für Mädchen und Frauen im romantischen Weichzeichnerstil dargestellt werden sollte, ohne allzu viele Details. Und was darüber hinaus geht, scheint sie als Männer und Väter zu beunruhigen – auch wenn sie mit hoher Wahrscheinlichkeit voraussetzen, daß ihre Söhne unter der Bettdecke *Penthouse* lesen. Fest steht auch, daß die primäre Zielgruppe des sexuell expliziten Materials in Filmen, Magazinen und Tageszeitungen männlich ist. An den rauhen Witzen der neuen Mädchenzeitschriften fanden diese Männer jedoch offensichtlich wenig Gefallen.

Im Gegensatz dazu teilten nur wenige Frauen in TV-Diskussionen oder Zuschauerumfragen diese Ansicht. Um Schwangerschaften zu vermeiden und sich ausreichend sicher zu fühlen, um Sex einzufordern oder ihn zurückzuweisen, sei es besser, betonten viele, möglichst früh die Fakten zu kennen. Die Verbreitung dieser Informationen über Magazine ermögliche den Mädchen eine gewisse Verhandlungsmacht. Sie wissen, was sie erwartet und sind besser gewappnet emotionale und physische Bedingungen auszuhandeln. Beraterinnen in Institutionen für Familienplanung

Analogie zu Mens-Zines

wiesen darauf hin, daß diese Zeitschriften in der Verbreitung der Safe-Sex-Botschaft weitaus effektiver seien als viele andere Aufklärungsmittel. Beifall fand auch die witzige und witzelnde Art der Darstellung von Sex. Zu lange habe eine Doppelmoral vorgeschrieben, daß nur Männer und Buben leichtsinnig mit Sex umgehen dürfen. Vergnügen und Genuß, Spaß und Witz im Zusammenhang mit Sex würden kaum das moralische Gefüge der Nation gefährden, waren doch von Männern und für sie tradierte „dreckige Witze" ein zentraler Bestandteil der Männerkultur. Auf diesen Punkt wiesen einige junge Frauen hin und meinten, daß wohl kaum alle 14jährigen Mädchen des Landes einen Artikel über Sex lesen würden, um dann das Gelesene gleich zu praktizieren.

Auffallend ist, daß Zeitschriften wie *Just Seventeen*, *Mizz*, *Sugar* oder *More!* von Frauen herausgegeben werden. Sie sprechen die Sprache des „populären Feminismus". Weibliche Selbstbehauptung, Kontrolle und Genuß von Sex sind ein Anliegen. Und während diese Frauen ihre regelmäßig veröffentlichten Features über Masturbation, sexuelle Fantasien und Orgasmus verteidigten, kam der überraschende Kern dieser Diskussion zutage: Der Schock der Männer war, daß Frauen, und insbesondere junge, an diesen Themen interessiert sind. Plötzlich waren sie gezwungen einzusehen, daß Mädchen nicht nur süß und unschuldig, Frauen nicht nur damenhaft sind.

Kommerzialisierte Kultur in Zeitschriften ist in Sachen Sexualaufklärung weitaus effizienter als andere offizielle Institutionen. Sie haben eine witzige Sprache von „Muskelpaketen und Schwänzen" geschaffen und so die Fesseln der klinischen Terminologie gesprengt. Wenn, wie Darcus Howe kritisierte, die Zeitschriften ihre junge Leserinnenschaft über mehr als nur den Gebrauch von Kondomen informieren, welches Sexualitätsverständnis ist dies dann? Ist dieses besser oder schlechter als die Geschichten von Romanzen und Sonnenuntergängen, die früher die Seiten von *Jackie* füllten?

Obwohl in den zentralen politischen Debatten diese Angelegenheit von untergeordneter Bedeutung ist, rührt sie doch am Kanon der Veränderungen, auf die sich Politiker beziehen. Dies zeigte sich deutlich in Diskussionen um junge alleinerziehende Mütter, den Verfall sogenannter Familienwerte und die Aggressivität junger Frauen. Dahinter steht, davon bin ich überzeugt, eine tiefergreifende Bewußtseinsveränderung, die Aussehen, Werte und Erwartungshaltungen von Frauen und Mädchen unterschiedlicher geographischer, ethnischer, sozialer und kultureller Herkunft betreffen. Eine verallgemeinerbare Aussage über einen so breiten Bevölkerungssektor gestaltet sich schwierig. Frauen teilen nicht geschlossen einen Katalog an Werten und Meinungen, und sie werden auch nicht einheitlich von Veränderungen berührt. Aber wenn wir die Kultur junger Frauen heute erforschen, entdecken wir etwas, was Raymond Williams „Semistruktur von Gefühlen" genannt hat; diese äußert sich zeitlich wie qualitativ nicht vorhersehbar. Sie ist jedoch ein sicheres Zeichen dafür, daß eine tiefgreifende und offensichtlich unwiderrufbare breite Veränderung im Gange ist. Diese findet in der Konsumkultur junger Menschen ihren symbolischen Ausdruck – und speziell in der Kultur junger Frauen. Auch wenn das bei einigen Feministinnen oder den männlichen Moralaposteln der Linken und Rechten Unbehagen hervorruft, sollten Feministinnen meiner Generation dies nicht als politisch irrelevant abtun.

Es ist enttäuschend, daß Feministinnen eher nur die problematischen Dimensionen des „schlechten Benehmens" der Mädchen wahrnehmen. Es reicht nicht aus, diese Aktionen als „Mädchen werden nun wie Jungs" abzuschreiben. Und sogar wenn die Mädchen damit spielen, Burschen zu sein, ist das bereits an sich ein interessantes Phänomen. Unsere Überraschung über das offensichtliche Vergnügen von jungen Frauen, wenn sie Männern und Jungs dieselbe Behandlung zukommen lassen, die sie an sich gewohnt sind, ist dies bereits ein Zeichen dafür, wie unerwartet ihre Antwort ist. Eine junge Frau beschrieb dies kürzlich in *Women's Realm*: „Wir saßen in einem Cafe und checkten die Jogger aus, die an uns vorbeirannten. Über Jahre hinweg haben Männer über Frauen gesprochen, als ob sie ein Stück Fleisch wären. Nun sagen wir ‚schau dir diesen Arsch an'." Diese Art des umgedrehten Sexismus kann auch als Retourkutsche an eine ältere Feministinnengeneration gesehen werden, die von jüngeren Frauen heute als müde, weiß und der Mittelklasse zugehörig, akademisch und professionell, mit Sicherheit nicht als draufgängerisch, vulgär oder aggressiv erlebt wird. Diese etablierten

Abrechnung mit 2. pop Bew

Autoritätsfiguren interpretieren das Verhalten der jungen Frauen in erster Linie als lümmelhaft und männlich und damit als Provokation. Insbesondere akademische Feministinnen übersehen die Dynamik des generationsspezifischen Antagonismus und ignorieren so die politische Kraft dieser jungen Frauen, für die wiederum oft der traditionelle Feminismus eine Angelegenheit der Muttergeneration ist. Sie müssen erst ihre eigene Sprache im Umgang mit sexueller Differenz entwickeln; und wenn sie dabei auf eine „rauhe" Sprache des „Rotzens und Genießens" zurückgreifen, hat das vielleicht eine ähnliche Funktion wie die sexuell expliziten Manifeste in den frühen Schriften von Germaine Greer und Sheila Rowbotham. Der entscheidende Unterschied liegt allerdings darin, daß diese Sprache heute nicht im Randbereich des „politischen Untergrundes", sondern im Mainstream der kommerzialisierten Kultur gefunden werden kann.

Charlotte Brunsdon argumentierte, daß in der kommerzialisierten Kultur, insbesondere im Hollywoodfilm, Feminismus zunehmend zum Bezugspunkt wird. Gleichzeitig werden feministische Referenzpunkte aber auch verleugnet und zurückgewiesen, denn am Ende entscheidet sich die Heldin immer für einen Richard-Gere-ähnlichen Mann. Dennoch ist Feminismus ins öffentliche Bewußtsein gedrungen. Jugendzeitschriften fordern oft absichtlich feministische Reaktionen heraus, um sich von der alten Generation abzugrenzen, etwa durch übertriebene und ironische Geschlechterinszenierungen: Während die Feministinnen der 70er Jahre argumentierten, daß Make-up und Mode aus Mädchen Waren machen, übertreiben diese Zeitschriften Make-up und Mode, ohne jedoch auf das alte sexistische Repertoire weiblicher Konkurrenz, Angst und Neurose zurückzugreifen. Brunsdon betont in ihrer Analyse des Hollywoodfilms „Clueless", der sich mit weiblicher Konsumkultur auseinandersetzt, daß derartige kulturelle Formen Weiblichkeit inszenieren. Geschlecht wird dramatisiert, und Mädchen können das altmodische Spiel der Romanze sogar wiederaufführen, wenn sie den Witz an der Sache im Auge behalten. Ironische Distanz verschafft ihnen Raum zum Atmen, spielerisches Denken und Experimentieren einen Ort, weit weg von den wachsamen Augen der Älteren. Die HerausgeberInnen der Zeitschriften verstehen das, weil viele selbst um die 20 und ihren Leserinnen nahe genug sind, um das Bedürfnis nach Abgrenzung und Autonomie zu kennen. Und genau das ist der Trick der erfolgreichen Zeitschriften: Sie intervenieren an einem Ort, der versucht, sich von den kritischen Stimmen der Mütter, Lehrerinnen und feministischen Akademikerinnen abzusetzen. Es ist eine Sache, „Frauenzeitschriften" an einer Universität herauszubringen, und eine andere, 13 Jahre alt zu sein und verspottet zu werden, weil deine Kultur nicht ernst genug ist oder nicht die richtigen feministischen Anliegen abdeckt.

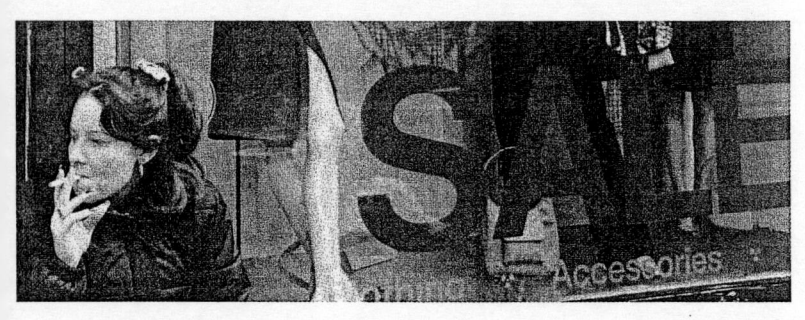

Frauenforscherin Stevi Jackson scheinen die Inhalte der neuen Zeitschriften zu befremden. Sexualität sei immer noch um Mode, Schönheit und Äußerlichkeiten organisiert, als ob sie nur für den männlichen Konsum da wäre. Doch sollen wir diese Zeitschriften in die Mülleimer des Patriarchats schmeißen, weil sie Heterosexualität als gegeben voraussetzen? Oder können wir sie als zersetzende, offenere, streitsuchende Ansätze sehen? Jackson hat Recht mit ihrem Argument, daß Heterosexualität hier als Norm vorausgesetzt wird. Es ist schwierig, sich *More!* (für 18jährige designed, von 14jährigen gelesen) mit einem Lesbenfeature zu „Positions of the Fornight" vorzustellen. Das zeigt, wie die Zeitschriften ihre eigenen Grenzen produzieren und dabei enthüllen, daß Sexualität immer in Grenzen verhaftet bleibt – Grenzen jedoch, die fließend und durchlässig sind. Es stimmt, daß Lesbisch-Sein in diesen Zeitschriften weniger als sexuelles Begehren, sondern vielmehr als soziale Angelegenheit dargestellt wird. Auch wenn Zeitschriften wie *Just Seventeen* einen Beitrag zu „Girls, die auf Girls stehen", bringen, bleibt das Thema stets abgekapselt. Es schwappt nicht auf den Modeteil über; geradeso, als ob das Feature eine eigene Welt beschreiben würde. Lesbianismus bleibt wahrscheinlich ein Prüfstein, er markiert die Grenze zwischen „populär kommerziellem Feminismus" und „radikalem Feminismus". Aber es gibt keinen Grund anzunehmen, daß das so bleiben muß. Konsumkultur zeigte sich auch in anderen Zusammenhängen offen für jene, die sich eine Teilnahme leisten können. In der eher exquisiten Welt von Frauenzeitschriften wie *Elle* oder *Marie Claire* ist lesbischer Chic inzwischen fixer Bestandteil des Repertoires.

Der Ton in Jacksons Artikel ist der einer Feministin, die die Lage der Frauen- und Mädchenmagazine aus der Ferne diagnostiziert. Beinahe unvermeidlich übersehen diese Analysen den Kern der Sache. Selten stellen Feministinnen die entscheidende Frage: Was wollen wir von jungen Frauen? Welche Art von Beziehung wünscht sich der 70er-Jahre-Feminismus zu den jungen Frauen, der 90er Jahre? Wie verhält sich der Feminismus gegenüber diesem neuen Bewußtsein von Frauen und Mädchen, wie gegenüber jenen feministischen Angelegenheiten, die tagtäglich in TV-Programmen oder in der Regenbogenpresse debattiert werden? Sind dies lediglich verwässerte und entpolitisierte Versionen des Feminismus, zynische Versuche, Quoten und Zirkulation zu erhöhen, indem sie die Ängste der Frauen über Sex ausbeuten? Wie begegnet eine Gruppe von Feministinnen, die z. B. durch Stevi Jackson repräsentiert ist, einer anderen, beispielsweise jungen Herausgeberinnen und Journalistinnen von Zeitschriften wie *Just Seventeen*, *Mizz* und *Sugar*, von denen viele einen Abschluß in Medienwissenschaften oder gar Frauenforschung haben und sich auch als Feministinnen deklarieren?

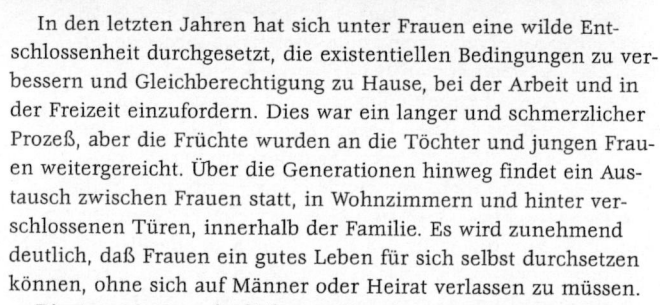

In den letzten Jahren hat sich unter Frauen eine wilde Entschlossenheit durchgesetzt, die existentiellen Bedingungen zu verbessern und Gleichberechtigung zu Hause, bei der Arbeit und in der Freizeit einzufordern. Dies war ein langer und schmerzlicher Prozeß, aber die Früchte wurden an die Töchter und jungen Frauen weitergereicht. Über die Generationen hinweg findet ein Austausch zwischen Frauen statt, in Wohnzimmern und hinter verschlossenen Türen, innerhalb der Familie. Es wird zunehmend deutlich, daß Frauen ein gutes Leben für sich selbst durchsetzen können, ohne sich auf Männer oder Heirat verlassen zu müssen.

Die Art, wie Sexualpolitik nun über den TV-Schirm flimmert, bedingt einen enormen Energiefluß. Private und öffentliche Auseinandersetzungen darüber, was es heißt, heute eine junge Frau zu sein, sind auch für die Kraft und Vielfalt populärer Kulturformen wie Zeitschriften verantwortlich. Weibliche Unabhängigkeit hat den Common Sense durchdrungen, sie ist der Stoff für Frauen- und Mädchenzeitschriften, TV-Sitcoms und Radioprogramme. Das hat in der britischen Gesellschaft Wirkung gezeigt; hohe Scheidungsraten und die steigende Zahl von Alleinerzieherinnen haben Frauen dazu bewogen, sich auf Karriere und die

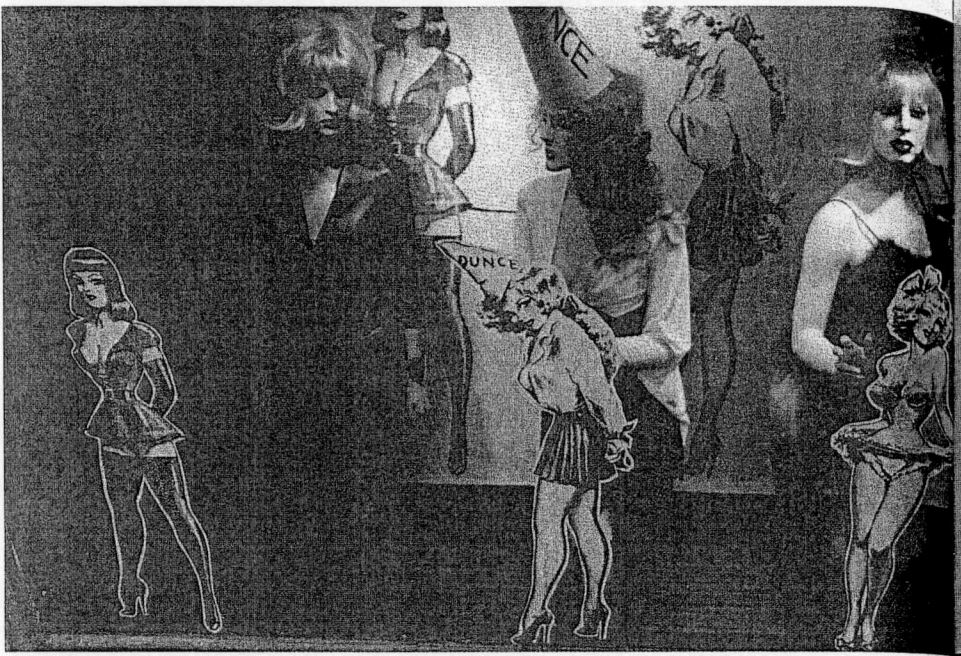

Organisation ihres eigenen Lebens zu konzentrieren. Sex, Spaß und der Genuß von Freiheit sind eine Dimension dieser neuen Unabhängigkeit. Wenn Frauen später heiraten und hart an Qualifikationen und Karriere arbeiten, dann wird das Genießen der Freizeit Teil ihrer sozialen Erwartung. Und auch wenn ältere Frauen und Mütter die Suche nach Vergnügen und Freizeit oft hinter sich gelassen haben, werden sie ihren Töchtern nicht das Recht verweigern, etwas Spaß zu haben. In vielfacher Hinsicht zeichnet diese Sensibilität für den Hedonismus und das flegelhafte Benehmen verantwortlich, das nun öffentliches Aufsehen erregt.

Denn dieses Faktum ist nicht sonderlich attraktiv für PolitikerInnen. Die Labour Party zog aus, um die Plattform für Familienwerte zu unterstützen. Ihre weiblichen Parlamentsmitglieder hatten zu diesen Angelegenheiten wenig zu sagen. Ängstlich wurden Sympathien für diese Ideen verschwiegen. Die Partei schweigt über gegenwärtige Veränderungen in der Familienstruktur aus Sorge um ihr Ansehen, das auf dem Respekt für traditionelle Familienwerte basiert.

Wenn Frauen und Männer gefragt werden, wie sie gerne leben möchten, ist die Wahrscheinlichkeit groß, daß sie ein idyllisches Kleinfamilien-Szenario beschreiben, das dem von der Labour Party propagierten nicht unähnlich ist. Aber materielle und andere Bedingungen verhindern, daß dieses Realität wird. Natürlich hätten viele Frauen gerne einen Mann, der sie bis zur Verblödung liebt, einen Spitzenjob hat, ein wunderbarer Vater und aufrechter Bürger ist. Um in einer oft brutaleren und enttäuschenderen Welt zu überleben, sehen sich viele Frauen jedoch gezwungen, mit dem Mythos der romantischen Liebe, den die populäre Kultur (und frühere Jugendzeitschriften) verbreiten, zu brechen. Die Lektion war oft nicht einfach. Daß diese Fantasien nun wieder eingeschmuggelt werden, ist fast eine Beleidigung. Kurz, soziale und kulturelle Veränderungen haben sich schneller vollzogen, als sowohl die Labour Party als auch einige Feministinnen gewillt sind, sich einzugestehen. Um aufzuholen, müssen wir nun laufen. Die Gefahr für den Feminismus liegt darin, nicht wirklich anzuerkennen, daß es in unserer gegenwärtigen Gesellschaft verschiedene Möglichkeiten gibt, Frau oder Mädchen zu sein. Die Gefahr für die Labour Party besteht im Versagen, mit Frauen und Familien gleichzeitig zu reden. Sie wird sich wohl oder übel auch mit der Tatsache abfinden müssen, daß der Mythos der 2,4-köpfigen Familie so unrealistisch geworden ist wie der Glaube, Mädchen seien immer noch „sugar and spice" ...

Fuck the Fashion Establishment
Neue Züchtungen im Modebereich
Miramar Dichoso

Frauen sind es gewohnt, mit Darstellungen von großen, dünnen, weißen Mädchen bombardiert zu werden, die davon ausgehen, daß die Betrachterin heterosexuell ist und sich kleidet, um Männern zu gefallen. Immer mehr alternative Ansätze – etwa von jungen Designerinnen oder lesbischen Magazinen – stellen diese Sichtweise in Frage. Der neue Blick auf Mode sucht nach Kleidung, die angenehm ist und den Bedürfnissen von Frauen entgegenkommt: MODE SOLL SEXY SEIN UND SPASS MACHEN, NICHT WEH TUN.

Magazine wie *Curve* oder *Girlfriend* brachten einen völlig neuen Style hervor. Sie fanden innovative Wege, lesbischen Lifestyle erkennbar zu machen und gleichzeitig Frauen verschiedenster Ethnien und unterschiedlichster Anti-Mainstream-Körpertypen vorzustellen.

Das englische Magazin *Diva* hinterfragte beispielsweise das traditionelle Klischee von Attraktivität. Im Beitrag „Naughty But Nice" tragen auf der mit *naughty* überschriebenen Seite zwei Models bodenlange Kleider und Hörner auf dem Kopf. Die zweite Seite stellt *nice* mit Lederhosen und nabelfreien, engen T-Shirts dar. Im Gegensatz zum offensichtlich lesbischen Outfit wird der eher feminine Style weniger favorisiert. Der Artikel „Gotta Lotta Socca" zeigt farbige Frauen und verschiedene Körperformen. Die Abbildung von Frauen im Alltag bedeutet auch eine realistische Idee von Mode. Die Unbeholfenheit und Spontaneität der Posen bestätigt die Authentizität. Darüber hinaus sind alle Frauen in diesem Magazin tatsächlich Lesben. Die Models werden mit Namen genannt und tragen ihren Style tatsächlich. Das amerikanische Magazin *Girlfriend* wirft eher einen erotischen und sinnlichen Blick auf Mode. Das Magazin hat sein Spektrum erweitert und bietet auch optisches Vergnügen. Die monatliche Rubrik „Freundin des Monats" und die Abbildung halbbekleideter Models geben positiven homoerotischen Fantasien Raum.

Anders stehen die beiden Designerinnen Nika und Judy Rosen der Mode gegenüber. In einem kleinen Geschäft im East Village/NY, *Three Jills and A Jack*, verkaufen sie ausschließlich Kleider von Girls für Girls, die jungen Frauen eine längst fällige Alternative bieten sollen. Das ist auch ein Statement zum traurigen Stand der gegenwärtigen Mode – unkreativ, meist von Männern gemacht und zum Kotzen. Nikas Modelinie *Girl Pride* verarbeitet farbige, spielerische Drucke, blumig und sehr feminin.

Miramar: Euer Projekt war gerade in den Anfängen sehr schwierig. Habt ihr euch gesorgt, ob das gutgeht?

Nika: Nein, ich wollte immer schon Designerin werden, ich wußte nur nicht, wie. Da ich seit meinem 13. Lebensjahr in der Modeindustrie meist als Verkäuferin gearbeitet habe, war ich mit den Regeln des Geschäfts vertraut. Irgendwann dachte ich, wie gut es wäre, mein eigenes Geschäft zu haben, und ich erzählte meiner Mutter davon. Damals war es eher ein Fantasieren über eine Möglichkeit, die ich selbst als nicht sehr realistisch einschätzte. Aber meine Mutter hat mich unterstützt und gemeint, „du kannst das machen". Seither bin ich die Idee nicht mehr losgeworden. Aus der Fantasie wurde Realität. Ich wollte es anpacken.

M: Deine Mutter war also deine Heldin?

N: Ja, ich habe alles von ihr – meine Energie, meine Lust, etwas zu tun. Sie hat mich immer ermutigt und mir gezeigt, daß sie stolz auf mich ist. Sie ist immer hinter mir gestanden und hat mir das nötige Selbstvertrauen vermittelt.

M: Machst du dir nie Sorgen, wie's weitergeht?

N: Nein, weil ich weiß, daß es irgendwie immer geht. Ich tu das, was ich tun will, das gibt mir die Gewißheit, nicht zu versagen.

M: Ihr arbeitet mit Designerinnen zusammen wie *Elf*, *Sweets and Meats*, *72 Lucy*, *Built by Wendy*, *Judy Rosen*, *Pixie Yates*. Wie hast du all die Girl-Designerinnen zusammengebracht?

N: Also am Anfang waren nur Judy und ich. Wir beide haben unsere Klamotten in einem Raum verkauft, der so riesig war, daß wir ihn fast nicht füllen konnten. Und wenn ein Geschäft leer aussieht, ist es schlecht. Deshalb haben wir Kontakt mit verschiedensten Designerinnen aufgenommen, die auch eine Alternative zur Modeindustrie gesucht haben. Wir wollten mit Frauen arbeiten, die nicht so sehr wegen des Profits im Geschäft sind, sondern weil sie ihren kreativen Ausdruck in der Mode suchen. Erst sind wir auf Lucy (*72 Lucy*) eine Freundin von uns, die *Sweets and Meats* macht, gestoßen. Dann haben wir Wendy (*Built by Wendy*) kennengelernt. Und dann ist ihre Schwester Elf dazugestoßen und hat uns ihre Sachen gezeigt.

M: Und so ist sukzessive ein Girl-Designerinnen-Netzwerk entstanden?

N: Ja, wir wollen alle dasselbe. Hier geht es nicht um Konkurrenz, sondern um die gleiche Motivation: Wir wollen die männlich dominierte Mode herausfordern. Und weil das innerhalb der Industrie nicht möglich ist, haben wir eine Alternative geschaffen.

M: Wenn du gerade von Männern sprichst, würdest du einen Jungen in deiner Modeline aufnehmen?

N: Nein. Aber nicht deshalb, weil wir prinzipiell gegen Jungs sind, sondern weil das nicht unserem Konzept entspricht. Wir sind ein Girl-Modeladen. Deshalb führen wir keine Männerkleidung und nehmen auch keine Typen auf, die Girls-Kleidung machen. Wenn ein Typ für eine Mädchenlinie Entwürfe designed, dann macht er ja die Kleidung nicht für sich selbst, sondern entwirft das, was seiner Ansicht nach Mädchen tragen sollten. Genau das wollen wir vermeiden. Wir arbeiten auch nicht mit Designerinnen, die einen Style entwerfen, den sie nicht selber tragen. Unsere Maxime ist, daß wir Style nicht diktieren. Deshalb sind unsere Designs auch authentischer und haben mehr Substanz.

M: Du würdest also nicht etwas entwerfen, nur weil es gerade trendig ist?

N: Nein, das interessiert mich nicht. Ich habe meine Garderobe seit meinem 12ten Lebensjahr und stocke sie mit neuen Sachen auf. Saisonale Looks, die nach ein paar Monaten weggeschmissen werden, und dieses „Das-ist-in-das-ist-out" sind bei uns nicht so wichtig.

M: Wo holst du dir deine Inspirationen?

N: Meine Inspirationen kommen aus hippen Textil- und Zubehörgeschäften. Ich geh in diese Läden und werd ganz verrückt nach dem Zeug. Ich seh die Sachen, stöbere das Material durch, und dann kommt der Moment, wo ich mir denke, ich will das machen, das machen, das machen.

Madonna-Fans und Look Alikes
E. Ann Kaplan

Im Juli 1990 forderte das Jugendmagazin *YM* seine LeserInnen auf, Fragen an Madonna einzuschicken. Madonnas Antworten wurden in der nächsten Ausgabe veröffentlicht: „Welche Art von Kuchen bäckst du?" Antwort: „Nächste Frage! ICH BACKE NICHT!" – Madonna wies das patriarchale weibliche Hausfrauen/Küchen-Image dezidiert zurück, engagierte sich für den Schutz des Regenwaldes und rief zum Abbau von „Sexismus, Rassismus, Bigoterie, Homophobie und Misogynie" auf.

Ebenso interessant wie Madonnas Antworten war die Art und Weise, wie das Magazin die Stilisierung Madonnas und die Faszination der Jugendlichen für die eigenen kommerziellen Ziele nutzte. In einem beigelegten Fragebogen forderte es die Jugendlichen auf, ihre Beziehung zu Madonna einzuschätzen. Die übergeordnete Fragestellung „Are You a Material Girl?" bezog sich natürlich auf Madonnas berühmtesten Song, der wiederum auf Marilyn Monroe verwies, Madonnas Fanobjekt und „Look Alike". Darüber hinaus veröffentlichte das Magazin ein Madonna-Quiz und versprach ein Madonna-Kleid als Gewinn. Das ganze Magazin baute auf der Voraussetzung auf, daß sich die Leserinnen stark mit Madonna identifizieren und nach deren bevorzugtem Lifestyle richten. Signifikanterweise fand Madonnas politische Haltung im Quiz keine Erwähnung.

Ich erinnerte mich an diese Ausgabe von *YM*, als ich Jahre später zu einer „Madonna-Mania"-TV-Talkshow als „Expertin" eingeladen wurde, um die anwesenden Mütter und Töchter, allesamt überzeugte Madonna-Imitatorinnen und -Fans, zu kommentieren. Die Töchter waren als Dick-Tracy-Heldin „Breathless" gekleidet. Eine Mutter kritisierte die Madonna-Abhängigkeit der Tochter, die andere unterstützte deren Leidenschaft. Auf die Frage, was sie an Madonna so anziehend finden, antwortete die eine: „Einmal hab ich mir bereits gedacht, ich sei Madonna. Ich war überzeugt, daß auch ich ein Superstar werde." Die andere fügte hinzu: „Seit ich fünf Jahre alt bin, liebe ich Madonna. Ich finde Madonna attraktiv. Sie hat eine mysteriöse Aura. Die Menschen fühlen sich von ihr angezogen, und ich mag Aufmerksamkeit." Auf die Frage, was Madonna für sie persönlich bedeutet, antwortete sie: „Sie hat diese Energie ... sie ist kreativ. Sie hat eine Vision ... Sie repräsentiert Macht – die Macht, das zu tun, was sie will, und das schafft sie auch. Sie sagt: ‚Ich bin ein Star und du nicht.' Wenn ich ein Star wäre, würde ich genauso fühlen."

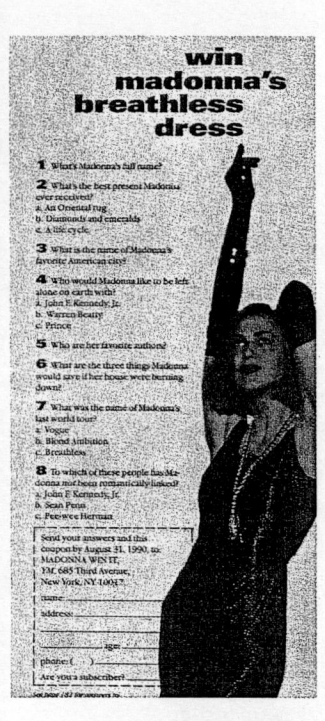

Populärkultur ist für Frauen ein ambivalentes Phänomen: Es gibt einige positive Aspekte von Mädchenkultur – Einkaufszentren, Freundinnen, Kleidung, (neuere) Videos –, die sexuelle Erregung und Vergnügen bieten. Das von der frühen Madonna projizierte Image ihres sexy Körpers, das sich nicht dem männlichen Blick, dem männlichen Begehren unterwarf, ist hier wichtig. Madonna und andere weibliche Rockstars präsentieren sich in ihren Videos als Subjekte. Sie dominieren die Handlung, sie bringen Begehren, Frustrationen, Trauer, Freude zum Ausdruck. Das hat positive Implikationen für die weibliche Fangemeinschaft, die sich mit ihrem Star in Selbstvertrauen, Sexualitätsbejahung und der Bedeutung eines eigenen kreativen Ausdrucks identifizieren.

Doch es gibt noch eine andere Seite adoleszenter Mädchenkultur. Utopische Lesarten wie die von Camille Paglia verzerren nicht nur die feministische Forschung über Madonna, sondern auch das Kulturphänomen Madonna selbst. Paglia reduziert zuerst die komplexen und multiplen Feminismen der beginnenden 90er Jahre auf eine einzige historisch notwendige – ihrer Ansicht nach mittlerweile überflüssige – Strömung der 70er Jahre, die im Kampf um den Schutz der Frauen die Definition von Vergewaltigung als Kavaliersdelikt zurückwies. Dann behauptet sie, Feministinnen hätten „Madonna von Anfang an verabscheut", um letztendlich die befreienden Aspekte von Madonna zu zelebrieren, ohne auf die Komplexität der widersprüchlichen Natur von Madonna als kulturellem Objekt einzugehen.

Madonna fordert ohne Zweifel konventionelle Images heraus. Sie achtet jedoch genau darauf, Grenzen, die ihrer Popularität schaden könnten, nicht zu überschreiten. Sie flirtet mit der Avantgarde, greift Elemente der Lesbenkultur auf, des Antirassismus, kritisiert den Katholizismus etc. Aber sie weiß genau, wie weit sie gehen darf, damit sie nicht Segmente ihrer Zielgruppe verliert. Kommerzielle Überlegungen, Profit und das Bedürfnis nach einer großen Fangemeinde haben Priorität. Paglia preist Madonnas Geschäftstalent, sieht aber nicht die damit verknüpfte Ausbeutung der fragilen Identität von jungen Frauen, die davon träumen, mit dem Madonna-Look auch deren Reichtum und Erfolg einzukaufen.

Was heißt es für Teens, sich nach einer Frau zu kleiden, die dominierende Vorstellungen von Weiblichkeit zurückweist und dabei zu Ruhm und Wohlstand kommt? Inwieweit wird diese Fankultur von Jugendmagazinen ermutigt? Jugendkultur ist ein enormer Markt. Teen-Fantasien, die bereits Produkte einer patriarchalen Gesellschaft sind, werden verstärkt durch die Marktforschung beeinflußt, die darüber entscheidet, was Teens wollen und wie Jugendkulturproduzenten wie MTV davon profitieren können.

Wie wird hier ödipale Schuld und Tiefe durch Oberfläche, Texturen, die Eindimensionalität einer narzißtischen, schizophrenen, gegenwartskonzentrierten Kultur ersetzt? Eines der Probleme in jugendkulturellen Foren präsenter Frauen ist derzeit deren exzessiver Narzißmus: Sie lieben ihren Körper und zelebrieren ihn frohlockend. Bis zu einem gewissen Grad ist dieses Vorbild für junge Frauen schön und gut. Ab wann ist es nicht mehr förderlich, sondern kippt ins Gegenteil? Im Gegensatz zu Paglia befriedigt mich der Schluß „Wir sind nichts als Masken" nicht. Ich bevorzuge es, jungen Frauen dabei zu helfen, die Welt, in der sie leben, zu kritisieren und darüber nachzudenken, welchen Beitrag sie zu einer Verbesserung leisten können.

Soldiers in the Style Wars
Lisa Jones

Du bist doch so ein smartes Mädchen, sagen besorgte Leute zu mir, schreib doch über den Golfkrieg oder Lee Iacocca in Japan oder die Crips und ihre Verbindungen zum Medellin-Kartell. Warum denn Style? Ist das nicht ... viel zu ... weiblich für dich?

Ich hab immer bewundert, wie die Crips die Farbe Blau komplett für sich vereinnahmen konnten, und jeden, der es wagte, auf ihrem Turf die gegnerische Farbe Rot zu tragen, in kaltblütigem Rot erschossen. Diese Kreuzung aus Style, Macht und Begierde drückt klar und präzise aus, was man über die menschliche Rasse wissen muß. Style ist, natürlich, politisch: Er handelt von Gefahr und legt fest, wer zur Familie gehört und wer Sklave ist.

Wenn dann noch das Thema Rasse hinzukommt, sind wir bei den (Miß-)Repräsentationen (wer schießt die Bilder) und im aufgewühlten Sumpf der Aneignung (wer wird bezahlt) angelangt.

Madonna kassiert mit einem von schwulen Schwarzen und Latinos kreierten Tanzstil ab, verkauft ihn als Hommage an weiße Glamourköniginnen und läßt die Schöpfer leer ausgehen. Sollen wir das alles ignorieren und unsere Hintern zu ihrer Musik bewegen, sollen wir ihr eine knallen oder ihr zum genialen Marketing applaudieren? Warum erwähnen KritikerInnen, denen bei Madonnas Symbolsprache der Speichel zusammenrinnt, nie Josephine Baker? Die schrieb mit ihrem Körper, ihrem Style und der Bewunderung ihrer weißen Fans ganze Abhandlungen über die Unterdrückten und die Funktion des „Primitiven". Und was ist mit Grace Jones? Über Geschlecht und Macht läßt sich in Marilyn-Monroe-Strumpfbändern leicht reden, kann ja wenig passieren, was aber, wenn jemand wie Grace ihr Geschlecht als unnötig höfliche, bourgeoise Beschränkung in den Wind wirft und es wagt, sich immer noch von uns allen begehren zu lassen? Das nenn ich Chuzpe!

Am wichtigsten ist mir derzeit Style. Damit läßt sich an der Schlafzimmertür aller Psychosen lauschen. Der Feminismus hat mich dahin gebracht. Schwarze Frauen, die kaum Zugang haben zu einem Ort, an dem aus Freizeit Kunst entstehen kann, haben aus ihren Körpern und ihrem Style eine Leinwand kulturellen Ausdrucks gemacht. In jüngster Zeit ist aus diesem Ort der Selbstzerstörung ein Ort der Heilung geworden. Rassismus verletzt Männer anders als Frauen: Männer, sagte eine ältere Frau einmal, fühlen sich dumm, Frauen häßlich. Unsere Schönheit (und die daraus resultierende Kraft) zu reklamieren und an junge Frauen weiterzugeben, ist mindestens so wichtig, denke ich, wie Jungs, die ihre Kanonen auf Ölquellen richten.

BABY TEASE
Über den Schmutz in der Mode und die Mode des Schmutzes
Andi Zeisler

Vielleicht ist es ja nur ein unvermeidbares Nebenprodukt der allgemeinen amerikanischen Sex-Bessesenheit – Motto: je skandalöser, desto besser –, aber die Modeindustrie scheint immer schmutzigere Blickwinkel einzunehmen. Von der Jeans-Werbung, die mit dem abgedroschenen und rassistischen Klischee von der jungen weißen Prostituierten und ihrem bedrohlichen schwarzen Zuhälter spielt, über die unzähligen Modeseiten mit ausgezehrten, andeutungsweise ungepflegten Models, denen 2000-Dollar-Abendkleider um ihre knochigen Schultern flattern, bis hin zu den Candies-Anzeigen, in denen die allgegenwärtige Jenny McCarthy niedlich auf dem Klo hockt, nur mit Sandalen und einem winzigen T-Shirt bekleidet; eines wird überdeutlich: Wer verkaufen will, sollte bloß nicht auf geschmackvolle Sexyness setzen – Schmutz ist das Ding der Stunde.

Obwohl gemeinhin als schmutzig und ordinär geltende Kleidung schon seit Jahren in Spezialläden erhältlich ist – für Fetischisten gibt es dafür Versandkataloge –, zählt dieser Stil unter Verkaufsgesichtspunkten erst seit kurzem zum Mainstream. Im Kern geht es dabei um folgendes: Man nehme etwas, was Leute prinzipiell eher meiden würden, den Beigeschmack der Abartigkeit etwa, Drogensucht oder Prostitution, oder alles auf einmal, und stelle es in einen anderen Kontext (den sauberen Kontext der Modeseiten und Werbekampagnen etwa), und das, was vorher widerwärtig erschien, wirkt mit einem Schlag gewagt und aufregend. Calvin Klein wußte, warum er kindlich aussehende Erwachsene als milchgesichtige Kinder posieren ließ: Er nahm ein Sujet, das die Leute sofort als Teil ihrer schmutzigen Fantasien erkannten, und provozierte so tiefsitzende menschliche Reaktionen. Die Leute konnten mit ihren schmutzigen Gedanken fortan ins Kaufhaus gehen, wie sie früher in abseits gelegene Peepshows geschlichen waren.

Madonna spielte jahrelang mit dieser Kontextverschiebung in der Mode, aber so richtig gut funktionierte das alles erst, als „wütende Musikerinnen" zum Kolumnenstoff wurden. Der sogenannte „Kinderhuren-Look" weiblicher Musikerinnen wie Courtney Love und Kat Bjelland (Babes in Toylands) war ein überzeugendes Statement und bezog sich noch dazu auf den Feminismus. Indem sie klassische Versatzstücke des Weiblichen (Kleinmädchen-Kleidchen, Plastik-Haarspangen und rosa Strumpfhosen) verwendeten und dunklere Assoziationen von Kindesmißbrauch und Pädophilie weckten und beide Aspekte miteinander verknüpften, machten diese Frauen Schmutz zur Mode und zum Zeichen weiblicher Stärke. Gleichzeitig nutzte die Riot-Grrrl-Bewegung ihre Medienpräsenz dafür, die Öffentlichkeit mit den Themen des sexuellen Mißbrauchs und sexueller Belästigung zu konfrontieren. Ganz offensichtlich ging es diesen Frauen um eine neue Art von Repräsentation, durch die die abgenutzten Zuschreibungen von Weiblichkeit im Namen der Subversion neu besetzt werden sollten.

Doch die Schmutz-Mode mit dem jungen Mädchen als Sexualobjekt griff um sich. Die mittlerweile berüchtigten Calvin-Klein-Anzeigen setzten dieses Bild durch, und bald waren alle andern auf den Zug aufgesprungen. In einer Kampagne von *Guess?* sitzt ein 15jähriges Model im Kinosaal, einen Eimer Popcorn zwischen ihren Beinen, den Mund verführerisch geöffnet. Zu Adrian Lyne's Neuverfilmung von „Lolita" setzte *Esquire* den weiblichen Teenie-Star im Spielanzug fingerleckend auf das Titelbild und das Magazin *Spy* begrüßte in einer Coverstory junge Mädchen in Hollywood.

Diese Bilder sind mittlerweile zu Klischees geworden. Seit die Riot-Grrrl-Bewegung vereinnahmt wurde und Courtney Love in geschmackvollen Designerklamotten herumläuft, fordern die Bilder der Schmutz-Mode uns nicht mehr heraus, sondern erzeugen altbekannte Vorstellungen von jungen Mädchen als knospendem Sex-Spielzeug. Immerhin brachte uns der Schmutz auf den Modeseiten das Baby-T-Shirt als beständiges und sichtbares Erbe echt schmackhafter Schmutz-Ästhetik. Obwohl diese Mode der Schrecken jeder vollbusigen Frau sein muß – Gott helfe Cathy C-Cup, wenn sie ein T-Shirt über ihren gesamten Busen kriegen will –, verdeutlicht sie auf jeden Fall die dualistische Natur von Mode: Oberfläche und unterschwellige Botschaft sind nämlich sowohl Provokation als auch Festschreibung der Art und Weise, wie Frauenkörper im öffentlichen Raum behandelt werden.

Der Subtext der Baby-T-Shirts, ewige Mädchenhaftigkeit, weist auf ein Dilemma hin, das mit hochhackigen Schuhen und kurzen Röcken nicht vergleichbar ist. Was bedeutet es eigentlich, wenn eine längst dem Säuglingsalter entwachsene Frau so ein T-Shirt trägt? Am interessantesten sind die Baby-Tees mit Slogans wie „Sexy Kitty", „Living Doll", „Self Service". Mit Honigkuchen-Bildern und direkten Formulierungen verschaffen die bedruckten Shirts der weiblichen Sexualität öffentliche Aufmerksamkeit. Und das ist toll; zumindest theoretisch gesehen. Aber sollen sich Frauen wirklich gut dabei fühlen, T-Shirts zu tragen, deren Grafik uns in die Rolle von Puppen und Kätzchen versetzt, von ewig kindlichem Fick-Spielzeug? Letztlich heißt das doch, daß es nur okay ist, so direkt zu sein, wenn das Verlangen auf einem engen T-Shirt in rosa Tinte und niedlicher Grafik durch die Gegend getragen wird.

Weil so viele Frauen genau das tun, scheinen Baby-T-Shirts immerhin das Potential in sich zu bergen, den Umgang mit Frauenkörpern öffentlich zu reflektieren. Letztlich sind T-Shirts mit Slogans wie „Living Doll" und „Sexy Kitty" frustrierend, weil sie primitive Frauenklischees von unschuldigen Schwanz-Neckerinnen bedienen, ohne sie tatsächlich in Frage zu stellen. Ein T-Shirt dagegen, auf dem „Eat Me" steht, dreht nicht nur Geschlechtsfestschreibungen um, sondern stattet die weibliche Trägerin mit einer offensichtlichen sexuellen Handlungsfähigkeit aus, die im Gegensatz zur Harmlosigkeit des T-Shirts steht und seine Bedeutung in Frage stellt. Solche Doppeldeutigkeiten kommen bei Typen, die mit einem ernstgemeinten „I'm too drunk to fuck so just give me a blow job" auf dem T-Shirt durch die Gegend laufen, vielleicht nicht an, aber wenigstens bieten sie eine passende Entgegnung.

Der Nachteil des „Eat-Me"-Slogans ist die Komponente der Einladung, die ähnlich wie bei „Self Service" gelesen werden kann. Während beide Aussagen sexuelle Selbständigkeit verheißen, können sie die Trägerinnen auch zum Objekt degradieren. Ein „Self-Service"-T-Shirt bedeutet etwas anderes, wenn eine Frau mit ihrer Freundinnenclique unterwegs ist als bei einem ersten Rendezvous. Und noch mal was anderes, wenn sie an einem x-beliebigen Tag damit die Straße entlanggeht. Weil Kleidung und Gefahr so oft miteinander verbunden werden, wenn es darum geht, Mädchen und Frauen vor dem Ärger zu warnen, den sie kriegen können, wenn sie nicht vorsichtig genug sind, ist allein schon die Direktheit von Baby-T-Shirts eine kräftige Antwort auf Sexismen. Und dennoch liegen sie noch auf der Ebene alter Zuschreibungen, weil sie die gleichen Fantasien von Pornostars, Sexmiezen und Baby-Girls wecken wie eh und je.

Ich lief einmal mit meiner Freundin Anna zur Mittagszeit durch die Innenstadt von San Francisco; neben uns hasteten Rechtsanwälte in Riesenschritten vorbei, und ältere Frauen klammerten sich an ihre Ehemänner, während sie uns böse aus den Augenwinkeln ansahen. Nicht unwesentlich ist hier, daß Anna eine über 1.80 m große, gutgebaute Blondine ist – ein Mann aus der Generation meines Vaters würde sie ein „großes Mädchen" nennen und dabei lüstern und gefährlich dreinschaun – und daß sie ein enges, in schwarzweiß mit Brüsten bedrucktes T-Shirt trug. Das war wirklich eine gute Möglichkeit zu erproben, wie Brüste im Mittelpunkt der Aufmerksamkeit stehen, wenn Frauen auf der Straße gehen. Dadurch, daß sie das Bild der Brüste so offen nach außen trug, wurde die Aufmerksamkeit tatsächlich von Annas echten Brüsten abgelenkt. Dieses T-Shirt richtet sich direkt an das Camille-Paglia-hafte „die-Männer-können-sich-halt-nicht-dagegen-wehren-von-Frauen-aufgegeilt-zu-werden-und-es-wäre-ein-Verbrechen-gegen-die-Natur-ihnen-ihre-primären-Lust-Gefühleübelzunehmen". Eine Ansicht übrigens, mit der viel zu viele Leute sexuelle Belästigungen auf der Straße entschuldigen und billigen.

Annas T-Shirt hingegen machte aus der stillschweigenden, ruhigen Duldung von Belästigungen eine offensichtliche und für glotzende Passanten unangenehme Anklage. Es benutzte das Attribut der Weiblichkeit schlechthin – die Brüste –, und das Opfer wurde zur Angreiferin. Das ist doch weitaus interessanter als diese ganzen positiven Sex-Slogans.

Es gibt einen Unterschied zwischen Anzeigen, die pädophile Fantasien unterstützen, und Baby-Shirts, die mit sexuellen Signalen prahlen. Anzeigen, wie die von *Calvin Klein* oder *Guess?*, sind len prahlen. Anzeigen, wie die von Hochglanzmagazine beschränkt, deren Interesse lediglich darauf besteht, den Status quo zu erhalten. Sie wiederholen nur das Credo ihrer Erfinder: Mode und Sex sind genauso, wie WIR sie definieren. Während Baby-T-Shirts Dinge hinterfragen, diktieren Anzeigen etwas. Doch bleibt die Frage: Merken wir den Unterschied überhaupt?

Ist die Botschaft eines 15jährigen Mädchens, das im *Esquire* an einem herzförmigen Lolli leckt, überhaupt so anders, als der Eindruck, den eine 25jährige Frau im „Porn-Star"-T-Shirt erweckt? Was die Leute in sich aufgenommen haben – die Lektionen aus der Kindheit über Gefahr und Scham, der ganze Schwulst der Werbewelt –, verwischt den Unterschied, und macht es oft unmöglich, zwischen einer Botschaft, in der es darum geht, gegen Regeln zu verstoßen, und einer Botschaft, die dieselben alten Regeln fortschreibt, zu differenzieren.

In letzter Zeit scheint es nicht mehr viele T-Shirts wie das von Anna zu geben. Baby-Tees gibt es natürlich immer noch reichlich, aber sie gehen mittlerweile mehr mit dem Namen des Labels hausieren, als daß sie etwas anrichten, was auch nur annähernd provoziert. Dennoch sind sie, wie das mit Modeerscheinungen, die sich langsam abnutzen, halt so ist, noch nicht völlig verschwunden – und werden in ein paar Jahren sowieso ein Comeback erleben. Hoffentlich gibts bei diesem Comeback, dann mehr T-Shirts wie das einer anderen Freundin: „No thanks".

Andi Zeislers Lieblings-T-Shirt: „I love Marzipan".

Flesh For Fantasy
Laura Miller

Seit Mitte der 80er Jahre hat die Aufklärungsbewegung über sexuellen Mißbrauch die Reaktionen von AmerikanerInnen auf erotische Images von jungen Mädchen grundlegend verändert. Enthüllungen von weitverbreiteten Kindesbelästigungen und Inzest (früher als selten angenommen) lassen alte kulturelle Fantasien von Sex-Nymphchen nicht nur als erschütternd und schädlich erscheinen, sie haben auch die Selbstwahrnehmung von Teenagern geprägt. Niemand kann länger so tun, als sei die Mädchenzeit gleichbedeutend mit taufrischer Unschuld.

„Während sie selbst vielleicht nicht mißbraucht oder vergewaltigt wurden", meint Valerie Walkerdine, Autorin von *Daddy's Girl: Young Girls and Pop Culture* (1997), „identifizieren sich Teenager nun nicht mehr so sehr mit den glücklichen Mädchen, sondern mit jenen, die Probleme haben. Denn auch sie haben Schwierigkeiten und wissen, daß das okay ist." Erfahrungen, die die Girls früher aus Verwirrung und Scham hinunterschluckten, werden nun oft zu Trophäen des Überlebens. Aber das trotzige Gesicht, das sie der Gesellschaft zeigen, ist empfänglich für Manipulation.

Mädchen leben nach wie vor in einer Welt voll mächtiger Bilder, die von (meist männlichen) Erwachsenen produziert werden – Bilder, die nach sexuellen Fantasien auf der einen und frommen Sorgen auf der anderen Seite riechen. Dieses Verhältnis von Kitzel und Empörung auszubeuten, gehört zum Wesen der Popkultur. Erotische Bilder von geplagten Teens sind omnipräsent, von der Werbung bis zu Musikvideos. Zurück bleiben Mädchen, die sich mit diesem Image herumschlagen können.

Unglücklicherweise ist die Wahrscheinlichkeit der Vereinnahmung und des Mißbrauchs umso größer, je größer der Widerstand dagegen ist. Das zeigt auch die Geschichte Fiona Apples, die offen über ihre Vergewaltigung im Alter von 12 Jahren spricht. Apples Dilemma ist ein altes, nämlich das jeder jungen Frau, die mit guter Absicht ihre Sexgeschichte zu einer öffentlichen Angelegenheit macht. Wenn sie in ihrem Song „Sullen Girl" über den brutalen Fremden singt, der „took away my pearl and left an empty shell of me", dann hören ihre jungen weiblichen Fans ein Mädchen, das nicht nur stark genug ist, dies öffentlich auszusprechen, sondern das auch als Künstlerin triumphiert. Apples therapeutisches Geständnis unterstreicht den leidenschaftlichen Glauben von Teenagern, daß Erfahrung – sogar eine Tortur wie Vergewaltigung – ein Mädchen bereichern kann und es nicht notwendigerweise nur verbrauchen muß. Aber Apple und viele andere repräsentieren auch für die alten Knacker von *Esquire* den saftigen Bissen einer beschädigten Frucht. Sie sei bereits „ruiniert", heißt es da, deshalb sei es unerheblich, was ihr als nächstes angetan wird.

Beeinflußt von Kunstfotografen wie Larry Clark, die sich dem Portrait abgetakelter Teenage-Chroniken verschrieben haben, setzte sich im Zuge der 90er Jahre eine spezifische Ikonographie für die gehobene Mode durch. Calvin Kleins umstrittene Werbung „Criminals" (1995) zeigte minderjährige Models, die vor ihren holzverkleideten Wänden über Sex sprechen. Die Anzeige wurde blitzartig zurückgezogen, als BetrachterInnen darin Indizien für Kinderpornographie ausmachten.

Eine der Zurückweisungen von Mißbrauchs-Chic findet sich ironischerweise in der Welt der harten Pornos. Die zunehmend beliebten *all-18*-Magazine wie *Live Young Girls*, *Babe* und *Hustler*'s *Barely Legal* (das sich in den vergangenen vier Jahren einer 55%-igen Zirkulationssteigerung erfreute) versprechen blutige Anfängerinnen in Zöpfen, weißen Söckchen, Faltenröcken und rosaroten Baumwollstrumpfhosen. Halbnackte Fotomodelle, die mit ihren Freundinnen Doktor spielen, auf Partys herumtollen und Kissenschlachten machen, werden in den Bildlegenden als Jungfrauen bezeichnet, die gespannt auf jenen Tag warten, an dem sie mit einem (viel) älteren Mann ihre „Kirschen pflücken". Diese Magazine sind die letzte Provinz draller, mädchenhafter Unschuld, die den hohläugigen, von der Popkultur gejagten Kindern standhält.

„Männer mittleren Alters fantasieren zurück in ihre Jugend", sagt Dian Hanson, Herausgeber des Teen-Porn-Magazines *Tight* und neu erwählte Hipster-Kultfigur. „Die bei uns einlangenden Briefe zeigen, daß diese Männer an Mädchen, die aussehen, wie Mädchen heute tatsächlich aussehen, nicht interessiert sind. Sie wollen die kichernden, süßen, unschuldigen, glücklichen Mädchen von gestern. Ein Typ erzählte mir: ‚Ich habe diese gepiercten, feindlich gestimmten Frauen mit Tatoos satt.'"

Hanson hat recht: Die Modelle in *Tight* schauen nicht aus wie wirkliche Teenage-Girls, sondern ähneln mehr unverdorbenen Zuckerpüppchen, wie sie die von den 50ern inspirierten Fantasien der rechtsgerichteten Moralapostel bevölkern. In ihrer altmodischen Fetischisierung von Jungfräulichkeit sind religiöse FundamentalistInnen und Pornos eng verknüpft. All die Änderungen des sexuellen Verhaltens in den vergangenen drei Jahrzehnten haben die Vorstellung nicht auszurotten vermocht, derzufolge ein Mädchen rein auf die Welt kommt und durch Sex befleckt und verunreinigt wird. Dieser Mythos hält sich hartnäckig, weil er Erwachsene aufgeilt und die Idee von adoleszentem Sex um einiges aufregender und schmutziger macht, als das reife Kopulieren von Erwachsenen.

Die Aufklärungskampagnen über sexuellen Mißbrauch geben Teenagern die Möglichkeit, ihre sexuellen Geschichten in einen neuen Kontext zu stellen: Der Opferstatus macht aus einem Mädchen weder eine Jungfrau noch eine Hure. Aber diese Identität entpuppt sich als fast so erstickend und schlüpfrig wie die zwei traditionellen Optionen. Apples öffentliches Hinterfragen ihres eigenen Images („Sieht sie zu hübsch aus?") suggeriert ein Mädchen, dessen Verletzlichkeit sich in gefährlichem Maß mit dem verzweifelten Verlangen nach Anerkennung und Zuwendung mischt.

Aber diese Konflikte machen sie für das Durchschnittsmädchen nur noch realer. Der Kern des Übergangs vom Kind zur Frau ist nicht der Verlust der fleischlichen Unschuld, sondern ein neues und schonungsloses Bewußtsein darüber, wie einen andere Menschen sehen. Mädchenkörper sind umstrittenes Terrain im Kampf um das „korrekte" weibliche Image. Eßstörungen, die offenbar 17 Prozent aller Teenager betreffen, sind ein Ausdruck, den die Frauen diesem Krieg verleihen. Das „Zer/Schneiden" – respektive Selbstverstümmelung – ist noch emblematischer. Neuesten Statistiken zufolge haben beinahe zwei Millionen AmerikanerInnen, in erster Linie Mädchen, einen Weg gefunden, leise, doch beredt darauf hinzuweisen, wieviel Leiden unter der zarten Oberfläche der Adoleszenz verborgen liegt.

Hauptsächlich von Frauen herausgegebene Teen-Magazine haben sich lange Zeit dieses Gefühl der Unzulänglichkeit und Mangelhaftigkeit zunutze gemacht. Das hervorragende Magazin *Sassy* brachte eine erfrischende Dosis Feminismus in die Gattung ein und mußte in der Folge auf wichtige Anzeigen der Schönheitsindustrie verzichten (die Zeitung wurde 1993 an *Teen* verkauft und 1996 eingestellt). Unmittelbar nach der Ära *Sassy* gaben Teen-Magazine zumindest Lippenbekenntnisse für *Girl Power* ab. Heute werden in erster Linie widersprüchliche Botschaften ausgesandt. *YM* erteilte beispielsweise in der Ausgabe von August 97 endlose Lektionen über richtige Kleidung, Haarstil und den Umgang mit Jungs – direkt neben einem spritzigen Spice-Girls-Artikel, der „Nimm dein Leben in die Hand!" posaunte.

„Wir versuchen die Standards von Schönheit und Mode zu verändern", meint Lori Berger, Herausgeberin des neuen „girl-positiven" Teen-Magazines *Jump* (untertitelt „for girls who dare to be

Lips. Tits. Hits. Power?

real"). „Wir wollen vom weitverbreiteten Image des perfekten Girls wegkommen. Unsere Anzeigen setzen sogar die Herausgebergenehmigung voraus. Wir haben eine Anzeige für BH-Einlagen zur Busenvergrößerung abgelehnt und würden nie ein Mädchen auf der Waage zeigen."

EVERY BODY IS PERFECT bestätigt *Jumps* Titelgeschichte der ersten Ausgabe. Im Artikel spricht eine Gruppe von dünnen bis etwas pummeligen Girls darüber, warum sie ihren Körper mögen, die Modegeschichte zeigt Portraits von realen „besten Freundinnen", die ihre Lieblingskleider tauschen. Beinahe die Hälfte des Magazins berichtet von Athletinnen; eine Geschichte zu „girls who kick guys' butt" portraitiert eine Football-Spielerin, die bei großen Matches dabei ist. Natürlich ist sie rein zufällig eine schlanke Blondine, die trotz der schwarzen Flecken unter ihren Augen wie ein Covermodel aussieht. Ob Girl Power im Format schmissiger Aktionen von Spice Girls oder Schülerinnen kommt, immer hat sie ein nettes Gesicht. Es fügt athletische Verwegenheit und sexuelle Stärke zu der Liste jener Dinge, die ein Mädchen unbedingt haben muß und häuft so noch mehr Erwartungen auf ihre ohnehin strapazierte Psyche.

Bevor wir diese Versuche der Neugestaltung des weiblichen Images ablehnen, versuchen wir uns vorzustellen, wie das „richtige Image" aussehen könnte. Es geht nicht. Ob ernsthaft, häßlich oder nett, das Aussehen eines Mädchen wird immer lauter sprechen als alles, was sie sagen kann. Girl-Power-Slogans mögen Girls dazu ermutigen, die dummen Fantasien von Erwachsenen zurückzuweisen, sich gegen Burschen zu wehren und ihren Körper zu akzeptieren, aber Sexualität ist für Frauen noch immer viel zu sehr eine Angelegenheit der selbstbewußten Erscheinung. Diese Repräsentationen „echter" zu machen, ist wahrscheinlich ein Projekt, das auch kein noch so positives Image allein durchsetzen kann.

ViVA!

Jessica Abel

OW! SCRATCHY!
–THANK YOU, MA'AM, MAY I HAVE ANOTHER?
CASEY!
WELL, WHAT ABOUT DANA...?
CASEY, WHAT ARE YOU, PULLING ON A FLASK OF LOVE JUICE BACK THERE?
IT'S JUST IN THE AIR TONIGHT– LOUISE, MY SWEET, YOU'RE EXUDING SPRING LOVE VIBES. BUT I WON'T PUSH MY LUCK...
DO YOU THINK MICHELLE IS ACTUALLY PISSED AT JACKIE?
... MUCH ...
NAW, SHE'S JUST FUCKIN' AROUND.
OOH, IS THAT "VINO"?
NO, IT'S "CHELSEA".
...SO WE'RE GETTING BURRITOS AT LA PASADITA
CAN I USE SOME?
SURE.
AND THIS GUY IS OUT THERE YELLING 'WHO WANTS TO BUY...'
WOW– MICHELLE, WHAT COLOR IS THAT?!
WET 'N' WILD #186
..POWER TOOLS?" AND WE WALK BY AND HE'S LIKE "FUCK YOU IF YOU DON'T WANT POWER TOOLS! FUCK YOU!"
YOU'RE A GOOD KISSER!
THANKS!
GOD, YOUR LIPS LOOK LIKE RAW MEAT!
EXCELLENT!
BUT I DO NEED A CIRCULAR SAW
–OH, YEAH–

OH MY GOD, YOU GUYS, HE'S HERE!
WHO'S HERE?
WHO?
DUH!! DAVE 'PETEY' PETERS, LA CRUSH DU JOUR OF THE BETS. WHY DO YOU THINK WE'RE HERE ON A SATURDAY?
OH JESUS! HE JUST VIBED ME BIG-TIME! I SWEAR TO GOD!
I'M GETTING A DRINK, ANYONE ELSE?
HE IS SO HOT FOR YOU.
HE IS NOT! HE WON'T EVEN TALK TO ME!
WELL, HE AIN'T SHY ABOUT LOOKING, ANYWAY.
OH SHIT, IS HE STARING AT ME?
OF COUR—* FUCK. HE'S HERE.
OH MAN, REALLY? SORRY BABY.
DO YOU THINK HE'S A DOG? HE LOOKS DOGGISH.
WHO, SCOTT? A DOG? NAWW.
HEY!!
NO! DAVE!
PETEY? WHAT THE FUCK? GUY LOOKS LIKE A DROWNED RAT.
OK, BUT A SEXY RAT.
THIS IS ABOUT TO GET UGLY. LET'S GO PLAY PINBALL
GOOD IDEA
I SWEAR, I WILL NEVER UNDERSTAND WOMEN.
BWAH HAH HAH HA HA HA
WHAT?

Jessica Abel, *ViVA!*

Biographien

Bekannt ist Cartoonistin **Jessica Abel** für ihr halbjährlich erscheinendes Comic-Buch *Artbabe*, das nun von *Fantagraphics Books of Seattle* veröffentlicht wird. Ihre Comic strips wurden auch in *Baffler*, *Chicago's New City*, im *University of Chicago Magazine* und dem *New Art Examiner* publiziert. Ihre Comics erschienen u. a. in *Pulse!*, *Action Girl Comics* und *On Our Butts*. Ihre Illustrationen tauchen in verschiedensten Publikationen auf, u. a. in der *New York Times Book Review* und der *Village Voice*.

Alice Arnold publiziert als Fotografin, Künstlerin und Autorin. Ihre Arbeiten erschienen in Musikzeitschriften, auf Plattencovern, Posters und Postkarten sowie zahlreichen Webseiten. Seit vier Jahren dokumentiert sie für das monatlich erscheinende Stadtmagazin *Paper* New Yorks Clubszene. Ihre Reportagen – in der Hauptsache über Lateinamerika – waren in Gruppen- und Einzelausstellungen zu sehen (BOB und Henry Street Settlement in New York u. a.).

Madeleine Block ist ein 15jähriges Grrrl und schreibt unter Psyeudonym.

Pauline Boudry lebt und arbeitet derzeit in Zürich.

Lailah Hanit Bragin, aufgewachsen in Brooklyn, New York, ist ein kämpferisches und stolzes jüdisches Teen-Dyke-Kraftbündel. Sie ist überzeugt, daß, solange es Leute wie dich und mich gibt, auch die Möglichkeit besteht, eine bessere Welt zu schaffen, und dafür will sie bis zu ihrem Tod kämpfen ... Wenn du mit ihr über diesen Beitrag oder eines ihrer Projekte reden möchtest: 78 prospect park west #5f, brooklyn, new york 11215-3077 u.s.a (e-mail: DORK GERL@aol.com)

Lynn Breedlove verbrachte ihre Collagetage mit der Organisation einer Dyke Militia, die bei Fraternity-Parties Vergewaltigungsopfer rettete. Lief bei einer besonders grausigen Party mit einer Uzi Amok, revitalisierte ein Girl mit hausgemachtem Speed, während die Angreifer sich in ihrem Blut wälzten. Wegen versuchten Mordes und Körperverletzung verurteilt, 15 Jahre Haft in Atascadero, dem kalifornischen Gefängis für verrückte Rechtsbrecherinnen. Lehrte ihre Mithäftlinge die intravenöse Injektion von Psycho-Drogen, wurde wegen guter Führung unter der Bedingung freigelassen, daß sie eine Entziehungskur macht. Schreibt derzeit einen Roman über eine Speed Freak und erwerbslose Fahrradbotin, die in eine Stripperin verliebt ist. Seit 1990 Lyrikerin und Leadsängerin von Tribe 8, mit denen sie zweimal durch Europa und oft durch die USA tourte. Produzierte einige Singles und Compilations, zwei volle CD's und arbeitet an einer dritten für *Alternative Tentacles Records*. Spoken Word und Performance Kunst in San Francisco. Seit 1991 fährt sie ihr Fahrrad für Geld bei viel Verkehr. Seit 1990 sauber und nüchtern.
Lieblings Slogan: „kill 'em all, let gawd sort 'em out"
Interessen: Girls, Revolution, Kettensägen, aus dem Flugzeug springen
Busineß: Lickety Spit All-Girl Bike Messenger Delivery
Lieblingsabhängeort: Red Dora's/The Bearded Lady Dyke Cafe

Muffet Calcagno (aka brooke webster) ist Besitzerin von Meow Mix, einer New Yorker Lesbenbar.

Karen Casamassima ist Computer- und Videokünstlerin, Technologin und Programmiererin. Ihre aktuelle Arbeit ist auf der Webseite *crude rom http://www.cruderom.com* zu sehen und wird auf der *Media Central's Site* von Steve Wilson besprochen: *http://www.mediacentral.com/Magazines/Folio/Zines/19970110.htm/737896*. Mitglied der Band Ultra Vulva, 7" Single Twist in Bed. Gründungsmitglied des WAC Drum Corps, Herausgeberin des Zines *Drum Core*. Sie war Wirtschaftsberaterin für Eileen Miles in der Präsidentschaftskampagne 1992.

Critical Art Ensemble (CAE) ist ein Kollektiv aus fünf KünstlerInnen unterschiedlichster Spezialisierung, inkl. Computerkunst, Film/Video, Fotografie, Text- und Buchkunst, Performance. Im Fokus des 1987 gegründeten *CAE* stehen die Überschneidungsbereiche von Kunst, kritischer Theorie und politischem Aktivismus.

Faith Wilding beschäftigt sich als Feministin in ihrem Schreiben, Unterrichten und in ihrer Kunstproduktion mit der Schnittstelle von Körper und Technologie. Sieht sich als Mitbegründerin der feministischen Kunstbewegung und engagierte sich in Aktivismusgruppen wie *WAC* und der *Nettime Cyberfeminist Workdays* bei der *Documenta X* in Kassel. Derzeit ist sie Gastprofessorin an der Carnegie Mellon University.

Miramar Dichoso, 20, studiert am Hunter College Englisch. Sie hofft, eines Tages mit ihren Designs für starke Frauen die Modeindustrie kräftig aufzuwirbeln.

Sarah Dyer arbeitet seit den 80ern an Zines und gibt seit 1990 ihr eigenes Musik-Zine *Mad Planet* heraus. Seit 1992 gibt sie den nach der Comicfigur benannten *Action Girl Newsletter* raus und verausgabt sich seither in diversen *Action-Girl*-Projekten. On-line zu finden bei *http://www.houseoffun.com*.

Dyke Action Machine! – DAM! – wurde 1991 von Carrie Moyer und Sue Schaffner gegründet. Seit nunmehr sieben Jahren verfolgen sie mit ihren Kunstaktionen im öffentlichen Raum das Ziel, lesbische Images sichtbar in den kommerziellen Kontext der Mainstream-Werbung einzuschmuggeln. Die Kunstprojekte wurden in Ausstellungen in den USA und Europa gezeigt, z. B. in *Mixing Messages* am Cooper Hewitt Design Museum und in *Vraiment Feminisme et Art* in Le Magasin, Centre National d'Art Contemporaine de Grenoble. Carrie Moyer ist Malerin und Grafikdesignerin. Ihre Bilder wurden in ganz Amerika ausgestellt. Ihre Agitprop-Ausrichtung umfaßt Kampagnen für Lesbian Avengers, die Irish Lesbian and Gay Organisation, ihre kommerzielle graphische Arbeit Website-Design für Microsoft Network. 1996/97 nahm sie am National Studio Programm von P.S.1 in New York teil. Sue Schaffner ist Presse- und Portraitfotografin. Ihre Arbeit erschien u. a. in *Entertainment Weekly*, *Spy*, *Men's Health*, *Esquire*, *Mademoiselle*, *Elle* und *Out* sowie auf dem amerikanischen Online-Kanal *About Work*.

Rebecca Isadora Felsenfeld ist eine laute, kluge, wenig publizierte jüdische Dyke. Sie macht Collagen und Monoprints, arbeitet als Sexerzieherin und lebt in New York.

Sarah F. ist Herausgeberin von *Pisces Ladybug*.

Kerstin Grether, 26, ist Musikjournalistin, lebt und arbeitet in Hamburg, schreibt u. a. für *Spex* und *Texte zur Kunst*, machte von 86–89 das Fanzine *Straight*, war von 94–96 Kulturredakteurin bei *Spex* und arbeitet zur Zeit an einem Roman. Sie hat mehrere ausführliche Artikel verfaßt über die Widersprüche mit denen Mädchen/Frauen leben müssen, die sich in Künstler/Boheme-Kontexten oder in Rock/Pop-Universen bewegen, sei es als Kulturschaffende oder auch als Konsumentinnen.

Sandra Grether geboren 19. 5. 71 in Buchen, machte von 86–89 das Indie/Punk Fanzine *Straight*, schrieb von 89–96 hauptsächlich für *Spex*, hauptsächlich über Musik; von 96–97 dann die Literaturkolumne *flow*, ebenfalls für *Spex* und schrieb außerdem Moderationen für *Viva*. Jetzt: Gesang/Gitarre bei Parole Trixie. Wohnt in Hamburg.

Elizabeth Gold lebt als Kritikerin und Soul-Fan in New York. Ihre Texte erschienen in *Bust*, *Elementary Hip-Hop Journal* und als Liner Notes auf CD's. Sie arbeitet derzeit an einem Buch über den *Sound of Philadelphia* und beim Musikvideosender VH1.

Christin Grech lebt in New York und macht das Zine *PLUNGER*.

gUrls.com ist eine von **Esther Drill** und **Rebecca Odes** konzipierte und koordinierte Website.

Cristien Storm, **Jessica Lawless** und **Micheline Levy** sind Gründungsmitglieder von Home Alive. Derzeit sind Cristien und Jessica bei *Home Alive* angestellt. Cristien schreibt und macht Performances, Jessica ist bildende Künstlerin. Bevor Micheline nach Holland zog, arbeitete sie bei *Home Alive*. Nun studiert sie am Institute of Social Studies in Den Haag.

Kathleen Hanna ist Performancekünstlerin und Leadsängerin von Bikini Kill. Sie gibt ein Zine heraus.

Lisa Jervis ist Herausgeberin und Verlegerin von *Bitch: Feminist Response to Pop Culture*. Ihre Arbeiten erschienen auch in *Bust, Hues, Salon* und dem *Village Voice Literary Supplement*.

Lisa Jones schreibt Drehbücher für Radio-, Bühnen- und Filmstücke. Sie ist Absolventin der Universität Yale und der Graduate School of Film and Television der New York University. Jones schrieb *Bulletproof Diva. Tales of Race, Sex and Hair*, gab drei Bücher mit Spike Lee heraus und publizierte früher regelmäßig in der New Yorker *Village Voice*. Sie lebt in Brooklyn.

E. Ann Kaplan arbeitet als Englischprofessorin an der State University of New York in Stony Brook, wo sie das Humanities Institute gründete und leitet. Kaplans Forschungsbereich umfaßt feministische Theorie und Kritik, Populärkultur, Literatur und Filmtheorie. Ihre zahlreichen Bücher umfassen *Women and Film: Both Sides of the Camera; Rocking Around the Clock: MTV, Postmodernism and Consumer Culture; Motherhood and Representation; Looking for the Other: Feminism, Film and the Imperial Gaze*. Kaplan arbeitet derzeit an der Mitherausgabe von *Reproductive Technologies, Gender and Culture*. Derzeit beschäftigt sie sich mit Schönheitskultur.

Evelyn McDonnell schreibt für *Rent* von Jonathan Larson; sie hat gemeinsam mit Ann Powers *Rock She Wrote: Women Write About Rock, Pop and Rap* herausgegeben. Ihre Artikel sind in zahlreichen Büchern und Magazinen erschienen. Sie lebt in New York, der Stadt, die sie so sehr liebt, daß sie sich das Chrysler Building auf den Arm tätowieren ließ.

Angela McRobbie, Professorin für Kommunikationswissenschaften am Goldsmiths College in London. Ihr neuestes Buch heißt *Fashion and the Image Industries* (erscheint bei Routledge, 1998). Sie beschäftigt sich mit Populärkultur, Geschlecht und Jugendkultur und schreibt regelmäßig für Zeitschriften und Magazine.

Laura Miller ist Chefredakteurin beim Internet Magazin *Salon*, lebt seit kurzem in New York und arbeitet zur Zeit gemeinsam mit Dwight Garner an *A Guide to Contemporary Authors*. Ihre Artikel erschienen in *Spin, New York Times, Village Voice* and *Wired*.

Joan Morgan schreibt für *Essence* und *Vibe* und hat gerade ihr erstes Buch *When Chickenheads Come Home to Roost* (Simon and Schuster) fertiggestellt.

Tracie Morris ist Performancekünstlerin, Sängerin, Essayistin und Songschreiberin, sie führt ihre Arbeit solo, als Bandleaderin und als Bandmitglied auf. Tracie lieferte Beiträge für mehrere Anthologien und nahm an verschiedenen CD-Projekten teil.

Molly Neuman war Mitherausgeberin des Fanzines *Girl Germs* und Drummerin bei Bratmobile. Sie wuchs in Washington D.C. auf, studierte an der University of Oregon und am Evergreen State Collage (in Olympia, Washington). Derzeit lebt sie in Oakland, Kalifornien, wo sie für das Label Lookout arbeitet und bei The PeeChees trommelt. Sie ist ziemlich radikal.

Joy Press und **Simon Reynolds** schrieben *The Sex Revolts. Gender, Rebellion and Rock 'n' Roll*. Joy Press ist Chefredakteurin des *Village Voice Literary Supplement*. Simon Reynolds schreibt über Musik und Popkultur für *Spin, New York Times, Artforum, Observer* und *Melody Maker* und ist der Autor von *Blissed Out: The Raptures of Rock*. Sein nächstes Buch, *Generation E. Rave Music and Drugs*, erscheint im Juni 98. Website: *http://members.aol.com/blissout/*

Tricia Rose ist die Autorin von *Black Noise: Rap Music and Black Culture in Contemporary America* (Wesleyan University Press, 1994), das 1995 von der Before Columbus Foundation mit dem amerikanischen Buchpreis ausgezeichnet wurde. Rose ist Professorin am Africana Studies Department der New York University und arbeitet derzeit an einem Projekt zu schwarzen Frauen, Intimität und Sexualität.

Sabrina Margarita Sandata, queer Filipina Mestiza, ist Herausgeberin des Zines *Bamboo Girl* von/für/aber nicht nur junge, laute, farbige Frauen, insbesondere jene mit gemischt-asiatischem Blut. Sie arbeitet gerade an *Raw Like Sushi*, eine Zusammenstellung mit Essays von jungen farbigen Frauen zum Thema Identität. Sie studiert Pananandata, eine phillipinische Kriegskunst, ihre Lieblingswaffe ist der Balisong.

Alexandra Seibel ist Filmkritikerin und studiert Cinema Studies an der New York University.

shell sheddy, Fotografin, Künstlerin, Autorin, NYC. Wenn sich was ändern soll, muß etwas dafür getan werden.

Unter dem Decknamen Celina Hex ist **Debbie Stoller** Herausgeberin von *BUST*, einem feministischen Magazin aus New York. Ihren PhD in Frauenpsychologie erwarb sie an der Universität Yale. Sie schreibt und spricht über Feminismus und Populärkultur und ist Mitherausgeberin des Buches *The BUST Guide to the New Girl Order*. Als leidenschaftlicher Computerfreak kann Debbie online erreicht werden: *BUST@aol.com*

Kathy Strieder lebt in New York und war Mitherausgeberin von *Princess*.

Diane Torr ist Performancekünstlerin, Regisseurin und Filmemacherin und präsentiert ihre Stücke in den USA und Europa. In New York wurden ihre Performances u. a. im Pyramid Club, Jacky 60s, P.S.122 und im Whitney Museum aufgeführt. Sie hat verschiedene Förderungen und Auszeichnungen erhalten, u. a. New York State Council of the Arts, Jerome Foundation, Art Matters, Lila Wallace Foundation.

Geboren und aufgewachsen in Frankreich, zog **Elisabeth Vincentelli** 1987 in die USA, wo sie seither in Brooklyn, New York, lebt. Sie schreibt über Musik, Film und Theater für die *Village Voice, Rolling Stone, Request, Puncture, Option, OUT* und *Brutus* (Japan). Sie ist Mitglied der Internationalen Petula Clark Gesellschaft.

Allison Wolfe lebt in Washington DC, macht viele verschiedene Dinge, u. a. arbeitet sie in einem Sprachspezialisten-Büro, hilft im Frauenhaus aus, singt in der Frauenband Cold Cold Hearts.

Andi Zeisler lebt in San Francisco, wo sie für *Bitch* und *SF Weekly* über Feminismus, Musik und Popkultur schreibt. Darüber hinaus ist sie auch Textildesignerin und Illustratorin sowie gierige Konsumentin von TV, Filmen, Musik und Marzipan.

Marcia Zellers ist Senior Producer und Music Editor für MTV Online. Sie schwört, daß ihre Einstellung zum Einfluß von MTV auf die Darstellung von Frauen in der Popkultur die gleiche wäre, auch wenn sie nicht bei MTV arbeiten würde.

Quellennachweis und Übersetzungen

I. There's A Riot Going On ...
1. Double Dare Ya. Bikini Kill (The First Two Records On CD. 1994 Kill Rock Stars k.r.s. 204); 2. Riot Grrrl ist ... Riot-Grrrl-Manifest. Übersetzung Anette Baldauf; 3. Die Geschichte der Riot-Grrrl-Revolution. Shell Sheddy. Übersetzung Anette Baldauf; 4. Du und ich und unsere Revolution. Lailah Hanit Bragin. Übersetzung Anette Baldauf; 5. Süße Träume. Von WAC zu Ultra Vulva. Karen Casamassima. Übersetzung Martin Beck; 6. von der band zur radioshow zum fanzine. molly neuman. Aus: *Girl Germs* No. 3. Übersetzung Anette Baldauf; 7. Alternativen zur Kapitulation. Tracie Morris. Übersetzung Katharina Weingartner.

II. Free To Fight ...
1. Sign of the Crab. Mia Zapata/Evil Stig (Evil Stig. 1995 Warner Brs./Blackheart Records 45988-2); 2. Home Alive. Micheline Levey, Jessica Lawless, Cristien Storm. Übersetzung Anette Baldauf; 3. Interview mit Valerie Agnew. Katharina Weingartner New York 1996; 5. Wenn du eine Lesbe triffst. Anleitungen für die heterosexuelle Frau. Rebecca Felsenfeld. Aus: *Girl Germs* No. 3. Übersetzung Anette Baldauf; 6. Oh, My Sisters! Jessica Abel. Aus: *On Our Butts* 1995; 7. Die Auferstehung der Bad Girls. Lisa Jervis. Aus: *Bitch* Vol.2, No. 2, Summer 1997. Übersetzung Alexandra Seibel.

III. Talk To Me ...
1. Dig Me Out. Sleater Kinney (Dig Me Out. 1997 Kill Rock Stars krs 279); 2. Plunger. Weil wir das Recht haben, gehört zu werden. Christin „Plunger" Grech. Übersetzung Anette Baldauf; 3. Die Nacht der teuflischen Schwänze, Buchstabensalat im Magen und wirres Haar. Allison Wolfe. Aus: *Girl Germs* No.3. Übersetzung Sandra Grether; 4. www.gURL.com. Esther Drill und Rebecca Odes. Übersetzung Anette Baldauf; 5. da läuft etwas entsetzlich falsch ... Sarah F. Aus: *The Pisces Ladybug*. Übersetzung Anette Baldauf; 6. Action Girl. Zine Kultur und wie's gemacht wird. Sarah Dyer. Übersetzung Anette Baldauf.

IV. Goin' All The Way ...
1. Ain't Nuthin' But A She Thing. Salt-N-Pepa (Ain't Nuthin' But A She Thing. 1995 London Rec. 422-850 347-2); 2. Interview mit Vickie Starr. Katharina Weingartner, New York 1996; 3. „Sechs oder sechzig Zentimeter". Zur Zensur sexueller Artikulation schwarzer Frauen. Tricia Rose. Aus: *Talking Visions: Multicultural Feminism in the Age of Globalization* (erscheint 1998 bei MIT Press/The New Museum). Übersetzung Katharina Weingartner; 4. Interview mit Alex Sichel. Alexandra Seibel, New York 1998; 5. Die Verwegenen und die Schönen. MTV läßt Frauen alles zeigen. Marcia Zellers. Übersetzung Martin Beck; 6. Performance und Image. Kathleen Hanna. Zitate aus einer Performance beim Symposion „Stars Don't Stand Still in the Sky: Music & Myth". Dia Center for the Arts, New York, 15.2. 1997 (erscheint 1998 bei New York University Press/Dia Center for the Arts, ed. Karen Kelly, Evelyn McDonnell). Übersetzung Anette Baldauf.

V. Divas, Bitches, Chicks and Dykes ...
1. I'm Talkin'. Missy Misdemeanor Elliott (Supa Dupa Fly. 1997 East West Records 62095-2); 2. Interview mit Roxanne Shante. Katharina Weingartner, New York 1996; 3. Bad Girls im Hip Hop. Joan Morgan. Aus: *Essence*, March 1997. Übersetzung Katharina Weingartner; 4. Who's That Girl? Maskerade und Meisterschaft. Joy Press und Simon Reynolds. Aus: *The Sex Revolts. Gender, Rebellion, and Rock 'n' Roll*. Harvard University Press: Cambridge, Massachusetts 1995, S. 289-305 (gekürzte Version des Kapitels 3.5.). Übersetzung Martin Beck; 5. Love Letter. Debbie Stoller. Übersetzung Alexandra Seibel; 6. Asian Fucking Stereotypes. Sabrina Margarita Sandata. Übersetzung Anette Baldauf; 7. Dyke Action Maschine! 7 Jahre Lesbische Kunst im Öffentlichen Raum. DAM! (Carrie Moyer und Sue Schaffner). Übersetzung Anette Baldauf; 8. Geschlecht als Performance. Eine Anleitung zum Drag King Crossdressing. Diane Torr. Übersetzung Anette Baldauf.

VI. It's A She Thing ...
1. Manipulate. Tribe 8 (Fist City. 1995 Alternative Tentacle Records virus 156cd); 2. Interview mit Gina Volpe (Lunachicks). Katharina Weingartner, New York 1996; 3. Queer Punk trifft Womyn's Music. Evelyn McDonnell. Aus: *Ms.*, Nov./Dec. 1994 (gekürzte Version). Übersetzung Anette Baldauf; 4. Nicht gesungene Songs und Wahrheiten. A Work in Progress. Muffet Calcagno (aka brooke webster). Übersetzung Sandra Grether; 5. Wir wollen unseren Techno-Papp! Elisabeth Vincentelli. Übersetzung Sandra Grether; 6. Notizen zum politischen Zustand des Cyberfeminismus. Faith Wilding und Critical Art Ensemble. Übersetzung Christian Höller.

VII. She's My Heroine ...
1. She's My Heroine. Skunk Anansie (Stoosh. 1996 One Little Indian/Epic EK 67555); 2. Hey You! Say What She Needs To Hear. Madeleine Block. Übersetzung Anette Baldauf; 3. Stars und Fan-Kultur. Ein Gespräch zwischen Kathy Strieder (*Princess*) und Kathleen Hanna (Bikini Kill). Aus: *Princess* (gekürzte Version). Übersetzung Anette Baldauf; 4. Interview mit Joan Jett. Anette Baldauf und Katharina Weingartner, New York 1996; 5. R-E-S-P-E-C-T. Elisabeth Gold. Übersetzung Katharina Weingartner.

VIII. Material Girl ...
1. Material Girl. Madonna (Like A Virgin. 1984. Sire Records 9 25157-2); 2. Muskelpakete und Schwänze. Die Bedeutung von Girlie-Kultur. Angela McRobbie. Aus: *Soundings: A Journal of Culture and Politics*. Lawrence and Wishart: London Spring Issue 1997 (überarbeitete Version). Übersetzung Anette Baldauf; 3. Fuck the Fashion Establishment. Neue Züchtungen im Modebereich. Miramar Dichoso. Übersetzung Anette Baldauf; 4. Madonna Fans und Look Alikes. E. Ann Kaplan. Übersetzung Anette Baldauf; 5. Soldiers in the Style Wars. Lisa Jones. Aus: *Bulletproof Diva. Tales of Race, Sex, and Hair*. Doubleday: New York 1994, S.91-95 (Einleitung des Kapitels 2.6). Übersetzung Katharina Weingartner; 6. Baby Tease. Über den Schmutz in der Mode und die Mode des Schmutzes. Andi Zeisler. Aus: *Bitch*, Vol. 2, No. 2, Summer 1997. Übersetzung Sandra Grether; 7. Flesh For Fantasy. Laura Miller. Aus: *Spin*, Nov. 1997 (gekürzte Version). Übersetzung Anette Baldauf; 8. Viva! Jessica Abel. Aus: *Artbabe*, Vol 1, No.5, 1996.

Abbildungsnachweis

Pauline Boudry: Map (2,3), Sue Bereuter: Anette Baldauf (8), Shell Sheddy: Courtney Love (9), Niagara (11), Bikini Kill: The First 2 Records on CD (25), Christin Grech: Riot Grrrl Convention, New York 1995 (28), Ann Giordano: Ultra Vulva (40), Terry Slotkin: WAC (41), Allison Wolfe: What's a nice girl like you doing in a place like this? (42), Bratmobile: The Real Janelle (42), o. A: Tracie Morris (44), Alice Arnold: Dana Bryant (49), Evil Stig: Sign of the Crab (51), Shell Sheddy: Joan Jett (51), Jessica Lawless (54), Home Alive (57), Pam Butler (61), 7 Year Bitch: Viva Zapata (62), Free to Fight (64), Ace Morgan: Lynn Breedlove (65), Pam Purser: Collage (74), Sleater Kinney: Dig Me Out (79), Sue Bereuter: Revolution Girl Style, Magazin 4, Bregenz (80), Christin Grech (83), Automat: Dodo & Solveigh (85), Allison Wolfe (86, 88, 89, 90, 92, 93), Salt-N-Pepa: Ain't Nuthin' But A She Thing (107), Miguel: Vickie & Kali (108), Sue Bereuter: Revolution Girl Style, Magazin 4, Bregenz (111), Michael Lavine/Arista: TLC, Ooohh ... on the TLC Tip (113, 115, 116, 119), Bill Foley/Fine Line Features: Alex Sichel (121), Bill Foley/Fine Line Features: All Over Me (122,123), Blondie (Videostills, Best of Blondie, Polygram) (126, 127), Madonna (Videostills, The Virgin Tour, Warner Bros) (128, 129), Annie Lennox/Eurythmics (Videostills, Greatest Hits, BMG) (130, 131), Cindy Lauper (Videostills, 12 Deadly Guns, Sony) (132), Queen Latifah (Videostills, All Hail the Queen, Tommy Boy) (132), TLC (Videostills, Ooohhh ... on the TLC Tip, Arista) (132), Missy Elliott (Videostills, Sock It to Me, Warner/Elektra) (133, 134, 135) Ed Ruiz/Dia Center for the Arts: Kathleen Hanna (136, 137, 138, 139), Sandra Grether (143, 145, 147, 149), Missy Elliott: Supa Dupa Fly (151), Roxanne Shanté: Roxanne Shanté (152), Shanté: The Bitch Is Back (153), Lil' Kim, Hardcore (154, 155), Foxy Brown: Il Na Na (156), Lady Saw: Give Me The Reason (157), X-Ray Spex: Germfree Adolescents (160), Kate Bush: Lionheart (161), Donna Summer: She Works Hard for The Money (162), Suzanne Vega: Suzanne Vega (163), Janet Jackson: Control (164), Queen Latifah: Nature of a Sista (165), Salt'N Pepa: Hot, Cool, Vicious (166), Nico: Chelsea Girl (167), Siouxie & the Banshees: Twice Upon A Time - The Singles (168), Grace Jones: Island Life (169), Spin Magazine, May 94 (172), Spin Magazine, Feb 95 (174), Harpers Bazaar, Sep 97 (176), o.A.: Sabrina Margarita Sandata (178), Dyke Action Machine (200, 203, 204, 206), Yvonne Baumann: Diane Torr (208, 210, 213), Tribe 8: Fist City (217), Lunachicks: Pretty Ugly, Jerks of All Trades (218), Lunachicks (219), Shell Sheddy: Evelyn McDonnell (220), Lynn Flipper: Tribe 8 Publikum (CD-Booklet) (222,223), Shell Sheddy: Lynn Breedlove, Moe Tucker, Kathleen Hanna (224), Shell Sheddy: Lynn Breedlove, Tribe 8 (225), Anette Baldauf: Meow Mix (228), Alice Arnold: Meow Mix (230), Faith Wilding (240), Skunk Anansie: Stoosh (247), Teaam Dresch: Personal Best (246), Team Dresch (249), Shell Sheddy: Team Dresch (250, 251), Shell Sheddy: Kathleen Hanna (256), The Runaways: The Runaways (257), Shell Sheddy: Joan Jett (258), Mary J. Blige: My Life (260), Chaka Khan: Chaka (260), Betty Wright: My First Time Around (260), Betty Wright: Hard to Stop (262), Aretha Franklin: The Very Best of .. (262), Go Girl! Soul Sisters Tellin' It Like It Is (262), Yelena Yemchuk Reprise: L7, The Beauty Process (265, 266), Madonna: Like A Virgin (273), Alice Arnold: Broadway Shopping Series (274-283), Miramar Dichoso (286, 287), YM Magazine, July 1990 (290, 291), Alice Arnold: Girls Dancing at Purr (292), Missy Elliott (Videostills, Sock It To Me) (293), Alice Arnold: Foxy Lady (296), Sue Bereuter: Revolution Girl Style, Magazin 4, Bregenz (303), Niagara (320)

Farbseiten

Shell Sheddy: Courtney Love (177), Alice Arnold: Queen Latifah (178), Shell Sheddy: Kim Gordon, Patti Smith (179), Alice Arnold: CD's (180/181), Alice Arnold: Skater Girls (182), Sue Bereuter: Revolution Girl Style, Magazin 4, Bregenz (183-187), Marlene Ropac: Revolution Girl Style, Workshop, Depot, Wien (188), Polygram Pressefoto: Salt-N-Pepa (189), Shell Sheddy: Jennifer Finch (190), Diva Design (Susi Schropp): Girls Kick Ass (190), Sue Bereuter: Annaa Mann (190), Shell Sheddy Collage (Patti Smith, Sleater Kinney, Elastica, Courtney Love, Joan Jett, Debbie Harry, Kathleen Hanna, Kim Gordon) (191), Alice Arnold: Bücher (192)

Zines

Riot Grrrl Slam Book, Action Girl, Girl Germs, A Girls Kaleidoscope, Violets Aren't Bad, Bitch, Feminist Response to Pop Culture, The Pisces Ladybug, Drumcore, Bamboo Girl, The Official Kathleen Hanna Newsletter, April Fool's Day, Velvet Grass, Pout, Soda Jerk Femme Flicke, Bunny Rabbit, Fat! So?, Spitshine, you might as well live, Comatose, Lil' Princess, Nice Catch, Teen Crime, Ragdoll, MS America Rides Again, Plunger, Starache She's The Boss, Sourpuss, Ladies Homewrecking Journal, Pretty In Punk, Rage, Hope Blur, Frenzy, Angel, Bite Me!, Spit On Boyz, Bitter Critter, Queen of the Thundercats, Hollyhook, Pasty, Plume, My Life As an Anti Diva, Lucky Tiger, Resister, Muffin Bones, Ophelias Dress, Pink, Hammer, Chica Loca, Riot Grrrl Press Catalog, Cupsize, When She Was Good, Function, No More Ms. Nice Girl, Tobi's Veil, Queenie

ICELAND
BJÖRK

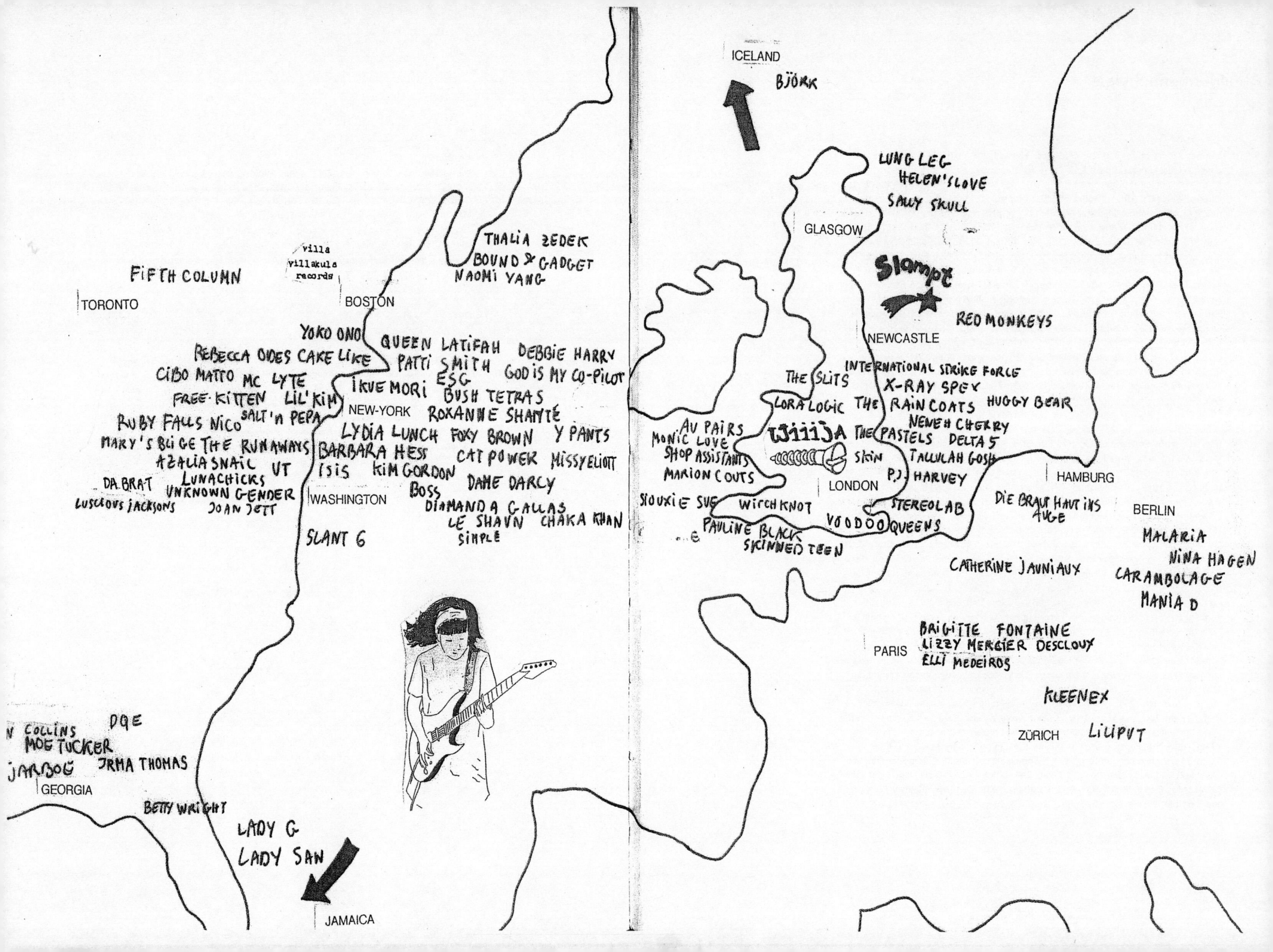

LUNG LEG
HELEN'S LOVE
SALLY SKULL

GLASGOW

Slampt
RED MONKEYS
NEWCASTLE

FIFTH COLUMN
TORONTO

villa villakula records
BOSTON

THALIA ZEDEK
BOUND & GADGET
NAOMI YANG

YOKO ONO QUEEN LATIFAH DEBBIE HARRY
REBECCA ODES CAKE LIKE PATTI SMITH
CIBO MATTO MC LYTE   ESG   GOD IS MY CO-PILOT
FREE KITTEN LIL'KIM IKUE MORI BUSH TETRAS
RUBY FALLS NICO SALT'N PEPA
          NEW-YORK ROXANNE SHANTÉ
MARY'S BLIGE THE RUNAWAYS LYDIA LUNCH FOXY BROWN Y PANTS
           BARBARA HESS CAT POWER MISSY ELIOTT
AZALIA SNAIL UT ISIS KIM GORDON DAME DARCY
DA BRAT LUNACHICKS   BOSS
     UNKNOWN GENDER WASHINGTON DIAMANDA GALLAS
LUSCIOUS JACKSONS JOAN JETT LE SHAYN CHAKA KHAN
                              SIMPLE

SLANT 6

THE SLITS INTERNATIONAL STRIKE FORCE
         X-RAY SPEX
LORA LOGIC THE RAIN COATS HUGGY BEAR
AU PAIRS   NENEH CHERRY
MONIC LOVE Wiiija THE PASTELS DELTA 5
SHOP ASSISTANTS   SKIN TALLULAH GOSH
MARION COUTS LONDON P.J. HARVEY   HAMBURG
SIOUXIE SUE WITCH KNOT STEREOLAB DIE BRAUT HAUT INS
  PAULINE BLACK VOODOO QUEENS   AUGE   BERLIN
      SKINNED TEEN
                              MALARIA
                  CATHERINE JAUNIAUX NINA HAGEN
                                     CARAMBOLAGE
                                     MANIA D

         BRIGITTE FONTAINE
PARIS   LIZZY MERCIER DESCLOUX
         ELLI MEDEIROS

                KLEENEX
         ZÜRICH   LILIPUT

N COLLINS DQE
MOE TUCKER
JARBOE IRMA THOMAS
GEORGIA

BETTY WRIGHT

LADY G
LADY SAN
JAMAICA

Anette Baldauf arbeitet als Kulturkritikerin in Wien und New York, schreibt über Feminismus, Pop, Konsum und Urbanismus. Sie studiert und unterrichtet an der New School for Social Research in New York.

Katharina Weingartner beschäftigt sich seit zehn Jahren mit Pop- und Gegenkulturen, Politik und Musik mit Schwerpunkt auf afro-amerikanische Kultur. Sie produziert regelmäßig Radiofeatures für WDR, ORF und DRS. Lebt in Wien und New York.

„Girl Power" - inzwischen steht es auf T-Shirts, Tattoos und Unterhosen. „Revolution Girl Style" – Riot Grrrls wie Kathleen Hanna zelebrieren das Credo vom neuen Mädchen. „It's A She Thing" - Salt-N-Pepa feiern weibliche Unabhängigkeit. Frauen und frauenspezifische Inhalte sind heute unübersehbarer Bestandteil der Kulturlandschaft. Ausdruck einer neuen feministischen Bewegung? Oder clevere Marketingmasche für den Verkauf des neu gebauten Shopping-Imperiums?

Mit Beiträgen von 40 Protagonistinnen der „Girl-Szene" gibt diese Anthologie Einblick in Taktiken und Lernprozesse einer kulturellen Bewegung, die seit Anfang der 90er Jahre die Bühnen der Jugendkultur erobert. „Riot Grrrls" und „Hot Chicks", „Ghetto Divas" und „Rock Queens", „Gangsta Bitches" und „Hardcore Dykes" artikulieren lautstark, was es heißt, ein „Girl" zu sein und verbreiten in Musik, Style, Text, Film und Kunst ihre Versionen von Feminismus, Geschichten von Begehren, Gewalt und Solidarität.

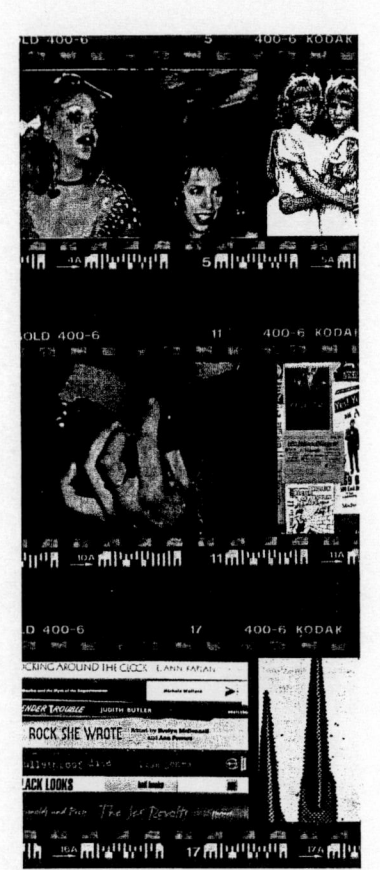

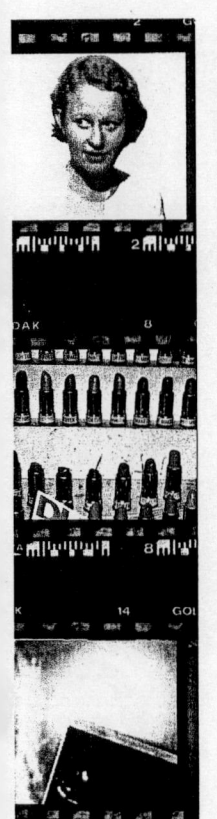